Je n'aurai pas le temps

Hubert Reeves

Je n'aurai pas le temps

Mémoires

POSTFACE INÉDITE

Éditions du Seuil

ISBN 978-2-7578-2971-4
(ISBN 978-2-02-097494-3, 1re publication)

Prologue

Le motif de ce livre peut se résumer en ces quelques mots : « un homme et son métier ». Comment ai-je atterri dans ce monde de la science ? Que m'a-t-il apporté ? Que lui ai-je apporté ? Je parlerai de mes moments de bonheur, d'euphorie, et aussi de mes frustrations. Je décrirai les projets que j'ai poursuivis et comment ils m'ont amené à visiter le vaste monde.

Mon but est de présenter un témoignage, semblable à ceux que je lisais quand, vers l'âge de douze ans, je tentais de me faire une idée de mon avenir. Je pense notamment à l'ouvrage de Pierre Termier, *La Vocation de savant* (Desclée de Brouwer, 1929). L'auteur y décrit la vie et la carrière de plusieurs savants réputés, s'attachant plus particulièrement à déceler les sources lointaines de leurs motivations, les rêves de leur enfance, à faire sentir le feu sacré qui les a tenus en haleine tout au long de leur existence. Ces récits trouvaient en moi des résonances familières et j'y reconnaissais nombre de mes états d'âme. Ils furent déterminants dans le choix professionnel qui fut le mien. Bien sûr, les circonstances ont changé et l'univers quotidien des chercheurs ne ressemble plus guère à celui du temps de mes études universitaires. Mais sur le plan des rapports humains, les similitudes sont demeurées.

Ce livre m'offre aussi l'occasion d'aborder d'autres aspects de ma vie sur lesquels mes lecteurs me questionnent souvent : la musique, les préoccupations écologiques, la philosophie, la religion etc.

Selon Sigmund Freud, « toute personne qui rédige sa biographie se condamne à mentir, à dissimuler et à essayer de se faire voir sur son meilleur jour ». Je n'y manquerai sans doute pas. J'ai cependant l'espoir qu'en cherchant à identifier mes raisons de vivre, à parler du moteur de mes enthousiasmes, le résultat puisse être profitable à quelques personnes. Si mes mots sont une aide pour ceux qui tentent de construire leur vie et leur avenir, notamment pour les jeunes qui envisagent de s'orienter vers la voie scientifique, alors mon but sera atteint.

J'ai également voulu revenir, tout au long de ces chapitres, sur le rôle important que certaines personnes ont joué dans ma vie. Une façon pour moi de leur exprimer ma reconnaissance, même si, pour la plupart d'entre elles, elles ne sont plus là. Ce retour sur mon passé m'a permis de prendre conscience de mes dettes envers ceux qui m'ont donné accès à des mondes nouveaux dans lesquels je me suis senti aussitôt si incroyablement à l'aise… J'avais déjà, me semble-t-il, une mystérieuse intuition de leur existence. Il ne me paraît pas possible qu'ils m'aient été totalement étrangers.

PREMIÈRE PARTIE

Prélude (allegro)

CHAPITRE I

Il y a à explorer le monde

Pour l'enfant amoureux de cartes et d'estampes
L'univers est égal à son vaste appétit.
Ah ! que le monde est grand à la clarté des lampes !
Aux yeux du souvenir que le monde est petit !

Baudelaire, « Le voyage », *Les Fleurs du mal*

Un jour, mon père est arrivé à la maison avec une pile de gros livres. Il s'agissait des douze tomes de l'*Encyclopédie de la jeunesse*, numérotés en chiffres romains dorés sur un dos noir. Les volumes, intitulés *Le Livre de la nature*, *La Terre et son histoire*, *Pays et nations*, ont, pendant de longues années, alimenté mes rêveries.

À travers ces lectures, j'ai développé un grand désir de parcourir le monde. Ce projet, je le sentais obscurément, pouvait remplir mon existence. Comme les explorateurs des siècles passés dont les chroniques occupaient mes loisirs, il me tardait de me mettre en route. Cette urgence ne m'a jamais quitté et les gratifications dont je lui suis redevable ont toujours dépassé mes espérances.

Nous avons la chance de vivre un temps où, contrairement à l'époque de Baudelaire, l'exploration du monde ne se confine plus à visiter la planète. Nous avons découvert que le cosmos est gigantesque et qu'après avoir donné naissance aux galaxies, aux étoiles et aux planètes, il nous a donné notre propre vie. Nous savons que notre aventure personnelle fait partie de l'aventure cosmique. Il n'y a vraiment pas de quoi s'ennuyer…

> Même en cent ans, je n'aurai pas le temps
> De visiter toute l'immensité d'un si grand univers.
>
> Paroles de Pierre Delanoë, musique de Michel Fugain,
> « Je n'aurai pas le temps »
>

Pendant une séance de chorale dirigée par mon fils Benoît, je me suis entendu prononcer les mots que j'ai choisis comme titre à ce livre.

Aujourd'hui, je suis confronté au chiffre de mon âge. Il augmente sans répit. Il me rappelle que cette quête de savoir ne se prolongera pas au-delà de quelques années, au mieux quelques décennies. Je me sens empreint de tristesse à l'idée que je n'aurai plus accès à la poursuite de cette fascinante exploration du cosmos. Je ne lirai plus, confortablement installé dans mon fauteuil, les dernières livraisons des revues scientifiques…

« Bientôt vient la nuit dans laquelle on ne peut plus rien voir. » Dans un cahier, mon grand-père avait écrit ces mots, extraits, je crois, d'un psaume de David. À sa mort, ses enfants les ont fait imprimer au dos de sa photo couleur sépia. C'est au salon funéraire, devant le cercueil où il reposait, que je les ai lus pour la première fois. Face à ses lèvres blêmes, à jamais fermées, ce message m'a laissé transi.

Pendant la journée, la position du Soleil dans le ciel nous importe moins que sa lumière et sa chaleur. La luminescence bleue de l'air limite notre visibilité. C'est elle qui nous empêche de voir les étoiles et les galaxies. Le soir, le Soleil descend sur l'horizon et, dans l'embrasement de couleurs qu'il allume à l'Occident, son lieu précis nous devient présent. Le coucher de soleil s'embellit d'être éphémère. L'obscurité nous ouvre le ciel. La portée de notre regard s'étend à des milliers, voire des millions d'années-lumière. Le vaste Univers entre dans notre champ de vision. La nuit, contrairement à l'affirmation de David, on peut voir très loin…

> Ô Mort, vieux capitaine, il est temps ! Levons l'ancre !
> Nous voulons, tant ce feu nous brûle le cerveau,
> Plonger au fond du gouffre, Enfer ou Ciel, qu'importe ?
> Au fond de l'Inconnu pour trouver du nouveau !
>
> Baudelaire, « Le voyage », *Les Fleurs du mal*

On peut chercher du nouveau parce que, comme Baudelaire, ce monde nous a déçu. On peut aussi désirer explorer l'Inconnu précisément parce qu'il nous a émerveillé. Avec l'espoir, peut-être illusoire, d'en comprendre enfin le sens.

Que celui qui a vécu dans un milieu où il a pu bénéficier d'une ouverture sur la culture, les arts et la science porte un regard sur l'ensemble de la population mondiale. Il réalisera alors qu'il appartient à une infime minorité et s'apercevra de la chance qui fut la sienne. Un quart de l'humanité vit en-dessous du seuil de pauvreté. Pour ces gens, l'urgence quotidienne imposée par la survie est infiniment plus pressante que l'intérêt pour la vie sur d'autres planètes ou pour la création artistique. Je peux prendre conscience de l'immense privilège qui est le mien. Je suis né et j'ai été élevé dans un environnement qui m'a laissé le loisir de me passionner pour ces questions. Mais pourquoi moi, et pourquoi vous aussi, qui lisez ces lignes ? Y a-t-il une réponse ?

CHAPITRE 2

Joseph Rives, orphelin de guerre

J'ai vécu une enfance intensément francophone. Ma famille évoquait, avec un orgueil qu'elle estimait légitime, notre statut de « Canadiens français » (à cette époque, on ne disait pas encore « Québécois »).

Nous avions conscience d'être une nation plongée dans un océan anglophone contre lequel il fallait réagir sous peine d'être culturellement éliminés. Les mots « anglifier » et « angliciser » avaient pour nous une forte connotation négative. On parlait à voix basse, presque en chuchotant, d'une branche de la famille partie vivre dans la province anglophone de l'Ontario et dont les enfants ne parlaient plus le français.

Nous étions très fiers de notre langue et de nos traditions françaises. L'histoire du Canada, telle qu'elle nous était enseignée à l'école, était, selon les mots mêmes de notre hymne national, « une épopée des plus brillants exploits ». Contre les Anglais protestants, nos ancêtres s'étaient vaillamment défendus pendant des décennies. Sans aucun renfort venu de France (on sait la négligence de la Mère Patrie pour ces quelques « arpents de neige », comme l'écrivit si dédaigneusement Voltaire), ils n'avaient cédé que sous le poids du nombre. Mais dans la défaite et sous l'occupation anglaise, ils avaient su maintenir leur langue et leur foi catholique. Il fallait poursuivre leur œuvre admirable et se montrer en tout point digne de cet héritage : la langue gardienne de la foi.

La légende et la réalité

Selon la légende familiale, notre premier ancêtre québécois était un soldat américain de souche écossaise, venu guerroyer au Québec lors des luttes pour l'indépendance menées par les jeunes États-Unis. Fait prisonnier par l'armée anglaise, il avait été libéré à la condition qu'il s'installe comme fermier dans notre province. Telle était l'histoire à raconter à ceux qui nous interrogeaient sur l'origine de notre patronyme.

Après de longues recherches, mon frère André, hématologue de métier et généalogiste par passion, a finalement percé à jour la réalité des faits. Elle est beaucoup plus brutale.

Entre 1685 et 1767, date du traité de Paris, Français et Anglais se disputent les territoires de l'Amérique du Nord. Ils se livrent une guerre cruelle. La technique favorite des troupes françaises consiste à effectuer des descentes éclairs sur les villages de la Nouvelle-Angleterre pour « dissuader les habitants de s'établir dans cette région ». Elles feront plus de soixante de ces razzias pendant cette période.

Guidés par les Indiens Abenakis auxquels ils se sont associés, les soldats français, excités par les cris de guerre stridents des Indiens, fondent au petit matin sur les habitations, y mettent le feu et massacrent les occupants au fusil ou au tomahawk. Seuls sont épargnés les femmes enceintes et les enfants. Non pas pour des motifs humanitaires, mais comme otages à échanger contre des prisonniers.

C'est ainsi qu'à la fin de l'hiver 1725, un enfant de huit ans, Joseph Rives, est fait prisonnier à St. Mary du Maryland, au sud de Washington. Ses parents, John Rives et Jane Crine, récemment émigrés des Lowlands, au nord de l'Angleterre, n'auront pas la vie sauve. Dans le froid et la neige, bivouaquant la nuit, les prisonniers sont transportés en canoë sur la rivière Richelieu, du sud vers Montréal.

Il y a quelques années, survolant cette région en avion, j'ai vu par le hublot le long tracé de ce cours d'eau encore bordé de glaces. Non sans émotion, j'ai tenté d'imaginer le voyage du petit Joseph. Je l'ai remercié intérieurement de sa vaillante résistance. Sans lui (et ses descendants…) je ne serais pas là [1]…

Quelles séquelles l'assassinat de ses parents, peut-être commis sous ses yeux, son enlèvement et ce périple glacé lui ont-ils laissées ? Selon les archives de l'Hôtel-Dieu de Montréal, il est hospitalisé en 1739, atteint d'une grave maladie. Pendant sa convalescence, vraisemblablement sous la pression des religieuses, il « abjure sa foi protestante » pour embrasser la religion catholique. Il retrouve en tout cas suffisamment d'énergie pour épouser, en 1750, Catherine Perreault (mon arrière-arrière-arrière-arrière-grand-mère), une Québécoise, et lui faire cinq enfants. Il cultive une ferme à Pointe-aux-Trembles sur l'île de Montréal. Catherine Perreault meurt en 1760. En 1773, selon d'autres archives, Joseph épouse en secondes noces Charlotte Gaudry, « avec la permission du gouverneur ». Sous ces mots se cache la dure réalité politique de l'époque.

C'est que le capitaine Wolf a gagné la bataille des Plaines d'Abraham à Québec et le Canada est devenu anglais. La loi martiale a été imposée. Dans un autre document, on lit : « Son Excellence Thomas Page, Gouverneur de Montréal, permet le mariage de Joseph Riewes avec Charlotte Gaudry. » L'altération de Rives en Riewes est sans doute imputable à l'illettrisme des militaires de

---

1. À lire sur ce thème : Susanna Johnson, *Récit d'une captive en Nouvelle-France (1754-1760)*, Éditions du Septentrion, 2003.

l'époque. Le nom de famille oscille entre plusieurs orthographes et se stabilise vers 1800 dans sa forme présente : Reeves.

Deux enseignements

La vérité peut être salutaire, même lorsqu'elle est cruelle. J'ai tiré de la lecture de cette chronique si dévastatrice pour notre « fierté nationale » de Canadiens français deux enseignements profitables. Le premier est que mes ancêtres français, contrairement aux propos édifiants transmis par l'école ou par ma famille, pouvaient être tout aussi belliqueux et cruels que n'importe quel autre peuple.

Excités par les hurlements des Abenakis, ils avaient, eux aussi, du sang sur les mains. Des parents de Catherine Perreault ou de Charlotte Gaudry pouvaient avoir participé aux massacres de villageois endormis.

À cet égard, j'aime à relater un fait que j'ai gardé en mémoire. Il y a quelques années, j'avais perçu, dans la bibliothèque d'une école d'astronomie au Portugal, les éclats de voix d'une vive dispute. Des chercheurs brésiliens critiquaient avec véhémence les exactions des colonisateurs portugais, auteurs de pillages et autres sévices abjects contre les populations indigènes. Un étudiant de Lisbonne tentait de défendre la réputation de ses compatriotes, auteurs de ces atrocités. Ses propos sur ce que la « civilisation européenne » avait apporté aux habitants de l'Amazonie lui valurent les rires sarcastiques de ses interlocuteurs et leur départ précipité. À cet instant, l'image du petit Joseph Rives, arraché à son village par des militaires français, me revint en mémoire.

« Pourquoi, et au nom de quoi cherches-tu à tout prix à défendre tes ancêtres ? ai-je demandé à ce jeune Portugais. Tu n'es responsable ni de leurs exploits ni de leurs méfaits. » Son visage s'est soudainement détendu sous l'expression du soulagement que mes mots semblaient lui procurer, ce dont il m'a d'ailleurs remercié.

Le second enseignement s'exprime pour moi en ces quelques mots : « La vie continue, même après le pire des drames. » Malgré la tragédie de ses huit ans, j'imagine un repas de Noël dans la maison familiale de Joseph Rives à Pointe-aux-Trembles dans les années 1750. Selon la tradition québécoise, les oncles et les cousins sont venus des villages environnants pour manger la dinde aux canneberges et danser au son de l'accordéon. Le baume du temps est passé et les blessures se sont cicatrisées…

Les patronymes

Il est de coutume, dans les bonnes familles, de s'intéresser à la lignée des ancêtres. Cette préoccupation est particulièrement importante chez les nobles, qui peuvent ainsi faire valoir les mérites politiques ou guerriers de leurs ascendants. Il importe pourtant de remarquer que cette tradition repose sur l'idée que la prétendue « qualité du sang » se transmet uniquement par le père. À la lumière de nos connaissances contemporaines en génétique, nous devons reconnaître que cette idée est totalement fausse. Le partage se fait moitié-moitié entre le père et la mère.

Mon ancêtre, Joseph Rives, se situe sept générations avant moi.

Depuis l'arrivée au Québec de Joseph Rives, cent vingt-huit ancêtres directs ont contribué au patrimoine génétique que j'ai reçu à ma conception. Chacune de ces personnes est digne, à mes yeux, d'un intérêt équivalent à celui que j'ai porté à Joseph. Je reconnais cependant avoir adopté, pour la liste qui suit, la tradition de la pure lignée patriarcale, pourtant totalement conventionnelle…

La séquence des patronymes de ma lignée familiale s'établit alors comme suit :

— John Rives, marié à Jane Crine (en Nouvelle-Angleterre) aux environs de 1715.

— Joseph Rives, marié à Catherine Perreault en 1750.

— Louis Reeves, marié à Geneviève Beaudry en 1795.

— Charles Reeves, marié à Zoé Desautels Lapointe en 1838.

— Charles Reeves, marié à Emmanuelle Laporte en 1868.

— Charles-Aimé Reeves, marié à Alida Laporte en 1893.

— Joseph-Aimé Reeves (mon père), marié à Manon Beaupré (ma mère) en 1927.

CHAPITRE 3

Le Père Louis-Marie, trappiste et botaniste

Les fils qui tissent la trame de nos existences se sont quelquefois mis en place longtemps avant notre naissance. Les responsables ne se doutaient guère de la portée future de leurs gestes. Comment auraient-ils pu prévoir l'influence qu'ils allaient avoir sur un être encore à naître ?

Un personnage a joué ainsi un rôle important dans mon choix d'une carrière scientifique. Il s'appelait Louis Lalonde, avant d'entrer dans les ordres sous le nom de Père Louis-Marie. Pendant la Première Guerre mondiale, il avait étudié la génétique avec le Frère Marie-Victorin, botaniste canadien, un des pionniers de la recherche au Québec. Dans ses moments libres, il courtisait ma future mère, Manon Beaupré.

« Parlez-moi de Louis, dis-je un jour à ma tante Colombe, sœur cadette de ma mère. Dans sa jeunesse, aimait-il déjà les fleurs et les animaux ? Était-il passionné de sciences ? » Je voulais en savoir plus sur cet homme qui allait prendre pour moi tant d'importance. Elle me répondit avec un sourire espiègle : « À cette époque, il était surtout passionné de Manon ! » Et de me raconter l'anecdote suivante : pour ses étrennes, ma tante avait reçu des mocassins, dont les semelles de feutre rendaient ses pas silencieux. Ainsi chaussée, elle était entrée un jour sans bruit dans le salon de la maison familiale où les tourtereaux se bécotaient allègrement. Selon ses dires, elle fut chassée promptement.

Mais un événement politique va mettre fin à leurs tendres rencontres. Pour aider l'Angleterre à gagner la Grande Guerre, le gouvernement canadien impose la mobilisation de tous les hommes en âge de porter les armes. Tous sauf, entre autres, les curés et les moines. Mme Lalonde mère a vite fait de convaincre son fils que les cellules des monastères sont moins rudes et plus sûres que les tranchées de Verdun. Louis entre chez les trappistes, expliquant à Manon que « ça » ne durera pas et qu'il reviendra célébrer leurs fiançailles dès que les trompettes de la victoire auront résonné au-dessus de l'Atlantique. L'Armistice est signé en 1918 mais, comme Malbrouck, Louis ne revient pas. Il a, dit-il, trouvé sa vocation. Devenu le Père Louis-Marie, il reste à la Trappe et prononce ses vœux religieux. Manon est au désespoir. Un doute l'obsède : est-il resté au monastère pour échapper au mariage ? Faut-il voir là l'œuvre d'une mère abusive, qui préfère offrir son fils à Dieu plutôt qu'à une autre femme ? Elle se résigne pourtant, du moins en apparence, et assiste à la cérémonie des vœux monastiques. Lors de la si émouvante « première messe » du nouveau prêtre, elle reçoit la Sainte Communion de la main du Père Louis-Marie, à genoux au pied de la balustrade de la chapelle, aux côtés de la mère de son fiancé infidèle.

Plusieurs décennies plus tard, Louis, à la demande de ses supérieurs, rédigera son autobiographie. Il écrira : « À cette époque, je m'étais amouraché d'une jeune fille. » Je ne sais pas si Manon a lu ce texte, j'espère que non. Peut-être faut-il voir dans le choix du mot « amouraché » une concession obligée au lectorat religieux ? En ce temps-là, le « démon de la chair » se trémoussait activement dans l'imaginaire des ecclésiastiques québécois.

Pendant longtemps Manon espère — mais en vain — le retour de son cher et tendre cloîtré. Et elle fait languir son nouvel amoureux Joseph-Aimé, celui qui allait me donner mon nom de famille. Elle l'épouse en juin 1927, après huit ans de « fréquentation », plus assidue de sa part à lui que de la sienne. Au Québec, à cette époque, une jeune femme « comme il faut » doit se marier et avoir des enfants.

Le voyage de noces sera une croisière avec la chorale Saint-Louis de France, dont Joseph-Aimé est membre. Au bas d'une photo sépia prise devant l'hôtel d'accueil, on lit ceci : « Juin 1927. Voyage de noces avec Manon à l'île du Prince-Édouard. Enfin ! ! ! ? » Trois points d'exclamation et un grand point d'interrogation. Quel message ! Quand j'ai découvert cette photo dans les papiers de ma mère, après son décès, ces mots et ces signes, tracés de la grosse écriture ronde de mon père, me sont allés droit au cœur. Ce douloureux point d'interrogation allait perdurer pour lui tout au long de sa vie. Manon et Louis-Marie resteront toujours très proches. Sur son lit de mort, en parlant de lui, elle m'a dit : « Je l'ai tellement aimé », et, en évoquant mon père Joseph-Aimé : « Il m'a tellement aimée. »

Le présentateur

« Samedi prochain, on va à Oka voir le Père Louis-Marie. »

Chaque été, autour de mes dix ans, la famille — père, mère et les quatre enfants — part en excursion au monastère des trappistes. Je me réjouis de voir ma mère, d'ordinaire si calme, si maîtresse d'elle-même, devenir euphorique les jours précédant le départ, et plus encore quand la voiture approche d'Oka.

J'ai toujours aussi vifs en mémoire l'austère bâtiment de pierres grises, l'escalier aux marches luisantes, les planchers en bois qui sentent la cire fraîche, la salle d'attente où, assis sur des chaises raides, nous attendons le Père Louis-Marie. Des haut-parleurs lui annoncent « qu'il a de la visite ». La porte s'ouvre, il entre. Tête ronde, large tonsure, soutane blanche et sandales de cuir, je revois sa bonne figure, souriante et accueillante. Il nous mène aussitôt à son laboratoire. Dans la lumière que des stores vénitiens à demi-clos tamisent, il nous guide entre les grandes tables vernies, sur lesquelles sèchent des plantes rares, vers un microscope noir, manifestement déjà bien usagé. « J'ai préparé quelque chose pour vous… »

À genoux sur le banc, l'œil rivé sur la plaque de verre, je ne perds rien du spectacle. Des dizaines de petites bestioles grouillent dans tous les sens, virevoltent, se déplacent en mouvements saccadés, se cabrent, se croisent. J'entends encore le Père Louis parler de microbes, de bactéries et de protozoaires… « Regarde ici. Ils sont dans ce petit cercle beige au centre. Ils sont trop petits pour que notre œil les perçoive. Il faut le microscope pour les voir. » Je m'émerveille de cet assemblage de tubes, de manettes argentées et de surfaces coulissantes, qui permet ce regard sur un monde d'êtres étranges, bien présents, là, sur la lame transparente, à portée de mes yeux.

Je voue à cet homme, qui me fait découvrir des continents tout à la fois fantastiques et réels, une admiration et une affection immenses.

Je bois ses paroles, infiniment touché de l'attention qu'il me porte et de l'application qu'il met à répondre à mes questions.

Pour l'anecdote, ses enseignements m'ont aussi valu des remontrances à l'école, notamment quand, à la question du cours de catéchisme « Nommez des êtres invisibles », j'ai répondu : « Les anges, les démons, les microbes et les chromosomes. » Ce dernier mot me plaisait particulièrement. Je tenais à l'utiliser ! Plus tard, mes parents m'ont offert un livre intitulé *Les Microbes*. Je l'ai lu et relu : il est encore dans ma bibliothèque et je m'y replonge quelquefois pour retrouver l'ambiance merveilleuse de ces instants.

Sur une autre table, un grand aquarium plein d'une eau verdâtre fourmille lui aussi d'organismes variés. Tenant à la main un petit morceau de pain, Louis-Marie s'en approche en appelant doucement : « Petit-petit-petit-petit… » Un poisson noir à barbiche émerge de la végétation dense : c'est une « barbote » (barbue), qui suit le mouvement de la main, repère, saisit et avale la nourriture que ces doigts légèrement plongés dans l'eau lui apportent. Je suis frappé par le rapport que cet homme a su établir avec cet animal des marécages à l'apparence si peu conviviale.

Déterminante aussi, une visite à la ferme expérimentale de la Trappe, alors affiliée au département de génétique de l'université de Montréal (l'Église et l'État n'étaient pas encore séparés), me plonge littéralement dans une grande fascination. On nous montre la dernière réussite du laboratoire : les coqs « Chanteclair », à la crête d'un rouge violent, qui déambulent à grands pas parmi les poules caquetantes. Nés du croisement de deux variétés différentes (on peut voir les parents dans des enclos voisins), ils sont capables de supporter les grands froids hivernaux du Québec dans des poulaillers non chauffés. J'écoute avec le plus grand respect ce que disent les hommes qui ont réalisé un tel exploit, et je regarde ébahi ces animaux issus de leurs recherches génétiques : une séance de magie sans trucages… Je ressens le fait d'être admis dans ce lieu extraordinaire comme un grand privilège. Pour rien au monde je ne donnerais ma place. Je crois que ces moments exaltants m'ont marqué pour la vie. C'est sans doute là que ma carrière de scientifique s'est décidée : « Voilà ce que je ferai quand je serai grand. »

Appartenant à un ordre particulièrement sévère, Louis-Marie mène au monastère une vie des plus ascétiques. Silence perpétuel, régime végétarien et jamais de sorties. En tant que botaniste, il est chargé de ce qui deviendra le fameux « Herbier Louis-Marie », conservé à l'université

Laval de Québec. Grâce à cette fonction, il bénéficie d'un traitement de faveur lorsqu'il doit effectuer des « sorties sur le terrain ».

Ses périples — qui en principe ne devraient l'amener que vers des régions difficiles d'accès — passent régulièrement chez nous, à Bellevue, sur le bord du lac Saint-Louis. Notre maison prend alors des airs de fête bien inhabituels. Manon, souriante comme jamais, lui prépare des grillades de bœuf « T-bone » dont l'odeur m'est restée en mémoire. L'après-midi, nous avons droit à une excursion dans les bois avoisinants, dont, semble-t-il, la richesse végétale justifie de longues séances d'herborisation.

Nous arpentons les champs et les bois. Muni d'un cartable et d'une loupe, Louis-Marie, les yeux rivés sur le sol, écarte de sa canne les branches basses et les fougères.

Soudain, il se penche vers une fleur blanche coincée entre une pierre et un tronc pourrissant, la cueille en plongeant ses doigts jusqu'aux racines, et nous la présente, grossie derrière la lentille. Le flou blanchâtre que nous percevons tout d'abord se transforme alors en un paysage merveilleux. De son centre émergent de minces tiges beiges qui se courbent autour d'une vasque aux nuances de rose et festonnée de vert tendre. Puis, Louis-Marie, tout en mâchonnant consciencieusement les feuilles, nous parle de l'usage médicinal qu'en faisaient les Iroquois.

Je reste encore imprégné du souvenir de cet homme souriant qui me tend la loupe pour observer de près une fleur des bois et me parle des étamines roses et du carpelle blanc…

Il est le « présentateur », l'intermédiaire qui dit : « Regardez ! Cela en vaut la peine ! », celui qui permet aux merveilles de la nature de ne pas passer inaperçues, qui initie à des joies propres à enrichir une vie entière. J'ai profité de ses enseignements, et j'ai compris, grâce à lui, le plaisir qu'il y a à révéler le monde aux gens.

La nature des rapports de Manon et de Louis-Marie m'est restée, pendant toutes ces décennies, largement mystérieuse. Le point d'interrogation posé par Joseph-Aimé sur la photo de mariage n'était certes pas superflu. J'ai compris plus tard qu'en nous amenant tous les étés à Oka, mon père avait manifesté une grande noblesse d'âme. Jamais je n'ai senti chez lui la moindre animosité envers Louis-Marie. Il utilisait toute sa « force de caractère » (un de ses mots favoris) pour faire bonne figure. La patience avec laquelle il acceptait la situation me touche encore infiniment.

Le but de ce livre, je le rappelle, est d'explorer les racines d'une carrière, la mienne, s'épanouissant dans le monde des sciences. Ce récit d'une expérience familiale si personnelle a pour but d'analyser le terreau affectif dans lequel a germé la motivation qui me porte depuis tant d'années. Elle a été fécondée, avant même que j'aie pu en prendre conscience, par les sentiments de ma mère pour Louis-Marie, par la dignité et la magnanimité de mon père.

Il me paraît toujours intéressant de revenir sur sa propre vie, de revisiter l'ensemble des événements qui se sont inscrits tout au long des années. De chercher à comprendre les mobiles qui ont généré telle ou telle attitude, telle ou telle priorité, auxquelles on est obstinément fidèle. De retrouver les moments cruciaux où ces choix se sont décidés à un niveau plus ou moins conscient. D'acquérir la certitude que la fidélité à ces options, leur indéniable durabilité, suffisent après coup à en confirmer l'origine profonde.

J'en veux pour exemple la fermeté quasi obsessionnelle avec laquelle j'ai systématiquement refusé toute proposition de postes qui, par la nature des travaux et des responsabilités qu'ils m'imposeraient, auraient risqué de ne pas me laisser tout le temps nécessaire pour mes insatiables envies de connaissances. En demandant quelques jours pour réfléchir avant de donner ma réponse, alors que l'on m'offrait de devenir directeur d'un institut scientifique ou responsable de missions, je savais déjà que ma décision était prise, et que j'allais passer ce temps à chercher de bonnes raisons de refuser. En moi, la ligne était déjà tracée : je ne souffrirai pas de voir l'avancée scientifique se poursuivre sans que j'en puisse suivre de près les méandres, sans que je puisse tenter d'y apporter une contribution personnelle.

CHAPITRE 4

La maison de Bellevue : « Avez-vous vu le ciel ? »

C'est une grande maison en bois, de style victorien, qu'une galerie borde sur trois côtés. La façade arrière donne sur le lac Saint-Louis, près de Montréal. Mon grand-père maternel l'a fait construire en 1907. À cette époque, elle était entourée de fermes, de granges et de champs où paissaient des troupeaux de vaches. Aujourd'hui, on y trouve des maisons de campagne. Elle a abrité les vacances d'été de trois générations. À l'intérieur, elle est composée de deux parties pratiquement symétriques avec un escalier central. Traditionnellement, deux familles de cousins s'y retrouvaient et partageaient la vue très dégagée sur l'eau.

Depuis la mort de ma mère, elle appartenait à mon frère Maurice, récemment décédé. Bricoleur talentueux, il l'avait entièrement restaurée et, aidé de ses fils, s'occupait à la garder en état. Chaque année, nous allions tous les deux faire notre « pèlerinage au grenier » : nous essayions, pendant un court moment, de recréer l'ambiance de notre enfance parmi tous les objets qui en portaient le souvenir.

Contrairement aux Européens, les Nord-Américains n'ont généralement pas le souci de conserver leurs lieux de vie. Sans état d'âme pour les vieux murs des générations antérieures, ils démolissent et reconstruisent. C'est dommage. L'idée que les endroits de notre enfance existent toujours, que nous pouvons y retourner et nous les réapproprier, procure un sentiment d'appartenance. Un refuge qu'il importe, je crois, de pouvoir retrouver. C'est dans le grenier de notre maison de Bellevue que j'ai commencé à assouvir ma soif de connaissances. Les grandes malles en bois qui y étaient entreposées débordaient des manuels de classe rangés sous les combles à la fin des études de mes oncles et cousins. J'y montais dans la torpeur des après-midi d'été. Je tirais les lourdes valises vers la lumière des lucarnes. J'en ouvrais difficilement les loquets grippés qui les avaient si longtemps maintenues closes. Dans l'odeur fade des tissus détériorés qui en matelassaient les parois, j'en extrayais les objets de ma convoitise : précis de science physique, chimique, biologique et surtout astronomique. Un trésor inestimable de livres écornés, aux pages souvent décollées et parfois soulignées à grands traits de crayon gras. Assis dans un coin, parmi les lampes brisées et les chaises à trois pattes, je les feuilletais puis emportais dans ma chambre ceux qui me paraissaient les plus simples, les plus pédagogiques, les plus prometteurs... L'odeur fanée des chapeaux à plumes d'autruche réduites en poussière et des corsets à baleines de ma mère jeune fille me revient en mémoire à chaque fois que j'évoque ce grenier et ses richesses surannées.

J'ai retrouvé, des années plus tard, le livre qui m'avait procuré les plus grandes émotions : *D'où venons-nous ?* de l'abbé Moreux. La couverture, d'un bleu profond, présentait au premier plan un homme scrutant la galaxie d'Andromède, nébuleuse blanchâtre, étalée dans l'immensité obscure du ciel nocturne. Le mot anglais *awe*, difficilement traduisible en français (stupeur sacrée ?), décrit assez bien la fascination engendrée par cette image dont le silence qu'elle mettait en relief n'était pas la moindre des composantes. C'est cette même impression que le cinéaste Fellini a si bien su reproduire dans plusieurs de ses films, en particulier dans *Amarcord* quand s'avance dans la nuit un grand paquebot illuminé.

Je découvrais l'existence merveilleuse de ce monde de l'astronomie, des photos des planètes, des nébuleuses, des galaxies. Je relisais chaque page plusieurs fois pour m'assurer de bien la comprendre mais surtout pour me conforter dans l'idée que j'étais en train d'accéder à un monde bien réel, au-delà du quotidien, et qui méritait que je lui accorde la plus grande attention et les plus grands efforts. Un peu, j'imagine, ce que ressentaient les explorateurs abordant des îles vierges, prêts à se confronter aux plus grandes difficultés pour en découvrir les richesses.

Les îles

Mon premier territoire d'exploration s'appelait tout simplement « les îles ». On les voyait au loin, de la fenêtre de notre cuisine. Il s'agissait d'une zone marécageuse d'où émergeait un archipel d'îlots minuscules, que les crues de printemps recouvraient périodiquement. « Aller aux îles » était pour moi la promesse d'un enchantement. On s'y rendait en chaloupe ou en canoë. Même avec un vent favorable, il fallait ramer au moins une heure. Les efforts déployés étaient récompensés par le spectacle qui, progressivement, se révélait. Les joncs qui entouraient les îles s'étalaient en vastes et denses prairies. Leurs masses compactes semblaient interdire tout accès aux terres encore lointaines que les feuillages jaunes des saules annonçaient à distance.

On pouvait les atteindre en suivant un certain nombre d'instructions transmises uniquement aux amis. Comme les navigateurs des siècles passés, nous tenions à garder secrète la route de « nos » îles. Ayant longé un massif de joncs jusqu'à ce que deux groupes d'arbres se trouvent en alignement, une brèche étroite fendait l'épaisse végétation. On la manquait facilement. Ce mince canal marquait l'entrée du « chenal Cardinal ».

Un coup d'aviron, et le canoë s'engageait entre deux parois végétales, si hautes que nous nous sentions coupés du monde. Plus de vagues. Plus de vent. La frêle embarcation glissait en silence sur les eaux calmes. Au rythme de l'aviron, les méandres du chenal déroulaient en succession leurs peuples d'herbes et de fleurs. De grandes surfaces vertes se présentaient parfois, formées d'un épais tapis de feuilles de nénuphars, d'où émergeaient, çà et là, de grasses corolles jaunes. Alertées, les grenouilles, habitantes de ces feuillages, plongeaient promptement dans un bruit d'eau qui permettait de les compter. Le plumage bleu-vert d'un martin-pêcheur à l'affût trahissait sa présence. Progressant lentement, on arrivait à l'approcher avant qu'il ne s'envole dans un grand cri de protestation.

L'impression que faisait sur moi ce lieu était si intense que j'en oubliais de ramer. Sans bruit, sans aucun geste, je restais longtemps attentif au monde qui m'entourait. La nature alors me pardonnait mon intrusion et retrouvait son rythme. Des papillons jaunes et des libellules bleu acier voletaient au-dessus des herbes, tandis qu'en longues enjambées, des araignées d'eau glissaient sur la nappe liquide où se miraient les iris jaunes. De temps à autre, la gueule béante d'un poisson émergeait à la surface pour happer un insecte. Les ondulations de la surface aquatique me signalaient la présence d'un rat musqué s'activant près de la berge. Il se glissait entre les hautes tiges des massettes. Je le suivais de loin. Il me menait vers une clairière où, parmi les herbes dégagées, se prélassaient des canards colverts. Les coloris subtils des canes, les verts bleutés des mâles me réjouissaient l'œil.

Les océaniques

Par maints détours et embranchements, le chenal Cardinal menait jusqu'au « Grand Lac ». C'est ainsi qu'on nommait la portion du lac Saint-Louis située au-delà des « îles ». L'approche en était signalée au rameur par le bruit des vagues sur les plages de sable. À peine perceptible au milieu des marécages, leur rythme puissant s'imposait progressivement tandis que le vent du large, amorti par la végétation, secouait le sommet des saules. Un dernier méandre du chenal, et la surface agitée du Grand Lac se découvrait. Je ne pouvais m'empêcher d'évoquer le « *Thalassa !* » des dix mille soldats de Cyrus le Jeune atteignant la mer Noire.

Pour avancer contre ce vent soutenu qui maintenant repoussait le canoë, il fallait ramer énergiquement. L'abordage se faisait sur une plage de sable fin jonchée de coquilles de moules. On y voyait les restes des repas des Indiens, accumulés depuis des temps immémoriaux. Assis dans le sable, je fixais des yeux la grande voie argentée étendue sur l'eau en direction du Soleil... À l'horizon, des navires se profilaient. Je les comptais. Je suivais leurs déplacements. J'attendais qu'ils se croisent. Je me réjouissais quand un nouveau bateau apparaissait à l'horizon. Je m'imaginais au bord de la mer. L'envie d'y aller s'imposait à moi avec une grande intensité. J'irai un jour...

Collection de timbres

C'est dans mon album de timbres que, vers ma dixième année, j'ai effectué mes premiers voyages ; un grand cahier jaune aux coins racornis. Sur chaque page défraîchie figurait le nom d'un pays lointain que je pouvais localiser sur une carte du monde. On y trouvait aussi le nom de sa capitale et sa population (de l'époque !). Les vieux manuels de géographie du grenier me donnaient des informations complémentaires.

Le grand bonheur, après avoir patiemment accumulé quelques sous, était d'aller visiter le rayon de philatélie d'un magasin. Les timbres y étaient vendus en vrac dans de grandes enveloppes dont la fenêtre de cellophane laissait voir le contenu. Je les manipulais les unes après les autres pour évaluer les échantillons accessibles à l'œil. Que d'hésitations avant de choisir ! Retour précipité à la maison pour les décacheter et inventorier mes nouvelles acquisitions. Échange des doublons avec mes frères, tout aussi passionnés que moi. Ainsi, au hasard des images, j'allais de la Nouvelle-Calédonie au Tanganyika, du Guatemala au Népal, de la Finlande à la Nouvelle-Zélande. J'affectionnais tout particulièrement les losanges de la Sierra Leone et leurs perroquets colorés, leurs lions en famille, leurs jardins de jacarandas… D'autres vignettes, au nom du Troisième Reich, me rappelaient à la réalité de la guerre. À cette époque, les sous-marins allemands coulaient les navires alliés dans l'estuaire du Saint-Laurent.

Chaque timbre était plus qu'une invitation, une véritable injonction à me rendre un jour dans son pays d'origine. Un itinéraire s'ajoutait à ceux que j'avais déjà projetés selon un calendrier à la fois souple et exigeant.

L'un des tomes de l'*Encyclopédie de la jeunesse* que mon père avait achetée d'occasion s'appelait *Pays et nations*. On y trouvait une documentation illustrée en noir et blanc sur différentes régions et peuplades. Comme les timbres, ces reportages ont inspiré mes voyages. J'ai essayé de visiter les lieux que j'y avais découverts. Hélas, j'ai souvent constaté avec tristesse combien l'intervention humaine avait, au fil du temps, détérioré ces contrées aux paysages naturels autrefois idylliques. Encore inachevé, ce programme me reste en mémoire et se rappelle à moi à chaque fois que je prends l'avion vers l'une des destinations inscrites dans mon album. Ayant à décider, il y a quelques années, entre un séjour de repos (dont j'avais grandement besoin) en Corse et un stage d'astronomie à Bujumbura, le souvenir des vignettes de l'ex-Congo belge me fit choisir sans hésitation le vol qui m'emmènerait vers la capitale du Burundi.

« Avez-vous vu le ciel ? »

La famille vouait à la nature une véritable vénération. Dans les arbres, au bord de l'eau, mes frères installaient des « cabanes d'oiseaux » qu'ils avaient soigneusement fabriquées. À chaque printemps, ils les remettaient en état avant l'arrivée des hirondelles pourprées aux vols saccadés, qui tourbillonnent longuement dans le ciel avant de piquer, à la nuit tombante, sur des essaims de moustiques. Nous recevions souvent pour cadeaux de Noël de beaux livres illustrant les merveilles de la nature : *Charmants voisins* nous présentait les variétés d'oiseaux que nous pouvions identifier dans les champs et les bois des alentours. Avec *Les Poissons de nos eaux*, nous arrivions à mettre des noms sur les animaux aquatiques que nous pêchions à proximité de la maison dans un long filet aux mailles serrées (seine) traîné sur les « battures » (hauts fonds).

Derrière la maison, le jardin s'étendait jusqu'au rivage. L'horizon très bas était limité par nos « îles », signalées dans le lointain par de petits groupes de saules émergeant des marécages. Admirer les couchers de soleil, quand le temps s'y prêtait, engendrait de façon rituelle tout un cérémonial familial. Le signal était donné par ma mère : « Avez-vous vu le ciel ? » Mes yeux sont encore pleins de ces images. Je revois les longs filaments rouges des nuages effilés (« tachés d'horreurs mystiques », aurait dit Rimbaud) se dessiner sur un fond de ciel bleu, au-dessus des rivages de Beauharnois, là où le soleil venait de disparaître. La voûte céleste se teintait alors d'un vert qu'on aurait dit luminescent, sur lequel se détachait parfois, pour notre bonheur, le phare acéré de Vénus. Je pense que ces moments intenses où nous nous retrouvions en famille, assis sur le vieux banc de bois adossé au grand peuplier liard, ont joué un rôle majeur dans mon rapport à la nature et au sacré. En nous invitant à assister à ce spectacle et en le commentant d'un « C'est donc beau », avec l'accent sur le « don(c) », comme pour nous persuader du caractère quasi incroyable de tant de beauté, mes parents me communiquaient leur émotion et me faisaient partager leur attitude devant la nature, empreinte tout à la fois d'émerveillement, de respect et d'humilité. Bien sûr, l'idée du Bon Dieu et celle de l'Enfant Jésus y étaient intimement mêlées. Mais les impressions profondes que j'ai retenues de ces instants demeurent inchangées en moi, bien que dissociées de l'imagerie pieuse qui les accompagnait dans mon enfance et qui n'a pas survécu à l'épreuve du temps. Dans la psyché humaine, le domaine du religieux et du sacré englobe et dépasse celui trop restreint d'une confession donnée.

La nuit, cet endroit devenait une plate-forme ouverte sur le firmament. Après la chute du soleil derrière les îles, le ciel obscurci laissait apparaître les premières étoiles scintillantes. Peu à peu, les constellations se constituaient. La Grande Ourse s'élevait au-dessus des eaux sombres du lac, alors que le vent d'ouest faisait bruisser les grands arbres. Les mots que mon père, habituellement si peu loquace, prononçait en ces occasions cachaient mal l'émotion qu'il s'évertuait pourtant à dissimuler.

Grâce à une planche cartonnée appelée « Cherche-étoiles », avec force difficultés et doigts glacés, j'ai réussi à reconnaître les étoiles. De ma vie, je ne crois pas avoir fait d'efforts plus rentables. Quand, à leur saison respective, je retrouve sur la sphère étoilée Véga de la Lyre, Bételgeuse d'Orion et la rouge Antarès du Scorpion au sud, quand, dans la nuit bien noire, je vois se profiler le long ruban blanc de la Voie lactée, je revis l'exaltation que j'ai éprouvée lorsque je les ai identifiées pour la première fois.

Les constellations sont fiables ; quand on a mémorisé leur dessin, on ne les perd plus. Ce n'est pas aussi simple pour les planètes. Peu à peu, j'ai appris à les suivre sur la route du Zodiaque. Constater que Jupiter avait quitté le Bélier pour entrer dans le Taureau me grisait. Il me semblait renouer avec une tradition millénaire.

Une paire de jumelles, un télescope construit avec un tuyau de cheminée, m'ont permis d'aller plus loin dans mon exploration. J'ai découvert les anneaux de Saturne et les satellites de Jupiter. J'ai observé la pépinière d'étoiles d'Orion. Je me suis attardé longuement sur la galaxie d'Andromède, dont la lumière voyage pendant près de 3 millions d'années avant d'arriver jusqu'à nous. Je me répétais que l'image que j'en voyais avait quitté cet astre bien avant la découverte du feu par nos lointains ancêtres… Non, Baudelaire, le monde n'est pas petit !

Ambition de jeunesse

Mon appétit était sans bornes. Il me fallait de toute urgence, me semblait-il, prendre connaissance de tout ce qu'on avait découvert sur l'Univers. Faire le bilan des acquis de ceux qui m'avaient précédé sur ce chemin et surtout, surtout, me mettre à l'œuvre pour poursuivre cette tâche d'explorateur.

Les rêves de l'enfance, souvent empreints d'une naïve mégalomanie, mobilisent les énergies nécessaires à la poursuite d'une carrière, malgré les difficultés et les aridités dont elle est parsemée. Une image se présentait à moi qui, dans mon idée, devrait, à la fin de ma vie, résumer l'ensemble de mon activité professionnelle. J'écrirais un « gros livre » en deux sections. La première, appelée « Leurs contributions », couvrirait toutes les connaissances accumulées avant mon arrivée dans le métier. Elle occuperait environ le tiers du livre. La seconde, « Ma contribution », occuperait, elle, modestement, les deux tiers restants… Comme mon nom, ces deux titres seraient gravés en lettres dorées sur le dos de la couverture en cuir repoussé, semblable à celle de l'*Encyclopédie de la jeunesse*.

Ce narcissisme enfantin fut pour moi un puissant moteur, mais aussi un poids parfois lourd à porter. Le jeune chercheur comprend rapidement qu'il n'est pas seul dans cette course au savoir. Son ambition est partagée par bien d'autres, tous aussi décidés à rendre manifestes leur supériorité intellectuelle et leur aptitude à résoudre des énigmes. Le milieu scientifique est un monde de haute compétition, quelquefois accompagné de coups bas. Je reviendrai plus tard sur les tensions et les conflits que pose l'intégration de la motivation personnelle et de sa forte composante égotiste dans la sphère de la recherche.

Charlotte Tourangeau, ma grand-mère conteuse

« Si vous apprenez bien vos leçons, je vous raconterai une histoire. » J'ai retrouvé récemment une photo de ma grand-mère maternelle Charlotte. Assise dans une chaise berçante (rocking-chair), en face d'une dizaine d'enfants suspendus à ses lèvres, elle est immortalisée dans l'un des rôles que je lui préférais : conteuse. Elle y excellait.

« Des rubis ! des émeraudes ! des topazes ! des diamants ! des perles ! Sont-elles à vous toutes ces merveilles, Angelina ? »

Ma grand-mère prolongeait les contes de Charles Perrault de suites inattendues. Sa contribution personnelle commençait après le retour du Petit Poucet et de ses frères dans la maison familiale, ou encore après la mort du loup tué par le chasseur arrivé juste à temps pour sauver le Petit Chaperon Rouge. Comme elle aimait à dire, elle brodait… Les intrigues mélangeaient allègrement Riquet à la Houppe à la Belle au Bois Dormant, Blanche-Neige au Petit Poucet promu Prince Charmant ! Ces moments étaient pour moi d'une grande douceur, d'un charme exquis, toujours renouvelé. Je pouvais l'écouter indéfiniment. Je ressentais le plaisir qu'elle éprouvait à faire rêver, baissant la voix pour mieux nous captiver et retenir notre attention, ralentissant le débit de ses paroles pour exciter notre curiosité, jouant de notre impatience à connaître la suite : « Et après ? et après ? » Lorsqu'on me demande d'où me vient le goût de raconter des histoires sur l'Univers, les étoiles, les atomes, ou de poser des devinettes, c'est à ces instants magiques que je pense.

D'aussi loin que je me rappelle, j'ai voulu suivre ses traces. Mon auteur favori était Edgar Allan Poe. De lui, je racontais volontiers « Le Chat noir » et je m'attardais plus longuement sur le miaulement du chat enterré avec le cadavre de la victime, observant dans les yeux de mes auditeurs combien l'épisode les captivait. Au fil du temps, mon répertoire d'histoires et de devinettes s'est considérablement élargi et je l'utilise à présent lors de longs trajets en voiture ou à l'occasion de repas pour détendre l'atmosphère et faciliter la convivialité dans un groupe de gens qui ne se connaissent pas.

« *Laissez-le tranquille* »

Mais l'influence bénéfique de ma grand-mère sur moi ne s'est pas arrêtée là. Me voyant continuellement plongé dans des livres de sciences, mes parents s'inquiétaient : « Ce n'est pas avec ça que tu vas gagner ta vie. Fais plutôt de la médecine comme ton frère ou bien du droit. Il y a beaucoup de juristes dans la famille, tu seras bien introduit dans ce milieu. »

Ma grand-mère protestait : « Laissez-le faire ce qui lui plaît, cessez donc de le bâdrer » (ennuyer : dérivé de l'anglais *to bother*). Et pour étayer ses arguments, elle racontait alors l'histoire de son beau-père, Pierre-Ulrich Beaupré, un homme d'origine modeste qui, très jeune, avait été placé comme apprenti dans une fonderie de fournaises (chaudières à eau chaude). Un travail pénible, des manœuvres dangereuses, pendant de longues journées, dans des locaux sombres et insalubres.

Elle ajoutait : « Lors de ses rares moments libres, au lieu de s'amuser comme ses amis, il lisait tout ce qu'il pouvait trouver sur la métallurgie, de son histoire ancienne aux techniques les plus modernes. Il dessinait continuellement des modèles de chaudières. Il était comme toi, me disait-elle, toujours le nez dans ses livres. À qui lui demandait : "À quoi penses-tu toute la journée ?" il répondait : "Laissez-moi tranquille, je réfléchis." »

Au début du XXe siècle, pendant les froids hivers de Montréal, nombre d'incendies spectaculaires étaient dus à la rupture des éléments des chaudières surchauffées. Des familles entières se retrouvaient dans les rues glacées au petit matin, sans logis.

Le souci de Pierre-Ulrich était de modifier leur dessin afin d'éviter de tels drames. Au début, ce qu'il proposait ne suscita que de la méfiance de la part des contremaîtres : « Ne perds pas ton temps, fais ce qu'on te dit. » Mais devant le nombre croissant et la violence des incendies, un ingénieur finit par l'écouter et apprécia ses suggestions. Ses projets furent mis en chantier. Le succès fut rapide. Il ouvrit alors sa propre fonderie, fit fortune, élargit sa production à d'autres objets métallurgiques, et devint le fournisseur officiel en hélices des navires de la marine marchande du Canada. Son fils, mon grand-père maternel, lui succéda. Quand j'étais enfant, nous utilisions, pour les brouillons de nos devoirs scolaires, le verso des formulaires de commande de la Maison P.U. Beaupré. J'en ai conservé quelques-uns. Ils me rappellent combien l'appui de ma grand-mère me fut précieux dans la poursuite de ma carrière… Je lui en garde une chaleureuse reconnaissance.

Le goût du jardinage

À Bellevue, ma grand-mère et ma mère cultivaient un jardin potager. Chaque enfant avait droit à un petit carré dans lequel il mettait les plantes qu'il désirait. Aux légumes je préférais les fleurs. J'aimais particulièrement les sveltes glaïeuls multicolores qui, pour moi, avaient des allures de plantes équatoriales.

Je souhaitais vivement y mettre aussi des arbres, mais l'espace était trop restreint. Je finis par trouver chez un pépiniériste un cyprès nain d'une vingtaine de centimètres de hauteur, que je cultivais amoureusement. J'essayais d'imaginer comment je me sentirais près de lui si je n'avais mesuré que quelques centimètres, marchant à ses pieds et levant la tête pour en apercevoir le sommet. Je me souviens de ma tristesse quand, un jour, il a commencé à jaunir. Je me disais : quand je serai plus grand, j'aurai un immense terrain, j'y planterai de grands arbres et je les soignerai avec amour.

André, mon grand frère

Ce n'est que très progressivement et récemment que j'ai réalisé l'importance que mon frère aîné, André, a eue pour moi tout au long de mes jeunes années. Il est celui qui a tracé devant moi le sentier traversant ces terres encore inexplorées, inquiétantes et délicieusement troublantes, de l'adolescence.

Cela se passait autour de la table familiale, lors des repas. André, qui me précédait d'une année au collège, y parlait avec enthousiasme des professeurs et des cours qui l'avaient marqué pendant la journée. J'ignore s'il se doutait avec quelle avidité je buvais ses paroles. J'étais littéralement suspendu à ses lèvres ! Il était pour moi comme le messager, l'annonciateur d'un monde excitant : celui de la culture.

Non pas que la culture ait été absente de la famille. La musique y était présente par les sonates de Beethoven — *Clair de lune, Appassionata* — que ma mère jouait au piano, et par les opérettes de Johann Strauss et de Franz Lehar que mon père affectionnait. La littérature aussi, par quelques livres reliés, prix reçus au couvent des Sœurs de Lachine, par ma mère, *Lettres* de Mme de Sévigné, *Caractères* de La Bruyère — et par quelques pamphlets québécois généralement nationalisants. La peinture n'y était pas pour autant délaissée. Je conserve encore précieusement une œuvre du peintre montréalais Vincent Damphousse, représentant une rivière se perdant à l'horizon, tableau qui m'emmenait dans des rêveries sans fin…

C'est de la bouche d'André que j'entendis pour la première fois parler d'Homère, d'Achille au talon fragile, du cheval de Troie, de la belle Nausicaa, de Circé l'ensorceleuse qui gardait Ulysse captif dans son île enchantée, des Lotophages mangeurs d'hommes, et de Pénélope tissant inlassablement dans l'attente du retour d'Ulysse. Il évoquait ce professeur qui leur lisait avec éloquence les discours de Cicéron et je connais encore par cœur l'hymne national grec qu'il nous a chanté un jour au déjeuner !

L'année du cours classique baptisé « Belles-Lettres », il avait été initié aux poètes symbolistes : Verlaine, Rimbaud et Baudelaire. À cette époque, les années 1940, le catholicisme et le puritanisme étaient omniprésents dans la société locale, et les poèmes étudiés dans ce cours étaient soigneusement sélectionnés. Mais le simple fait de connaître l'existence d'autres œuvres plus sulfureuses de ces mêmes auteurs leur donnait l'attrait fascinant du fruit défendu que je me promettais de cueillir un jour ou l'autre.

C'est aussi grâce à André que j'ai abordé la musique de Wagner. Je l'entends encore parler de *L'Anneau du Nibelung*, du *Crépuscule des dieux*, et surtout des leitmotive qu'aux dires d'un de ses professeurs Wagner avait incrustés dans sa musique comme autant de rappels des protagonistes de ses opéras : Siegfried, Wotan, Brunehilde. Tout cela s'inscrivait en moi d'une façon quasi viscérale. Je le ressentais comme un parcours à accomplir, comme un appel auquel je répondrais un jour...

Et de fait, plus tard, j'ai écouté attentivement chacun de ces opéras, je les ai vus sur scène, j'ai identifié les leitmotive. C'est fort de cette préparation que je suis allé il y a quelques années à Bayreuth, ville culte de Wagner, assister au festival qui se répète annuellement depuis plus de cent ans. La semaine que j'y ai passée a été un moment grandiose de mon existence : dans l'intensité sonore de ces lieux magiques, au travers des grandes envolées de la musique qui me saisissaient de plaisir, j'avais le sentiment de récolter pleinement le fruit de ce projet qui avait mis plusieurs décennies à mûrir après avoir pris racine, un midi, à table, sur des paroles d'André, par la magie du mot « leitmotiv ».

L'influence de mon frère sur mes goûts artistiques s'est prolongée bien au-delà de nos années de collège. Je lui dois ma passion pour Gustav Mahler, pour Richard Strauss et bien d'autres encore. Je sais maintenant que tout ce qui le touche a de fortes chances de m'émouvoir aussi.

Je me suis beaucoup interrogé sur les raisons qui nous ont portés à avoir tant de goûts communs pour tout ce qui a trait à l'art. L'ambiance familiale, empreinte de curiosité et de vénération pour la nature, nous prédestinait-elle à cette quête perpétuelle de formes artistiques nouvelles ?

L'appréhension de la sexualité naissante est particulièrement vive dans une famille où l'on n'aborde jamais ce sujet, où le mot même n'est pas prononcé, comme si « cela » n'existait pas. C'est à André encore que je dois d'avoir vu mes premières représentations du corps féminin. Il avait installé son « musée » personnel sur les murs inclinés du grenier de Bellevue. Parmi les reproductions de la cathédrale de Paris, du pont d'Auvers de Van Gogh et des anges rayonnants du portail de la cathédrale de Reims, il y en avait deux autres bien plus troublantes. Celle d'une hindoue au port quasi hiératique, sortant de son bain rituel dans le Gange, laissant deviner, sous le fin tissu de la robe de soie mouillée, les formes gracieuses de son corps juvénile. Celle aussi où les Tahitiennes aux seins nus de Gauguin étalaient leurs couleurs vives.

Nos parents n'ont jamais fait aucun commentaire sur cette exposition… En connaissaient-ils l'existence ? Je ne l'ai jamais su ! Quant à moi, alors que je la découvrais par un jour de grande chaleur, j'ai senti qu'André m'ouvrait une voie nouvelle sur le long chemin de la découverte du monde. Dans ce cadre de beauté et de mystique, et contrairement à tout le conditionnement dans lequel mon éducation m'avait emprisonné, j'ai compris que la sexualité s'intégrait tout naturellement dans le courant de la vie et que l'émoi pouvait se vivre dans la liberté et la dignité.

Les p'tites cousines

« As-tu fait tes devoirs ? As-tu appris tes leçons ? » Dans la famille, tout au long de l'année scolaire, une seule et grande préoccupation : les études. Les fêtes étaient peu fréquentes et les amis, triés sur le volet sévère de l'appréciation parentale, étaient rares. Alors l'été, à Bellevue, quel bonheur de retrouver nos cousines germaines, Madeleine et Hélène !

Les p'tites cousines, c'était l'enchantement d'un monde féminin sous le même toit que nous. La perspective de ces retrouvailles illuminait les jours qui les précédaient. Nous vivions, par anticipation, les promenades matinales aux premiers rayons du soleil qui doraient les champs d'avoine…

C'était aussi la promesse de longues balades en chaloupe jusqu'à la nuit. Et sur le quai, au retour, l'ombre effrayante de leur père, gardien de leur vertu, dressé comme la statue du Commandeur, nous attendant dans un silence de plomb. S'il avait su comme il n'avait rien à craindre ! Nos émois d'adolescents se traduisaient tout au plus par de longues conversations sur nos lectures : Verlaine, Claudel, Péguy, Saint-Exupéry, les « bons » auteurs de nos collèges.

La musique était notre occupation favorite. Placer le phonographe familial sur une table du jardin, tandis que l'obscurité s'installait sur le lac et que le vent faisait bruisser les grandes feuilles des peupliers, s'asseoir sur la pelouse encore tiède de la chaleur du jour et, conscients de nos présences mutuelles, troublés mais silencieux, écouter le *Magnificat* de Bach, *La Flûte enchantée* de Mozart ou *Le Sacre du printemps* de Stravinsky, tels étaient les grands moments émotifs et culturels de nos étés. J'ai rarement connu de plaisirs plus intenses.

CHAPITRE 5

Au collège Brébeuf : Saturne et les cristaux nacrés

« Vous ferez vos études chez les bons Pères jésuites, au collège Brébeuf. » Je revois le visage de ma mère, calme, souriante et parfaitement déterminée, annonçant cette nouvelle à mes frères et à moi un matin, au petit déjeuner. J'avais huit ans. Elle ajouta : « Ce sera votre héritage ; nous n'aurons pas grand-chose à vous laisser, mais vous aurez au moins cela : l'instruction. » Pour le modeste salaire de mon père, représentant de commerce, c'était là une lourde charge financière. Je ne me rendais pas compte alors du privilège qui m'était accordé.

J'ai passé dix ans dans cet établissement. J'en ai gardé plutôt de bons souvenirs. Je ne faisais pas partie des « premiers de la classe ». Mes notes étaient bonnes, sans plus, sauf en mathématiques, matière qui m'amusait comme un jeu et dans laquelle j'excellais. J'ai aimé la plupart des enseignants, qui me le rendaient bien. Il s'était installé entre nous un climat de confiance qui m'autorisait à aller leur parler après les cours, ce que j'appréciais grandement. C'étaient de vrais éducateurs et ils considéraient leur métier comme une vocation, qu'ils accomplissaient avec le plus grand dévouement.

Me reste surtout un sentiment de reconnaissance pour ce que m'ont apporté quelques-uns de ces hommes remarquables, épris de culture et d'humanisme. Ils ont eu une influence certaine sur les choix que j'ai pu faire dans ma vie, notamment au niveau professionnel, comme par exemple l'importance d'acquérir des connaissances et de les retransmettre par la suite. Il m'arrive encore de me référer à leur sagesse.

Je pense en particulier à un jésuite grand et mince, au sourire plein d'intelligence et d'humour : le Père Jacques Tremblay, qui, selon ses propres mots, cherchait — et selon les miens, excellait — à redonner à la philosophie ses « lèvres vermeilles ». Il s'attardait longuement sur ses auteurs favoris sans se soucier de couvrir entièrement le programme de l'année. À un élève qui lui en avait fait la remarque, il avait répondu : « Nous avons trop peu de temps pour le gaspiller à nous presser ! »

Une tradition — que je crois malheureusement perdue — voulait que nous apprenions des poèmes par cœur. J'en ai encore un certain nombre en mémoire (La Fontaine, Hugo, Sully Prudhomme, Mallarmé, Verlaine, Shakespeare...) que je me récite souvent avec la plus grande délectation. Je regrette seulement de ne pas en avoir appris davantage à cette période de la vie où l'on mémorise plus facilement.

Un exercice facultatif me plaisait particulièrement : on l'appelait « examen d'honneur ». En dehors du cursus habituel, nous pouvions, sous la direction d'un maître, choisir un sujet, y travailler pendant un semestre et présenter un texte sur les réflexions qu'il nous avait inspirées. Je me souviens avoir ainsi étudié *Les Perses* d'Eschyle, les *Oraisons funèbres* de Bossuet et *Les Deux Sources de la morale et de la religion* de Bergson. J'étais surtout séduit par la composante personnalisée et extra-curriculaire de cette démarche. J'y consacrais beaucoup plus de temps qu'aux travaux scolaires. L'énergie que j'y mettais était sans doute alimentée par mon allergie aux tâches imposées de façon autoritaire. Je dois bien le reconnaître, je n'ai jamais pu faire correctement que ce que je choisissais moi-même.

La « pureté »

Un mot occupait beaucoup de place dans le paysage collégial : « pureté ». Mot qui m'est resté longtemps mystérieux et dont je n'arrivais pas à comprendre le sens.

Les discours enflammés de certains religieux contre les films et les spectacles dits « obscènes » me faisaient pressentir un sujet de la plus grande gravité. Accompagnées de la notion de péché mortel, menant à cet Enfer dont seul le confessionnal sombre et malodorant pouvait nous libérer, ces paroles me plongeaient dans des abîmes d'anxiété.

L'antidote aux « mauvaises pensées » était l'image de la Vierge Marie que nous étions invités à prier dans la petite chapelle de l'Immaculée Conception (autre expression ô combien mystérieuse !). La « femme » elle-même n'existait que dans des représentations bien précises : celle de la « Vierge » (ou des saintes martyres des premiers temps du christianisme), celle de la « mère » (la nôtre, toujours sainte, à respecter infiniment…), celle de la future « épouse » (si nous ne renoncions pas au mariage pour suivre une vocation religieuse et faire vœu de chasteté) et finalement celle de la « putain » (Ève conversant avec le serpent au Paradis terrestre, et toutes les femmes qui se dénudaient dans les bars de la rue Saint-Laurent).

Aucune place pour la femme libre, maîtresse de sa vie.

Le monde extérieur entrait cependant au collège, mais à petites doses, grâce aux séances de cinéma des dimanches après-midi qui nous proposaient des œuvres exemplaires : *La Passion du Christ*, *Joan of Ark* (« Jeanne d'Arc »), *Le Père Vincent* (saint Vincent de Paul), *The Bells of Saint Mary* (« Les Cloches de Sainte-Marie ») avec Bing Crosby en aumônier-crooner. Je raffolais des films scientifiques et en particulier des *Flammes du Soleil* observées par le télescope de Bernard Lyot. Ce documentaire m'avait si fortement impressionné qu'il avait renforcé ma décision de devenir astronome.

Plus délicieuse pour nous, et plus délicate pour les autorités, était la projection de films français de l'époque. On y retrouvait les actrices qui faisaient rêver les adolescents : Yvonne Printemps, Danielle Darrieux, Michèle Morgan. Un bon Père vigilant manœuvrait l'objectif pour brouiller les images jugées trop lestes pour nos âmes fragiles. Erreur de stratégie pourtant : ce flou attirait notre attention et éveillait plus encore nos émois déjà à fleur de peau...

Paysages en musique

La salle de musique du collège était équipée d'un bon gramophone (pendant la guerre, les aiguilles de métal étaient introuvables et nous utilisions des aiguilles d'aubépine recueillies sur le Mont-Royal) et d'une collection de disques classiques bien rangés sur des étagères, dans une grande armoire vitrée. Je m'y rendais pendant les heures de récréation, accompagné de quelques amis mélomanes. Il importait de choisir des œuvres qui ne risqueraient pas d'être brutalement interrompues quand, à la fin de l'heure de récréation, un surveillant viendrait, sans état d'âme, éteindre l'appareil et nous éjecter sans ménagement de la pièce. Mais un jour, je remarquai une autre issue, sorte de sésame secret caché au fond d'un grand placard. Réussissant à « emprunter » le trousseau de clefs permettant de l'ouvrir, il me fut possible d'y accéder clandestinement et d'y passer de longues heures à écouter de la musique.

Un jour pourtant, la porte s'ouvrit brusquement sur le préfet de discipline (sorte de surveillant général), qui, furieux, me fit déguerpir : « Vous ! Il n'y a pas une porte qui vous résiste ! » À mon grand étonnement, je m'entendis lui répondre :

« C'est un des plus beaux compliments qu'on m'ait jamais fait !

— Polisson, savez-vous que je pourrais vous gifler pour cette insolence ? »

Me mettant rapidement hors de sa portée, j'ajoutai : « Ça vaudrait le coup ! »

Informé de cette histoire, le Père Tremblay, avec qui j'avais souvent parlé de musique, me proposa d'aller en écouter dans une autre salle, située dans la résidence des religieux, où je serais plus à mon aise : « Allez-y entre telle et telle heure, il n'y a jamais personne. » Je lui en suis, encore aujourd'hui, très reconnaissant.

De ce lieu, je garde en particulier le souvenir de deux œuvres de Mozart : le *Concerto pour flûte et harpe* avec Lili Laskine et Jean-Pierre Rampal et la *Symphonie concertante pour instruments à vent*.

Quand il m'arrive de les réentendre, je revois immédiatement la pièce aux rideaux beiges, les chaises droites sagement alignées, les images des instruments sur les couvertures colorées des albums et leurs étiquettes rouges RCA Victor « La Voix de son maître » tournant lentement sur le phonographe. Instantanément, je revis l'indicible bonheur de ces heures parfaites.

Vers ces années, j'ai découvert combien l'association spontanée de la musique et des paysages enrichit à la fois le plaisir de la contemplation et celui de l'audition.

C'est l'aube dans le port de Baie-Saint-Paul à Charlevoix au Québec. Avec des amis, nous sommes en partance pour la verte île aux Coudres, visible à l'horizon. La mer est couverte d'une brume blanche légèrement rosée sous les premiers rayons du soleil matinal. On entend, enfouies dans les nébulosités opaques, les cloches de brume carillonner tour à tour. Ici, là, très loin celle-là, puis à nouveau celle-ci près du quai où nous allons embarquer.

La Cathédrale engloutie de Claude Debussy me fait

chaque fois revivre cet instant sublime. J'attends avec impatience le moment où les cloches carillonnent, limpides, parmi les sonorités sombres aux accents aquatiques. Lorsque, à l'occasion de croisières sur l'océan, je m'accoude au bastingage, il m'arrive d'entendre chanter dans ma tête les passages majestueux de l'orchestre *Entre midi et deux heures sur la mer*. Et, dans le mouvement lent de la *Symphonie du Nouveau Monde* de Dvořák, le solo de flûte qui émerge des ondulations des cordes évoque pour moi une percée de soleil, au loin, scintillant à la surface d'une mer calme sous un ciel de nuages.

Saturne dans la lunette

J'ai évoqué précédemment les personnes et les expériences qui ont fait naître — et persister — en moi le désir d'une carrière scientifique. Un autre souvenir me revient en mémoire.

C'est la fin du printemps. Une séance de travaux pratiques regroupe les collégiens de ma classe autour d'un « banc optique ». L'exercice consiste à fabriquer un télescope pour observer la planète Saturne. Il convient tout d'abord de mesurer les distances focales de deux lentilles, une grande et une petite, puis de calculer, avec une formule assez simple, l'intervalle avec lequel elles doivent être disposées sur l'appareil. L'ensemble est ensuite porté à la fenêtre. La nuit est tombée. Tremblant, je dirige maladroitement mon instrument vers la planète déjà bien haute dans le ciel. Je colle mon œil à la première lentille : Saturne est là ! Telle que je l'avais vue maintes fois en image. Dans une luminosité blanchâtre et vacillante, ses anneaux inclinés entourent son petit disque. Certes, l'image est infiniment moins détaillée que sur mes livres, mais là, c'est en vrai !

L'apparition de cette image, obtenue à la fois grâce au calcul et à la manipulation optique, m'a marqué profondément. Une opération magique ! L'invisible rendu visible ! Comme une route ouverte sur un continent nouveau soudain rendu accessible par la connexion de la théorie et de la technique. J'imaginais sans peine l'émotion de Galilée, en janvier 1610, dirigeant pour la première fois sa lunette vers le firmament, découvrant les montagnes de la Lune, les satellites de Jupiter, les croissants de Vénus et les étoiles qui « constituent » la Voie lactée.

Mais au-delà de cette émotion profonde, ce qui m'impressionna le plus ce jour-là fut de découvrir la puissance de l'esprit humain et de l'outil dont il s'est doté : les mathématiques. Le fait qu'une simple formule algébrique puisse nous donner le mode d'emploi pour accomplir un tel exploit provoqua en moi comme un sentiment de vertige. Je n'en revenais pas. Et d'ailleurs, je n'en suis jamais revenu ! Dans mes travaux de recherches, j'ai souvent tenté d'établir les équations décrivant un phénomène encore inexpliqué. Les quelques (rares) fois où mes collègues et moi avons réussi, où les observations ont confirmé les hypothèses basées sur nos calculs, j'ai retrouvé cette même sensation. Me revenaient alors en mémoire les mots du physicien Eugene Wigner : le plus étonnant, c'est l'extraordinaire efficacité des mathématiques à décrire la réalité.

Cristaux nacrés

La séance de travaux pratiques de chimie, pourtant très prometteuse, s'est avérée frustrante. Il s'agissait d'observer au microscope la cristallisation d'une solution de permanganate de potassium sursaturée dans une mince coupelle. L'évaporation de l'eau a été si lente qu'à la fin de l'heure statutaire, aucun cristal n'est apparu. Déception !

Mais les protestations des élèves n'y changent rien. Il faut partir. Décidant de ne pas nettoyer ma coupelle comme on nous le demande, je veille à ce que le pêne ne bloque pas la porte du laboratoire. Et le soir, je reviens seul y prendre ma place.

Je colle mon œil au microscope, j'en allume la lampe, et là, c'est l'émerveillement ! Dans le cercle éclairé s'étale un enchevêtrement de cristaux bleus aux formes allongées et aux multiples branches latérales. Quelques instants me suffisent pour constater que l'activité cristalline se poursuit sous mes yeux. Dans le liquide, le dessin des plaques solides change lentement. Les transformations, sans être vraiment visibles dans leurs mouvements propres, s'évaluent facilement après quelques minutes. Je surveille les pointes acérées qui, dans leur progression, entrent en contact les unes avec les autres, s'associant en une nouvelle configuration que d'autres rejoignent bientôt. Le paysage évolue sans cesse. L'instrument est muni d'un verre polarisant que l'on peut faire tourner autour de son axe. Il suffit de le déplacer lentement pour donner aux cristaux une panoplie de couleurs pastel ou fauves, toutes aussi chatoyantes les unes que les autres.

Je ne saurais dire combien de temps je suis resté accroché à ce spectacle fascinant, alors que les derniers rayons du soleil entraient latéralement par les grandes fenêtres de la classe. Seul, loin de l'agitation scolaire, j'ai senti que quelque chose me parlait dans le calme du crépuscule et m'attachait à ce monde encore à découvrir. Un privilège à moi réservé. Quelque chose de l'ordre d'un contrat tacite que j'étais trop heureux d'accepter. Et il m'est apparu que cette venue clandestine dans la salle de cours était parfaitement dans l'esprit de cet appel secret.

Le Père Beauséjour et l'empire des chiffres

Il en était de l'astronomie comme des autres sciences naturelles : je lisais tout ce qui me tombait sous la main.

Pendant mon enfance, l'*Encyclopédie de la jeunesse* me fut d'un précieux secours. Au collège, cette science était au programme de la dernière année. C'est un professeur de mathématiques qui nous l'enseignait, le Père Beauséjour, un homme aux cheveux blancs, digne, austère, empreint de rigueur, qui habitait un monde de chiffres. Dans son cours, le tableau noir était constellé d'équations.

Il nous parlait de la force de gravité, en vertu de laquelle les corps s'attirent réciproquement en fonction de leur masse respective, et qui diminue quand ils s'éloignent en raison de « l'inverse du carré des distances ». Il nous expliquait comment Isaac Newton l'avait mise en équations, comment il avait réussi à prévoir le mouvement des planètes autour du Soleil. J'étais littéralement fasciné par le fait que, grâce aux mathématiques, il soit possible de prévoir avec une telle précision l'itinéraire des astres que j'observais sur la terrasse familiale au bord du lac Saint-Louis.

Mais un problème restait non résolu : la planète Mercure s'obstinait à ne pas obéir exactement aux lois de Newton. Les déviations de sa trajectoire, pour minimes qu'elles fussent, n'en étaient pas moins réelles. Il manquait quelque chose... C'est là que le Père Beauséjour évoquait le génial Einstein. Il avait résolu ce problème en remettant en cause notre conception même de l'espace et du temps. Selon sa « théorie de la relativité », les rayons lumineux sont défléchis quand ils passent près d'un corps massif (voir annexe 2). Résultat : au moment d'une éclipse, on peut apercevoir des étoiles situées derrière le Soleil. Le trajet de leur lumière a, en effet, été dévié à proximité de la masse solaire. En 1919, après une éclipse, Einstein s'était payé le luxe de rester impassible quand on lui avait appris que les ondes lumineuses frôlant le Soleil avaient réagi conformément à ses équations !

J'appréciais beaucoup ce jésuite qui me faisait accéder

à l'univers des mathématiques célestes. Je le voyais comme un puits de science et cela forçait mon admiration. Je me souviens pourtant que, lors de son premier cours, une de ses phrases m'avait heurté. « La plupart des gens — avait-il énoncé gravement — se contentent de s'émerveiller devant la voûte étoilée. Ils ignorent ce qui donne à ce spectacle son véritable intérêt, même si on a écrit sur les astres de très beaux poèmes. » Les mots « même si » m'avaient semblé manifester, à l'égard de la poésie, une condescendance que le mouvement involontaire de ses lèvres avait accentuée. C'est que la littérature m'était tout aussi chère que les mathématiques.

Lors d'un cours de physique, une équation m'avait particulièrement frappé parce qu'on la retrouve dans des domaines très divers. Elle décrit en effet aussi bien les variations de température que la distance parcourue par une voiture, la diminution de la longueur d'une bougie allumée et beaucoup d'autres choses encore. J'avais cherché à comprendre comment la même formule pouvait s'appliquer à tous ces phénomènes. L'explication tient en ces quelques mots : les mathématiques permettent d'extraire la structure logique commune à de nombreux faits différents. Je retrouvais effectivement ce que Galilée avait découvert quatre siècles auparavant et qui lui faisait dire que les mathématiques sont le langage de l'Univers (voir annexe 3). Ce fut, au XXe siècle, le credo d'Einstein.

Le désenchantement du monde ?

Je me suis alors posé une question qui m'est restée présente à l'esprit pendant des années : jusqu'à quel point les nombres nous permettent-ils d'expliquer le monde ? Autrement dit : les mathématiques épuisent-elles la réalité ? Toute interrogation pourrait-elle y trouver sa réponse ? Tout problème sa solution ? Tout mystère son élucidation ?

Que resterait-il alors du merveilleux et de l'enchantement du monde ? Sur cette lutte avec l'ange qui commençait alors pour moi, je reviendrai plusieurs fois dans les chapitres qui suivent.

Paysages mentaux

Mais, bien plus étranges encore que celles que l'on pourrait qualifier d'utilitaires et qui servent à décrire les phénomènes physiques, le Père Beauséjour nous fit découvrir des mathématiques qui semblent exister par elles-mêmes, indépendamment de toute réalité perceptible. Un exemple : π, le fameux « trois quatorze seize » (3,1416) de nos classes de mathématiques. Les géomètres grecs l'ont découvert et relativement bien calculé. Sa valeur exacte est aujourd'hui connue avec une précision extrême. Au palais de la Découverte à Paris, les premières centaines de chiffres qui le composent couvrent un mur entier. Comment a-t-on pu les connaître ? En fait, on a découvert que ce nombre π peut être calculé avec des formules purement mathématiques, sans compas. Des concepts simples associés à quelques règles à suivre suffisent pour faire défiler ses décimales sur un ordinateur aussi longtemps que vous le voudrez. Vous vous lasserez avant lui…

Tout se passe comme si ce chiffre existait dans un autre monde, invisible à nos sens mais tout aussi réel, celui des nombres, accessible à notre seul esprit, avec ses paysages, ses structures propres. En anglais, on met en parallèle les *landscapes* (paysages matériels) et les *mindscapes* (paysages mentaux).

La question de savoir si ces concepts existent vraiment hors de l'activité mentale des êtres pensants se pose depuis l'époque des philosophes grecs (le monde des Idées de Platon…) sans que pour autant nous puissions y répondre. Du reste, que signifie « exister » pour un chiffre ? Voici une question à débattre avec vos amis : deux plus deux faisaient-ils quatre au temps des dinosaures, alors qu'aucun esprit n'avait inventé les chiffres ?

Dans l'annexe 4, je décris une relation entre des entités mathématiques qui m'a littéralement sidéré quand je l'ai rencontrée pour la première fois, et qui ne cesse de m'intriguer depuis.

Joseph-Henri Le Tourneux et la grande voie argentée

Je le voyais souvent arpentant les couloirs du collège comme un maître entouré de ses disciples. On disait de lui qu'il lisait Saint-John Perse, Kierkegaard et Heidegger, et qu'il en parlait savamment. Je m'approchais timidement pour recueillir quelques bribes de son discours, que je méditais ensuite longuement, sans vraiment trop comprendre. Sa haute stature et sa voix grave, au débit lent et mesuré, m'impressionnaient au plus haut point. Il me devançait de plusieurs années dans le cursus collégial. Je me rassurais en pensant qu'un jour moi aussi je serais en classe de philosophie et que j'accéderais à l'étage supérieur, qui lui était réservé. Je regardais souvent l'escalier qui me mènerait, à mon tour, au cénacle auquel j'espérais appartenir un jour.

Un soir, à Bellevue, pendant les vacances d'été, ma mère me dit : « Tu as eu la visite d'un de tes camarades pendant que tu étais sorti. Il s'appelle Joseph-Henri Le Tourneux. Il reviendra demain. » Je crois rêver : « Tu es sûre que c'est Joseph-Henri Le Tourneux ?

— Mais oui. C'est un cousin de ta grand-tante Lucienne, qui n'habite pas très loin d'ici. »

Que ce jeune homme qui m'impressionne tant soit venu jusqu'ici pour me voir me paraît à peine croyable ! J'attends le lendemain avec impatience, et un peu d'inquiétude aussi : « Que vais-je lui dire ? Serai-je à la hauteur ? »

À peine arrivé, il me propose une promenade en canot sur le lac. Les vagues sont fortes ce jour-là et nous devons ramer avec énergie pour gagner le large. Nous laissant ensuite dériver, il parle longuement de littérature, de philosophie… J'écoute avec la plus grande attention, tout pénétré de l'honneur de bénéficier, moi seul, de son discours. Il revint souvent, et le même rituel se poursuivit jusqu'à la fin de l'été.

Cette rencontre a été l'un des faits marquants de mon adolescence. Il m'est difficile de déterminer à quel point elle est arrivée au bon moment pour semer dans un terreau propice les germes de ce qui susciterait mes joies les plus profondes. Je m'imbibais de son enthousiasme, de nos promenades sur le lac, j'appréciais tout cela jusqu'à la délectation. Son aura, la valeur qu'il donnait aux choses de l'esprit et de la culture, créaient une atmosphère exaltante. Il était, en quelque sorte, le grand prêtre qui donnait leur sens aux idées. Contrairement à nos professeurs qui, quelle que fût leur valeur, « étaient là pour ça » — ce qui ternissait en quelque sorte leur crédibilité —, la gratuité de son approche garantissait que tout, là, était digne et vénérable… bien au-delà du cadre et du temps de la scolarité. Il faisait reculer toujours plus loin l'horizon des connaissances et donnait l'envie d'aller jusque-là, et même au-delà.

Le Saint-Laurent « au majestueux cours »

Pour un Québécois, le Saint-Laurent est beaucoup plus qu'un grand fleuve. Il imprègne profondément son identité culturelle. Il inspire des sentiments de solennité et d'appartenance. « Sous l'œil de Dieu, près du fleuve géant — le Saint-Laurent au majestueux cours » : ces mots de l'hymne national, chanté à l'école, lui conféraient cette dimension mythique déjà présente dans le folklore de la « Belle Province » et que Gilles Vigneault exprime si bien.

Le Saint-Laurent a tôt fait partie de ma vie. Je me vois ramant avec vigueur pour remonter la voie argentée que les rayons du soleil réfléchis sur le lac bleu et venteux tracent vers le large. À chaque vague, les blancs embruns m'aspergent. Le soir, à l'horizon dégagé du lac, le flamboiement de rouges, roses et ocres se reflète sur les longues et lentes houles.

Mais sa vraie dimension, je l'ai découverte à l'occasion d'une longue randonnée pédestre dans le comté de Charlevoix. Pendant dix jours, nous avons arpenté la route des hautes crêtes. La vue plongeait sur la nappe bleu azur qui s'étalait tout en bas. Je ne la quittais pas des yeux. Quand le sentier s'en éloignait et que l'eau disparaissait, j'attendais le moment de la retrouver, guettant son retour à chaque tournant.

La ligne tranchante de l'horizon marin m'interpellait avec insistance. Elle avivait mon envie d'aller voir au-delà et mon désir profond de visiter la planète. Sur des goélettes qui, de port en port, faisaient du cabotage, j'ai parcouru le fleuve jusqu'à l'océan. J'ai observé les signaux lumineux des phares éparpillés tout au long des côtes et des anses. Couché sur les cordages du pont, j'ai suivi pendant des heures les lents mouvements des fanaux de vigie parmi les constellations. À chaque rade de la côte nord, des foules impatientes et enthousiastes attendaient le bateau : il n'y avait, à cette époque, ni route ni aéroport.

Depuis, j'ai beaucoup visité la planète. J'ai navigué sur le Nil, l'Amazone et le Yang Tsé Kiang. Le Saint-Laurent n'est ni le plus grand ni le plus puissant fleuve du globe. Pourtant rien, pour moi, ne dépasse l'émotion que sa vue suscite quand se découvre devant moi l'immense surface aquatique, bleue ou grise selon les jours, de la côte gaspésienne.

DEUXIÈME PARTIE

Ouverture (vivace)

CHAPITRE 6

À la rencontre des astronomes. Les étoiles de Wolf-Rayet

Vers la fin de mes études de collège (1950), ma décision de devenir astronome fermement prise, je savais qu'il me faudrait, pour y parvenir, poursuivre de longues années d'études. Dans mon impatience, je formais le projet de séjourner dans un observatoire. Je voulais découvrir l'ambiance qui y régnait, que je ne connaissais qu'au travers de mes lectures, rencontrer des gens du métier, contempler le ciel au moyen d'un grand télescope et goûter à l'atmosphère des nuits passées à le scruter.

Je résolus donc de tenter ma chance et d'écrire à plusieurs des hauts lieux de la profession. Malgré mon inexpérience, je pourrais peut-être, du moins je l'espérais, être de quelque utilité. Une petite main pour les travaux les plus simples, là où on pourrait avoir besoin d'aide.

Écrire, mais où ? Le choix est vaste. Pourtant, dans la tradition familiale, un nom s'impose : Harvard College Observatory à Cambridge, Massachusetts. De fait, le mot « Harvard » est chez nous l'objet de la plus grande vénération. Mon père y avait entrepris des études d'architecture, qu'il n'avait malheureusement pas pu achever pour des raisons liées à la guerre de 1914. Le Père Louis-Marie y avait obtenu un doctorat en botanique avec les félicitations du jury. Ma voie est donc tracée : c'est là que j'enverrai ma première demande, qui s'avéra, au final, être la seule que j'eus à formuler. Situé dans les montagnes bordant l'Atlantique, à quelques dizaines de kilomètres de la ville de Boston, Agassiz, l'observatoire de cette université, me paraît être l'endroit idéal pour découvrir en vrai ce monde dont je rêve. Je pense encore avec gratitude à son directeur, Fred Whipple, un grand expert des comètes, qui prit le temps de répondre personnellement à ma requête. Il me proposa de m'accueillir pendant un mois, « espérant que ce séjour entretiendrait, et même aviverait, mon enthousiasme pour l'astronomie », mais il mettait gentiment en doute l'aide que je pourrais apporter aux chercheurs en fonction ! Il me demandait une modeste pension d'un dollar par jour, si mes moyens me le permettaient. Quelqu'un m'attendrait au Smithsonian Institute tel jour, à telle heure, pour m'emmener en voiture à l'observatoire. Le souvenir du moment où, ayant décacheté l'enveloppe à en-tête de l'observatoire, je lus ces mots écrits de sa main sur une feuille blanche reste encore très vif dans ma mémoire.

Partir et passer un mois aux États-Unis est pour moi un singulier dépaysement. Une immersion totale dans un milieu qui, à bien des égards, m'est complètement étranger. Je parle peu et mal l'anglais. Je vais devoir en faire ma langue de tous les jours. Mais surtout, je vais sortir d'un milieu très fermé (cela, je ne le sais pas encore), donc très sécurisant : le mien ! À cette période, les Canadiens français (les Québécois d'aujourd'hui) et les Anglais (maintenant les *Canadians*) vivaient séparés par un véritable mur d'incompréhension et d'intolérance. Ma famille considérait avec méfiance les rares Anglais qu'elle connaissait, et même les évitait autant que faire se pouvait. Sur le plan religieux, ça n'était guère mieux. Toutes les relations parentales étaient catholiques et pratiquantes. Si d'aventure ma grand-mère apprenait que, par mégarde, nous avions oublié nos prières du coucher, elle nous traitait de « petits protestants ». Nos professeurs de philosophie prononçaient le mot « athée » avec une sorte de condescendance. Comment un être honnête et intelligent, ayant connaissance des preuves de l'existence de Dieu irréfutablement mises en évidence par saint Thomas d'Aquin, pouvait-il la mettre en doute ? Pourtant, je le savais par mes lectures, de telles personnes existent dans le monde, en particulier en France, « fille dévoyée de l'Église ». Je n'en connaissais cependant aucune et l'athéisme restait pour moi un pur concept.

Mais ma motivation pour l'astronomie, et aussi le désir de visiter une région des États-Unis, pays mythique à mes yeux de Canadien français, me donnent des ailes et tout le courage nécessaire pour affronter ces situations nouvelles. Et puis il y a Sœur Reeves (je ne lui ai jamais connu d'autre nom). C'est une vieille tante religieuse qui vit dans un monastère de Sœurs grises à Boston. À la gare d'autobus, où elle est venue m'attendre, je la reconnais à son costume. Je revois encore sa bonne figure ceinte d'une collerette de dentelle blanche. Avec une grande gentillesse, elle me conduit au Smithsonian Institution, où je fais la connaissance d'un jeune étudiant qui va me conduire à Agassiz.

Sur le chemin de l'observatoire

Durant le trajet dans la verdoyante campagne de la Nouvelle-Angleterre, parsemée de jolis villages aux clochers de métal argenté, il me décrit le déroulement des jours à venir. Chaque nuit, je serai associé à un chercheur différent qui m'accueillera sous sa coupole et m'expliquera le sujet de ses études. Ainsi j'aurai un bon échantillonnage des différents programmes en cours, tout en participant à la vie de l'observatoire.

La nuit est maintenant complètement tombée. Nous allons aborder le chemin en lacets qui mène au sommet de la montagne où sont installés les divers télescopes. Un panneau au bord de la route indique que les véhicules doivent éteindre leurs phares et rouler en veilleuses. Il importe, explique mon compagnon, que l'intensité de toutes les sources de lumière parasite soit réduite au minimum. Nous sommes maintenant presque dans le noir, distinguant à peine les grands arbres qui enserrent la chaussée. Je réalise avec émotion que ce site est comme un lieu de culte où les officiants se plient volontiers à la réglementation qu'exige le grandiose projet de scruter le ciel.

Là-haut, les dômes se dessinent sur la nuit étoilée. Dans le fond sonore des cris des grenouilles, on entend le claquement sec des moteurs des télescopes que l'on fait tourner et que l'on perçoit de temps à autre. Ça sent bon les conifères. Un jeune homme venu nous accueillir me guide avec une lampe de poche. Comme les pirates des contes d'enfants, il ne voit que d'un œil : l'autre est recouvert d'une étoffe noire. Sur le sentier, nous croisons une jeune femme portant le même bandeau. Devinant ma surprise, mon compagnon m'explique. Notre vue met beaucoup de temps (plus de vingt minutes) à s'accommoder à l'obscurité. En voilant un œil, on le rend plus rapidement opérationnel derrière l'oculaire du télescope. Le spectacle, que je reverrai chaque nuit, de ces borgnes volontaires est maintenant chose d'un passé révolu. Aujourd'hui, on projette les images du ciel sur des écrans lumineux et l'œil n'a plus sa place auprès des lentilles.

Un voyage sur la Lune

Le soir de mon arrivée, la Lune est presque pleine et, en cadeau de bienvenue, on m'y propose un voyage à bord du plus grand télescope (presque 3 mètres). L'instrument s'oriente lentement vers elle. Soudain, l'oculaire s'illumine et mon regard est ébloui. Le champ optique ne couvre qu'une faible partie du disque lunaire. Près du bord, j'aperçois un grand cratère flanqué de falaises sombres. Un pic en forme de pyramide escarpée se dresse au centre. Le contraste est net entre les faces éclairées par la lumière crue du Soleil et les ombres allongées qui se projettent sur le sol. Peu à peu, l'image entière glisse vers la gauche, tandis qu'à droite une grande surface noirâtre envahit le champ: c'est une « mer » de lave durcie. Émerveillé comme si je me trouvais à bord d'un vaisseau spatial, je regarde les paysages se dérouler jusqu'aux confins de notre satellite: cratères de toutes dimensions, failles profondes, montagnes... Je n'ai jamais oublié l'exaltation que ce périple visuel, qui me fut offert grâce à cette immense structure de tubes et de rouages, a provoquée en moi.

Les étoiles de Wolf-Rayet

Le programme de ma première nuit, en compagnie d'un chercheur indien toujours coiffé d'un turban princier, Vaino Bappu, est consacré à l'observation d'un type d'étoiles dites de Wolf-Rayet (WR). Il s'agit d'étoiles géantes bleues extrêmement lumineuses, qui brillent comme plusieurs dizaines de milliers de Soleils. L'analyse de leur lumière montre la présence à leur surface d'atomes de carbone, d'azote et d'oxygène, mais on n'y détecte pas d'hydrogène. Cette absence semble être un sujet de grand étonnement pour la communauté des astronomes. Cet été-là, ce phénomène monopolise l'attention de la plupart des chercheurs de l'observatoire. À la suite de Bappu, bon nombre de jeunes chercheurs abandonnent leurs programmes, qu'ils jugent tout à coup routiniers.

Une histoire tout à fait de circonstance se racontait sous le manteau. Il y a, disait-on, deux sortes d'astronomes et voici comment on les distingue. Une supernova éclate dans le champ télescopique d'un chercheur en train d'étudier une étoile de faible magnitude. S'il est de la première espèce, il s'exclame: « Quelle chance! » et, quittant son programme, il oriente ses efforts vers l'observation de cet astre fabuleux. S'il est de la seconde, il décrète : « Quelle nuisance ! Cette nuit n'apportera rien à mon programme. » Il ferme le télescope et va se coucher... Vaino Bappu et ses collègues appartenaient à la première...

Dans la chambre noire où nous développons les photos des spectres de leur lumière, je questionne Vaino Bappu : « Pourquoi l'absence d'hydrogène dans les étoiles WR est-elle si étonnante ? » C'est que l'hydrogène est omniprésent dans l'Univers. On en trouve partout dans les étoiles et les nébuleuses. En fait, l'Univers est constitué à 90% d'atomes d'hydrogène. Pourquoi est-il absent de ces étoiles ? Cette question allait trouver sa réponse quelques années plus tard dans le cadre d'un nouveau chapitre de l'astrophysique sur lequel j'allais concentrer mes propres recherches : la nucléosynthèse ou l'origine des éléments chimiques (voir annexe 1).

Grâce à Bappu, j'ai pu, au cours de longues conversations, assouvir ma curiosité sur les traditions de l'Inde, dont je n'avais que de vagues notions, bien déformées par nos enseignants. Leurs adeptes, nous disaient-ils, n'ont pas eu, comme nous, la chance d'entendre le message du Christ, que nos missionnaires s'emploient à leur délivrer.

Dans les paroles de cet Indien, ces traditions m'arrivent dans leur version originale. L'intégration du corps et de l'esprit dans la perception de l'Univers me paraît d'une grande sagesse, dénuée de la composante de culpabilité si lourde dans les enseignements chrétiens. Au travers de nos discussions, je découvre l'état d'isolement intellectuel et religieux du Québec de cette époque, un ghetto protégé par des structures cléricales comparables à celles du Portugal, de l'Espagne et de l'Irlande d'alors.

Vivre avec les chercheurs

Visitant un jour les salles d'accueil de l'observatoire, je pénètre dans un salon joliment éclairé. Les fenêtres parées de rideaux verts ouvrent sur une vallée entourée de conifères raides et sombres. Un chercheur allemand écoute avec recueillement le *Quatorzième Quatuor* de Beethoven, une œuvre que je placerais volontiers au sommet de mon palmarès musical. Sans qu'un mot n'ait été prononcé, je sens une communion de sensibilité avec cet homme, sentiment qui allait s'affirmer par la suite lors de nos conversations. Je réalise alors à quel point la musique peut effacer les barrières ethniques et culturelles. Il s'intéresse beaucoup à la philosophie et me parle de John Dewey, penseur américain très mal vu de nos bons Pères jésuites et taxé d'athéisme militant. Mon nouvel interlocuteur est un esprit ouvert, sans une ombre de sectarisme. J'entre avec lui dans un mode élargi de pensée où les certitudes laissent place aux questions, où les interrogations ne trouvent pas immédiatement et automatiquement des réponses définitives.

Mais tous les scientifiques d'Agassiz n'ont pas la même largesse de vue. Je me souviens en particulier d'un technicien américain bien connu à la cafétéria pour ses diatribes enflammées contre les « diables soviétiques ». La nuit que mon programme m'amène à passer avec lui et son équipe, il porte un T-shirt sur lequel les mots « *Nuke the Reds* » (« Atomisez les Rouges ») sont imprimés. Un peu moqueur, je lui dis : « Vous ne souhaitez pas vraiment lancer des bombes atomiques contre les communistes ? » Que n'avais-je pas dit là ! Rouge de colère, il me fusille du regard et hurle à mes oreilles : « Jeune homme, si c'est ainsi que vous pensez, vous feriez mieux de déguerpir d'ici. Je ne tolère aucun sympathisant communiste près de moi. » Tremblant, je sors de la coupole pour raconter cette histoire à mes amis, qui me rassurent : « Ne faites pas attention à ses paroles, il est un peu spécial, mais c'est un très bon technicien. »

Dormir le jour, retrouver les chercheurs à la nuit tombante pour reprendre le travail, ce rythme me plaît de plus en plus. Dans la pénombre des salles de café, une intimité se crée spontanément entre les membres des différentes équipes. Les conversations s'installent, entrecoupées seulement par les interventions auprès des télescopes dont les moteurs ronflent et claquent dans la nuit étoilée. Le toit d'un des bâtiments d'observation est plat. Nous y montons un soir alors que les aurores boréales empêchent toute observation. Aux accents de la guitare de Diego, un astronome espagnol qui séjourne à l'observatoire, nous admirons les illuminations rouges et vertes que la coupole mise en rotation fait tourner au-dessus de nos têtes.

Et quand l'aube commence à poindre, nous allons quelquefois en groupe vers une colline d'où l'on découvre l'océan. Le ciel et la mer émergent lentement de la nuit. La fiancée de Diego nous chante des ballades irlandaises qu'il accompagne à la guitare, pendant que le disque solaire se hisse au-dessus de l'horizon. Ces merveilleux moments me sont revenus en mémoire quelques années plus tard en regardant le film *Orfeu Negro*.

Gilles Tremblay et le monde des musiciens

Mon séjour à l'observatoire terminé, je me rends à la Marlboro School of Music, dans un petit village du Vermont, et j'y retrouve un ami musicien, Gilles Tremblay, en stage pour l'été. Cette école, de haute réputation, avait été installée dans une ferme pendant la guerre par plusieurs musiciens, tous réfugiés politiques victimes du nazisme, parmi lesquels Rudolf Serkin, Isaac Stern, le Quatuor Bush. Je connaissais Gilles depuis plusieurs années. Nous avions arpenté ensemble les rives du Saguenay et du Saint-Laurent, discutant de physique et de musique. J'ai rencontré chez lui, à Montréal ou à Chicoutimi, plusieurs compositeurs ou instrumentistes de passage au Québec. Il m'a véritablement introduit dans le monde des musiciens.

Les concerts du soir à Marlboro se donnent dans une grange, dont l'acoustique est remarquable. Je me souviens particulièrement de deux de ces soirées. Lors de la première, Gilles, au piano, accompagné d'une violoniste, joue des sonates de Mozart. Il me suffit d'y penser pour que ces airs se chantent dans ma tête. La seconde est un bal populaire où tout le monde, y compris les gens du village, est invité à valser aux mesures du *Beau Danube bleu* et de *La Valse de l'empereur*. Quelle ambiance...

Je garderai de ce moment passé à cette école la nostalgie du monde des musiciens et l'envie de m'y replonger le plus souvent possible.

Après la session, nous partons ensemble « sur le pouce » (en stop) visiter les chutes du Niagara, lieu dont je rêvais depuis la lecture de Chateaubriand. À l'époque, il était alors possible de passer entre la muraille de pierre et celle des eaux grondantes. C'est là que nous inventons le mot « broyannante » pour décrire ce tumulte liquide. Ce terme, qui contient à lui seul les adjectifs « bruyant », « bouillonnant » et « broyant », résume bien ce que nous inspire la puissance de ces cataractes.

Au retour de ce petit périple, lassés d'attendre pendant des heures un véhicule accueillant, nous projetons d'acheter une voiture d'occasion à Toronto. Un garagiste propose une Packard 1927, avec un siège dans le coffre arrière, comme dans les films de la mafia de Chicago au temps de la Prohibition. Seulement, nous n'avons pas le premier dollar pour l'acheter. J'ai alors l'idée d'aller demander de l'aide à l'une de mes vieilles tantes, qui habite cette ville. Amusée par la situation, elle me prête la somme requise (50 dollars), un parapluie (la toiture fuyait de partout) et un sifflet de police (le klaxon était mort). Mais les pannes s'accumulent et il nous faut plus de trois jours pour parcourir les 600 kilomètres qui nous séparent de Montréal !

CHAPITRE 7

À l'université de Montréal : les rayons cosmiques

J'avais dix ans en 1942 lorsque mes parents ont acheté une maison et que nous avons emménagé à Côtes-des-Neiges, un quartier de Montréal situé sur les flancs du Mont-Royal. Prévoyants, ils l'avaient choisie à proximité de l'université de Montréal, dans laquelle ils espéraient nous voir poursuivre nos études. Je me souviens du moment où, de la fenêtre de ma chambre, j'ai vu pour la première fois le bâtiment jaunâtre de l'université juché sur un plateau rocheux, aussi imposant qu'impressionnant, avec sa tour rigide coiffée d'une coupole orange et l'alignement de ses six avancées perpendiculaires, ailes transversales percées de larges fenêtres.

De mon bureau face à la fenêtre, je ne perdais pas de vue l'objectif à atteindre. J'étais confiant : la marche à suivre était claire. Le but nourrissait mes énergies.

Aujourd'hui, la maison appartient à mon fils Nicolas. Les murs résonnent à présent des voix de sa famille. J'y ai conservé ma chambre, que je retrouve à chacun de mes séjours au Québec. Dès que j'y entre, j'aime aller à la fenêtre. À chaque fois, les émotions que je ressentais lorsque j'ouvrais mes cahiers des cours de la journée reviennent, et le même plaisir m'envahit.

En 1950, mes premiers mois à l'université de Montréal furent pénibles. Les cours de mathématiques, que j'affectionnais tant au collège, m'étaient devenus d'insupportables corvées. Je n'y comprenais plus rien. Le langage m'échappait, les raisonnements ne faisaient plus sens. Je me sentais perdu, comme exclu du monde dont j'avais tant rêvé et dans lequel mes camarades de classe semblaient à l'aise. Selon toute vraisemblance, j'allais devoir en faire mon deuil. J'envisageais de renoncer, d'avouer que j'avais atteint mon « niveau d'incompétence ».

Mes notes étaient lamentables. Jamais, je le craignais, je n'accéderais à la carrière scientifique à laquelle j'avais aspiré. Les premières vacances de Noël, uniquement et vainement consacrées à tenter d'assimiler mes cours, m'avaient laissé épuisé, véritablement découragé, et soucieux…

Mais en janvier, à la reprise des classes, la situation changea du tout au tout. Je me souviens du moment précis où, se plaçant devant le tableau noir, un nouveau professeur dont je n'oublierai jamais le nom (Abel Gauthier) a commencé son cours sur un chapitre des mathématiques appelé « séries de Fourier ». Tout me parut clair, lumineux. Les raisonnements, les équations s'alignaient dans un enchaînement d'une élégance rigoureuse et puissante, parfaitement compréhensible.

Quel soulagement de n'avoir plus à douter ni de mes capacités intellectuelles, ni de la poursuite de ma carrière que, quelques heures plus tôt, je croyais encore compromise ! J'éprouve toujours une grande reconnaissance pour ce professeur qui dissipa en moins d'une heure les brumes opaques dans lesquelles je me désolais depuis un trimestre.

Que s'est-il passé ? Je me suis souvent posé la question. Chacun possède son mode de fonctionnement psychique et mental. Les scientifiques les plus brillants s'avèrent quelquefois incapables d'expliquer clairement ce qu'ils ont compris. Une sorte d'intuition leur permet de former et d'utiliser des raccourcis efficaces grâce auxquels ils appréhendent rapidement l'ensemble de la situation. Cela explique, je pense, pourquoi nombre de ces chercheurs géniaux sont de piètres pédagogues. Ils ne peuvent exposer les phases successives d'un argument, eux qui n'ont pas eu besoin de tels développements détaillés pour le saisir.

Fort de ma confiance retrouvée, j'ai pu reprendre tous les cours précédents, chercher dans les livres les modes pédagogiques qui me convenaient, ceux qui expliquent, point par point, chaque étape d'une démonstration : une avancée progressive, sans aucun raccourci. Cela m'a réussi et m'a également été ultérieurement très profitable lorsque à mon tour j'ai enseigné.

Je suis entré dans les chapitres de la science comme on entre en de nouveaux pays dont les frontières se sont ouvertes toutes grandes. Des pays aux noms exotiques : thermodynamique, physique atomique et nucléaire, théorie quantique, théorie de la relativité. Je côtoyais avec bonheur Newton, Laplace, Maxwell, Einstein et Niels Bohr.

Ces années-là, l'astronomie stellaire et galactique n'était pas enseignée à l'université de Montréal. La bibliothèque du département disposait de bon nombre d'ouvrages sur les planètes et les étoiles, que mes nouvelles connaissances en physique me permettaient d'aborder sans problème. Je me revois, une pile de livres dans les bras, devant le bibliothécaire. Je l'entends encore s'exclamer : « C'est la première fois que je vois ces bouquins sortir d'ici ! »

Pierre Demers et les rayons cosmiques

Un de nos professeurs, Pierre Demers, passionné de physique, avait l'art de rendre son enseignement vivant. Pour un examen qui avait lieu au printemps, il nous avait demandé de calculer la perturbation atmosphérique engendrée par l'arrivée des oiseaux migrateurs. Cette originalité m'avait plu… Je lui dois ma première approche de la recherche scientifique. Il poursuivait un projet d'observation d'un phénomène mystérieux : les « rayons cosmiques ». J'ai eu la chance qu'il m'invite à participer à ce programme. Les rayons cosmiques m'ont suivi tout au long de mon parcours de chercheur.

C'est en étudiant les propriétés de l'uranium et du thorium que les physiciens ont découvert la radioactivité. Mais, problème, les instruments de mesure continuaient à détecter une faible activité, même en l'absence de ces atomes. D'où pouvait bien provenir ce rayonnement résiduel ? Et s'il était issu du sol ? Pour vérifier, on embarqua les détecteurs en ballon. Surprise : plus on montait, plus ça crépitait ! Ce rayonnement venait donc de l'espace ! D'où le nom de « rayons cosmiques ». S'il est plus faible au sol, c'est que l'atmosphère l'atténue.

Grâce à de nombreuses observations par ballons et par satellites, le mystère s'est progressivement éclairci. Il s'agit en fait de particules rapides qui circulent dans l'espace à des vitesses voisines de celle de la lumière. On y trouve surtout des protons et des électrons, accompagnés de quelques noyaux atomiques plus lourds : hélium, carbone, oxygène et même uranium. Des événements particulièrement violents (explosions d'étoiles, orages magnétiques) accélèrent ces particules, qui se propagent ensuite jusqu'aux confins de la galaxie. L'étude de ces rayons cosmiques a joué un rôle fondamental dans la physique contemporaine. Grâce à lui, on a découvert plusieurs particules nouvelles.

Pendant la dernière année de mon diplôme universitaire (1954), on envoyait des émulsions photographiques jusqu'à la haute atmosphère dans des ballons gonflés à l'hélium. Les rayons cosmiques y laissaient des traces distinctes, que l'on identifiait par la suite en laboratoire.

La recherche scientifique implique toujours de longues phases de tâtonnement, pendant lesquelles on tente de mettre au point les appareillages appropriés pour les expériences. Pierre Demers avait entrepris d'améliorer la sensibilité des émulsions en en modifiant progressivement la composition chimique. Pour pénétrer dans la chambre noire où il concoctait sa chimie, il fallait d'abord se glisser au travers de plusieurs épaisseurs de rideaux lourds et opaques. Dans la pièce, faiblement éclairée par une lampe rouge, s'alignaient de nombreux flacons de liquides aux odeurs de pharmacie. Des tissus tressés, dont la maille fine permettait d'obtenir des émulsions efficaces, pendaient sur une corde à linge. Il nous avouait candidement qu'il s'agissait de rideaux de cuisine subtilisés dans les armoires de sa mère. Pour en tester la qualité, on soumettait les nouvelles émulsions au rayonnement d'une source radioactive (généralement du thorium), puis on les développait en chambre noire. On pouvait alors observer à l'aide d'un microscope les fines traces laissées par les collisions des particules de la source sur le bromure d'argent de l'émulsion photographique. À partir d'un point noir, plusieurs traits plus ou moins pointillés s'y étalaient. Le nombre de traits nous renseignait sur la nature de la cible atomique choquée par les particules rapides. Le nombre d'étoiles nous renseignait sur la sensibilité de l'émulsion. Combien d'heures ai-je passé, l'œil rivé à l'oculaire, déplaçant lentement la plaque, à la recherche des belles « étoiles » engendrées par les collisions ?

Lancement de ballons stratosphériques

L'été venu, nous embarquons les meilleures émulsions dans la nacelle d'un ballon. Elles iront en haute altitude, là où les rayons cosmiques sont plus intenses. Nous attendons le lancement avec impatience. Les vents doivent être faibles pour que le ballon puisse s'élever à la verticale et éviter ainsi de heurter les bâtiments environnants. Un matin, très tôt, toute l'équipe de Pierre Demers se retrouve sur la colline du Mont-Royal, derrière les édifices jaunes de l'université. Le ballon dégonflé gît sur le sol, à proximité de la nacelle qui contient les précieuses émulsions. Des bonbonnes, que l'on a déchargées d'une fourgonnette, lui injectent de l'hélium. Il se soulève et prend lentement sa forme. Une grosse corde le maintient attaché au véhicule. Maintenant il se dresse, prêt à bondir dès qu'on l'aura libéré. La tension est grande quand Pierre Demers lui arrime la nacelle. Chacun s'approche, saisit un câble pour retenir l'ensemble maintenant détaché de la camionnette, et le transporter au sommet de la colline. Au signal de Pierre Demers, on lâche tout.

Le ballon s'élève dans le ciel bleu azur argenté par le soleil levant. Il prend de la vitesse et paraît de plus en plus petit. Nous fixons attentivement la nacelle et son précieux contenu chargé de recueillir pour nous quelques rayons cosmiques venus des profondeurs de l'espace. Bientôt, on ne voit plus qu'un point blanc que nos jumelles ont peine à suivre parmi les nuages cotonneux.

Redescendant en silence vers l'université, nous sommes remplis de cette merveilleuse impression d'avoir participé à la grande aventure de la recherche scientifique pour tenter de résoudre toujours un peu plus les énigmes du cosmos. Quelques jours plus tard, un fermier des Cantons-de-l'Est retrouvera la nacelle dans un lac, à une centaine de kilomètres de son point de départ. Elle est endommagée et les plaques sont inutilisables. Déception ! Mais cela aussi fait partie du métier de chercheur.

De cet événement frustrant, je tirai une leçon qui sera souvent précieuse plus tard pendant ma carrière. Il faut s'habituer aux échecs, garder confiance et recommencer aussi souvent qu'il le faut pour réussir.

On raconte que vivaient en Perse trois frères, princes de Serendip, dont on disait qu'ils avaient l'art de « tirer parti des circonstances adverses ». On appelle aujourd'hui « sérendipité » cette faculté de première importance pour les chercheurs.

CHAPITRE 8

Partir pour le Grand Nord : les aurores boréales

À la fin de ma première année universitaire, je me suis mis à la recherche d'un « job » d'été. Histoire de gagner des « p'tits sous » et, si possible, de visiter des régions nouvelles. À l'université, un bureau centralise les offres d'emploi. Les informations nécessaires (nature du travail, salaire, lieu, etc.) y sont rassemblées dans un grand classeur. Il suffit de le feuilleter et de faire son choix. Les occasions ne manquent pas. La situation a bien changé depuis…

Je lis : « Emploi dans l'Ungava. Nature du travail : analyse chimique du minerai de fer. Nom de la compagnie minière : Iron Ore Company of Canada. » L'Ungava est une région immense, située dans l'extrême nord du Québec. Je rêve depuis longtemps de visiter le Grand Nord canadien ! Je postule sur-le-champ à l'offre et obtiens le poste. Je vais y passer plusieurs mois et, ce qui ne gâte rien, le salaire est plus que convenable !

Ignorant et peu intéressé par le contexte politique, je n'ai su et compris que plusieurs années plus tard dans quoi j'avais mis les pieds. J'allais en fait participer à un projet gravement préjudiciable au Québec.

Pendant de nombreuses décennies, en fait jusqu'à la Révolution tranquille de 1960, les Québécois ont vécu sous une véritable dictature camouflée en démocratie. Le Premier ministre, Maurice Duplessis, régnait en maître sur les citoyens, y compris sur le très puissant clergé, dont il ne se privait pas de dire : « Les évêques ! Je les fais manger dans ma main. » Quelques années auparavant, il était intervenu personnellement, et avec succès, auprès du Vatican pour neutraliser les efforts d'un archevêque en faveur des grévistes d'une mine d'amiante. Il bradait les richesses minières de la province aux concessions américaines pour financer ses campagnes électorales.

On avait découvert un gigantesque gisement de minerai de fer dans l'Ungava. Un des plus riches du monde, en outre exploitable à ciel ouvert. Un contrat avait été signé, livrant le territoire minier à l'Iron Ore pour une période de dix ans. La société ferait construire une ligne de chemin de fer reliant la mine à la côte nord du Saint-Laurent, où des navires chargeraient le minerai vers l'Ohio. Cet investissement élevé justifia l'établissement d'un *rush program* (programme d'extrême urgence) pour extraire la plus grande quantité de fer possible pendant la décennie que durerait l'accord.

Des avions-cargos militaires avaient amené d'immenses pelles excavatrices. Le travail se poursuivrait jour et nuit, de la fonte printanière des glaces aux premières giboulées de neige de l'automne.

Je devais participer à l'analyse chimique du minerai pour en déterminer la teneur en fer, manganèse, silicium et phosphore. Le petit laboratoire où je devais travailler jouera donc un rôle décisif dans le *rush program*. Les résultats obtenus orienteront les bennes vers les zones les plus riches et permettront une extraction plus efficace du minerai. Je contribuerai ainsi à cette opération dont l'objet était d'épuiser la mine. Et de fait, quand le contrat arriva à échéance, il ne restait pratiquement plus de fer. Il ne subsiste aujourd'hui qu'une ville fantôme appelée Schefferville. Mais, je le répète, je n'avais alors aucune conscience politique, et quand, ultérieurement, j'ai compris tout cela, j'en ai ressenti un grand malaise.

Dans la tempête

Tout excité à l'idée d'aller voir le Grand Nord, je prends l'avion pour me rendre d'abord à Sept-Îles sur la côte nord du Saint-Laurent. Là, je rencontre mes futurs collègues : deux étudiants en chimie, ainsi que le chef du laboratoire, tous trois de l'université McGill à Montréal. Faire la connaissance de ceux avec lesquels je serai amené à vivre un certain temps provoque toujours chez moi un indéniable stress. Dès l'arrivée, je m'aperçois que j'ai oublié ma montre, qui pourrait m'être indispensable pour mon travail. Il n'y a pas de bijoutier à Sept-Îles, mais on me conseille un petit marché dans la réserve indienne. J'y trouve une boutique de grigris et autres pattes d'ours. Le marchand, un Indien au regard étrange et inquiétant, me paraît un peu ivre. Il sort d'un tiroir une montre, qu'il m'affirme être en or. Son aspect et son prix (10 dollars) me font soupçonner un objet de pacotille. Mais elle fonctionne, et je n'ai pas d'alternative.

« Je vous propose un marché, lui dis-je. Je vous donne 5 dollars et, si elle fonctionne toujours à mon retour, dans trois mois, je vous verserai le solde. » Il accepte tout de suite, ce qui me rend d'autant plus suspicieux ! Mais, encore une fois, je n'ai pas le choix. En fait, elle a marché un jour entier, puis elle s'est arrêtée, définitivement. Je n'ai jamais compris ce qui s'était passé. Je fus davantage troublé par l'arrêt inexplicable de la montre que par le fait que je n'avais plus l'heure. Le regard de cet homme m'est resté longtemps en mémoire. J'avais l'impression d'avoir été l'objet d'une mystification, et j'ai lancé la montre dans un grand lac…

L'avion qui doit nous emmener dans l'Ungava est des plus inconfortables. Ancien appareil de chasse, il est équipé d'une tourelle centrale autrefois armée de mitrailleuses.

Des toiles sales servent de sièges. Le plancher en métal est poisseux, comme, d'ailleurs, tout le reste de l'avion. Le ciel est gris et, quand nous décollons, un orage est annoncé. La tempête fait rage. La glace s'amasse sur les ailes et je regarde les stalactites qui s'allongent sous les montures de métal. Après plusieurs essais infructueux pour trouver la piste, le pilote parvient à établir le contact avec l'aéroport. Une voix métallique peine à couvrir le bruit des moteurs. Je suis la conversation avec une grande attention. Je ne perds pas un mot de ce qui s'échange dans le cockpit. « Votre atterrissage va être difficile. Les sommets des montagnes sont dans les nuages. Vous risquez de les heurter si vous descendez trop bas. Il vaudrait peut-être mieux retourner à Sept-Îles.

— Je ne peux pas. Dans une demi-heure, je n'aurai plus une goutte de carburant. »

Il y a de plus en plus de glace sur les ailes. Il fait froid. Je suis incapable de lire le livre posé sur mes genoux. « L'avion n'a pas de radar. Je descends encore une fois sous les nuages pour tenter de voir la piste », dit le pilote. Nous sortons effectivement de l'épaisse couche cotonneuse. En bas, tout est noir. « Remontez vite et recommencez plus tard », dit la radio. Je pense au réservoir qui se vide progressivement. Le pilote a dit une demi-heure. Mais combien de minutes se sont écoulées depuis ? Je regarde ma montre dorée, qui fonctionne encore. L'avion est déjà redescendu trois fois. Peine perdue ! Les voix qui sortent de la radio ont le calme de ceux qui refusent l'angoisse. En moi, elle monte rapidement… Le pilote tente sa chance une fois encore. Et, soudain, devant mes yeux, le plus réjouissant des spectacles : je vois par le hublot deux lignes parallèles de lumières rougeâtres, puis, plus distinctement, les lampes à pétrole qui bordent la piste. Mon anxiété fait rapidement place à l'exaltation. Je suis dans le Grand Nord !

Le laboratoire dans la toundra

On nous emmène en jeep à Burnt Creek. Une sorte de campement militaire constitué d'une vingtaine de baraques métalliques en forme de demi-cylindres, alignées perpendiculairement aux deux côtés d'une large route en terre battue. Dans chacune, deux rangées de lits superposés en fer. Notre espace personnel est très réduit. Mes trois compagnons et moi partageons quatre lits au bout du couloir central. La promiscuité sera de mise pour de nombreuses semaines. Mais que n'accepterais-je pas pour être au Labrador !

Le laboratoire de chimie est dans une petite cabane en bois. J'y retrouve des instruments qui me sont familiers : paillasses (plans de travail), grosses bouteilles de différentes couleurs marquées « acide ceci », « sel cela », disposées sur des étagères, pipettes et béchers (récipients en verre). Tout y est, y compris l'odeur âcre qui me rappelle les pénibles séances de « labo » à l'université. Mais ici, c'est le Grand Nord !

Le travail s'effectue sans interruption. À l'équipe de jour, de 8 heures à 20 heures, succède celle de nuit. Chacune travaille deux semaines de suite, bénéficie d'une demi-journée de congé, puis passe du jour à la nuit, ou inversement.

À chaque séance, nous recevons vingt échantillons de pierres rouges broyées et asséchées. L'analyse chimique terminée, nous inscrivons nos résultats sur le sachet. Les meilleurs spécimens dépassent une teneur en oxyde de fer de 90%. Un manganèse élevé présente un gros avantage : ce métal est souvent inclus dans les alliages. Mais le phosphore est un poison, et l'on sélectionne le minerai qui en contient peu. La somme des quatre éléments doit se rapprocher de 100 %. Un bon moyen de vérifier la qualité de l'analyse.

La science au service de la rentabilité

Ce laboratoire m'a permis de prendre conscience d'une réalité que, dans ma naïveté, je ne soupçonnais pas : la science mise au service de l'industrie et de la rentabilité. Lorsque je l'ai découverte, je me suis senti bien loin de tout ce qui faisait, et fait toujours, pour moi le charme de la démarche scientifique : l'esprit d'aventure.

Ici, tout est codé, inscrit dans un protocole strict qu'il n'est pas permis de remettre en question. Pendant les douze heures de la journée de travail, chaque geste doit être exécuté sans déroger à une routine immuable. Je l'ai appris un jour à mes dépens.

Une des premières tâches du matin consiste à laisser tomber goutte à goutte d'une pipette une solution transparente dans un liquide contenant le minerai. Il faut surveiller attentivement le moment où le liquide commence à virer au rouge. Cette opération fastidieuse dure plus d'une heure. À tout dire, je m'y ennuie ferme.

Utilisant mes récentes connaissances en chimie, je décide de reconsidérer le processus dans l'espoir de réduire ce délai. Un soir, en résolvant l'équation différentielle appropriée, j'arrive à la conclusion que la première heure peut être considérablement écourtée par une opération simple, en rien préjudiciable à la qualité des résultats.

Aussi le lendemain, fier de mon travail, je le propose au chef de laboratoire. Je ne soupçonne pas la tempête que je vais déclencher. Un silence lourd et suspicieux accueille ma proposition. J'insiste : « C'est un calcul simple, je l'ai vérifié plusieurs fois, pas le moindre risque. » Mais je me heurte à un mur : « Je ne veux pas t'entendre. Reprends ton travail. »

Le lendemain, mon supérieur m'annonce que le directeur de la mine veut nous voir tous les deux dans son bureau. La secrétaire nous fait patienter dans un couloir. Je questionne mon chef sur la raison de cette convocation : pas de réponse. Il est très pâle, la sueur perle sur son front. L'attente se prolonge. Le mur est tapissé de cartes géographiques avec des relevés topologiques des dépôts de minerai de fer. Pour passer le temps, je m'amuse à identifier les lieux d'où proviennent nos échantillons. Le directeur nous reçoit enfin. Cravaté, costume gris trois pièces, il s'adresse à moi en anglais. « Vous n'êtes pas à l'université ici. Il est hors de question de changer quoi que ce soit à nos pratiques. Vous ne devez plus importuner votre chef avec vos élucubrations. Pour éviter ces difficultés à l'avenir, vous vous exprimerez toujours en anglais dans le laboratoire. Chacun doit comprendre ce que vous dites. »

Cet incident me confronte à la discrimination qui règne alors au Québec. Les Canadiens français sont des citoyens de seconde classe et notre langue doit s'effacer devant l'anglais dominant. Ma famille m'avait jusqu'ici largement protégé de cette réalité sociale. Mais des mots de mon père me reviennent alors en mémoire : « Pour réussir dans la vie professionnelle, il nous faut être deux fois meilleurs que les autres. » J'y étais fermement décidé.

La vie dans la mine de fer

Le camp regroupe plusieurs centaines de travailleurs. Tous des hommes. La seule figure féminine, d'ailleurs rarement entrevue, est celle de la femme du directeur de la mine, dans sa voiture noire avec chauffeur.

Les hommes sont pour la plupart des bûcherons originaires de Gaspésie, de la côte nord du Saint-Laurent, ou de Terre-Neuve (les *Newfies* pour *Newfound Land*). La coupe de bois en montagne se terminant généralement avec la fonte des neiges, ils passent l'été à la mine pour augmenter leurs revenus. Le soir, les *Newfies*, souvent d'origine irlandaise, se réunissent autour d'un feu de camp et chantent en chœur au son du banjo. Les ballades, appelées à juste titre *tear jerkers* (faisant jaillir des larmes), ont des titres évocateurs : *Goodbye Irene* (« Adieu Irène »), *Far From the Old Folks at Home* (« Loin des miens »). Je reste longtemps à les écouter, impressionné de voir, à la lueur des flammes, perler des larmes dans les yeux de ces hommes à l'aspect rude, qui fument consciencieusement leurs pipes…

Tous les vendredis soir, séance de cinéma dans une grande cabane en bois. Des bancs sans dossiers s'alignent sur plusieurs dizaines de rangées. Les films sont généralement des westerns d'assez bonne qualité. Pourtant, il faut une farouche détermination, que seule une réelle qualité de l'intrigue peut entretenir, pour les regarder jusqu'à la fin et connaître le dénouement. Les obstacles ne manquent pas. Ils affectent trois perceptions sensorielles différentes : celles de l'œil, du nez et de l'oreille.

C'est que peu après le début du film, des nuages de fumée de cigarette et de pipe se forment progressivement. L'air devenant opaque, les images sur l'écran perdent toute leur visibilité à l'arrière de la salle. Il importe donc, bien avant le début de la séance, de venir s'installer dans les premiers rangs, au pied de l'écran ! L'air devient vite irrespirable. Aux senteurs des tabacs les plus variés se mêlent celles, moins odoriférantes, des effets intestinaux qui se manifestent rapidement… Car le vendredi, on mange des fèves au lard et à la mélasse (les *bines* traditionnelles). Enfin, les voix des acteurs sont souvent couvertes par des pétarades bruyantes, accueillies par les applaudissements de la salle…

Les *Newfies* sont profondément méprisés. « Brutes », « incultes », « sous-humains », tels sont les mots proférés à leur encontre, accompagnés de blagues douteuses sur leur prétendue bêtise.

Dans les files d'attente, avant l'ouverture de la cantine, des bagarres éclatent régulièrement. Cris rauques, gémissements sourds, figures ensanglantées en sont les déplorables conséquences. Tout cela, bien sûr, à mettre sur le dos des sauvages *Newfies*. Je découvre la violence du racisme ordinaire.

Alerté par la virulence de ces empoignades, la direction finit par interdire les queues devant les cuisines. Il faudra attendre dans son bunker le sifflet annonçant l'heure du repas. Mais alors, quelle ruée ! Les portes s'ouvrent toutes ensemble. Des dizaines d'hommes jaillissent des baraques. Dans un grand bruit de bottes qui fait vibrer le sol, ils dévalent en courant l'allée centrale et s'engouffrent dans les cantines pour être les premiers à table.

Occasionnellement, on voit arriver des Indiens par familles entières, les femmes portant des enfants aux visages tuméfiés par les piqûres d'insectes. Interdiction d'entrer dans le camp. On leur donne des restes de nourriture, qu'ils mangent sur place avant de repartir. Des Indiennes sont parfois embauchées pour faire le ménage dans les bunkers, nettoyer les toilettes ou faire la lessive.

Voir les aurores boréales

Si mon travail est fastidieux et le visage que montre ici l'humanité pas toujours réjouissante, j'ai pourtant une grande chance dont je ne me prive pas.

J'ai l'autorisation de prendre une jeep pour visiter la région. Je peux rouler sur l'épais tapis de mousses multicolores, hors des rares routes en terre battue qui sillonnent l'endroit. Burnt Creek est situé pratiquement à la limite boréale des forêts. La campagne est parsemée d'un grand nombre de lacs de toutes dimensions, sertis d'une végétation rabougrie, d'arbustes maigres et chétifs, pour l'essentiel des bouleaux blancs et des épinettes noires, les deux espèces les plus nordiques… Je me couche au bord de l'eau pour admirer longuement les mouvements des feuillages dans le ciel bleu pâle. Tout autour, à perte de vue, les dos arrondis des collines sont dénudés.

Mais c'est la nuit, longtemps après le coucher du soleil, que le vrai spectacle commence. Déjà, dans la partie sombre du firmament, à l'est, ça s'agite beaucoup. Fortement assombrie, la voûte céleste, où luit la Voie lactée, entre lentement en transe. D'immenses draperies vertes et rouges se déploient parmi les constellations et s'y meuvent avec une grande solennité. Soudain, feux d'artifice inversés, des cascades de lueurs vives se précipitent d'un point du ciel vers le sol, bientôt accompagnées de mouvements semblables partant d'autres régions. Le ciel se déchaîne et s'embrase tout entier. Puis à nouveau le calme et le lent déploiement des draperies aux teintes sombres.

La pyrotechnie ordinaire de nos feux d'artifice signale sa fin par le traditionnel bouquet. On peut rentrer chez soi, la fête est terminée. Ici, rien de tel. Je suis continuellement tiraillé entre la pensée qu'il me faut rentrer pour être en forme au travail le lendemain et l'envie de ne rien manquer de cet envoûtant spectacle. Combien de fois, comptant profiter du répit que me laissait le retour au calme pour quitter les lieux, je me suis pourtant à nouveau lové dans les mousses fraîches, rappelé à la contemplation du ciel par un brusque et nouveau déclenchement d'éclats colorés annonciateur de nouvelles illuminations. Il m'est souvent arrivé de rester jusqu'à l'ultime épisode de la féerie aux premières lueurs de l'aube…

Conflit intérieur

> « Tout ce que peut espérer la philosophie c'est de rendre la poésie et la science complémentaires, de les unir comme deux contraires bien faits. »
>
> Gaston Bachelard, *La Psychanalyse du feu*

Mes premières rencontres avec la science ne furent pas sans problème. J'en étais un adorateur inconditionnel, mais elle me faisait vivre des moments difficiles. En peu de mots, elle me semblait menacer la dimension poétique du monde : l'émerveillement. J'ai traversé des heures de grande ambivalence pouvant aller quelquefois jusqu'à l'angoisse. Je me sentais confronté à deux aspects de moi-même. Ou plutôt à deux personnages en moi que je devrais faire coexister. Il me fallait donner à chacun son espace vital pour éviter le conflit perpétuel. Je vais essayer de reconstituer quelques éléments de mon cheminement. Il avait commencé au collège pendant les cours du Père Beauséjour, mais ce questionnement prenait maintenant des proportions considérables.

J'ai raconté comment les théories de Newton sur le mouvement des planètes m'inspiraient la plus grande admiration. Comment, à partir de quelques idées simples sur la gravité universelle, lui et ses successeurs avaient pu élucider des énigmes sur lesquelles l'humanité avait planché en vain depuis des millénaires.

J'appréciais aussi comment, avec une efficacité tout aussi remarquable, les innombrables manifestations de la lumière étaient maintenant explicables grâce aux équations de Maxwell. Et comment la théorie atomique (la matière est faite de particules élémentaires soumises à des lois immuables) rendait compréhensible une extraordinaire variété de phénomènes naturels.

Accéder à ces connaissances m'avait inspiré un sentiment grisant, mais avait aussi provoqué de profondes prises de conscience qui furent au cœur de vives discussions avec mes condisciples. L'élément pivot et litigieux en était essentiellement ce que recouvre la notion de « réductionnisme ». Vieux thème récurrent tout au long de l'histoire des sciences, déjà présent dans l'Antiquité gréco-latine, chez Épicure et Lucrèce par exemple. En tentant d'expliquer la réalité uniquement par le comportement des particules qui la composent, la science réduit-elle « tout cela » à n'être « que cela » ? La préface d'un livre écrite par le physicien Ian Halliday était au centre de nos échanges. S'appuyant sur les grands succès de la physique nucléaire, il reprenait avec vigueur les positions les plus radicales. Selon lui, la science remplaçait tous les discours sur la nature. Elle rendait ineptes et futiles la philosophie et la métaphysique. Toute religion était, à ses yeux, aussi puérile que les histoires du Père Noël.

Cette vision du monde me mettait mal à l'aise. Ma sensibilité à la poésie et mon intérêt pour la pensée philosophique m'empêchaient d'y adhérer. Par ailleurs, son caractère absolu et intolérant, son arrogance m'indisposaient. Pouvait-on balayer d'un seul revers de la main des ères de réflexion sur la nature du monde ? Pourtant, j'étais troublé. Et si, après tout, Halliday était dans le vrai ? Je me sentais partagé. Ma tête était le siège de débats qui se poursuivaient inlassablement après des discussions ou des lectures. Face aux défenseurs du réductionnisme, j'éprouvais de l'impatience et de la répulsion, mais aussi un attrait certain et, au fond, une crainte qu'ils n'aient raison. Pourrais-je en toute honnêteté continuer indéfiniment à les rejeter ? J'appréhendais le moment où, peut-être, je me retrouverais dans leurs rangs.

« *Tout cela n'est que cela* »

À l'université, je m'étais lié de sentiments tendres avec une étudiante, Simone, qui suivait le même cursus de physique que moi. Nos conversations dans le cimetière protestant de Montréal (un magnifique jardin où nous venions voir éclore les premières fleurs du printemps) nous ramenaient souvent sur ce thème du réductionnisme qu'elle défendait âprement.

Elle se passionnait pour la physique, y cherchant la confirmation de ses convictions profondes. « Tout dans le monde, disait-elle, y compris les sentiments qui nous lient ou notre émerveillement devant un cerisier en fleur, n'est qu'affaire de réactions physiques entre des particules soumises à des forces immuables. Il n'y a rien qui ne sera un jour expliqué par des équations. Dieu n'est qu'une hypothèse intenable à la lumière des progrès de la science. »

Ce n'était pas tant sur le plan de mes convictions religieuses (j'étais encore pratiquant) que ces propos me gênaient. C'était le désenchantement qu'ils impliquaient : une sorte de nihilisme qui me faisait froid dans le dos. La forteresse de certitudes dans laquelle elle s'était retranchée me paraissait en contradiction avec le doute et le questionnement propres à la démarche scientifique. L'absolu de sa position me paraissait similaire à ce qu'on appelle chez certains croyants la « foi du charbonnier ». Cela collait mal avec sa grande intelligence.

Je remarquai un jour chez elle un tableau retourné contre le mur, ne présentant que le papier gris qui en couvrait le dos. Ma question, lorsque j'en demandai la raison, provoqua manifestement une grande gêne. Silence lourd, échanges de regards avec sa mère. Elle m'entraîna alors à l'extérieur. « Je vais t'expliquer. C'est un portrait de saint Antoine de Padoue. Ma mère le prie quand elle cherche un objet perdu. Si elle ne le retrouve pas, elle tourne l'image du saint contre le mur pour le punir. Ma famille est d'une incroyable bigoterie. J'ai passé mon enfance dans une ambiance de chapelets, de neuvaines et de confessionnaux malodorants. Mes parents m'ont traînée à Lourdes, à Fatima, à l'oratoire Saint-Joseph. Cela me faisait horreur… » Tout cela m'apparut soudainement d'une grande cohérence…

Un autre fait se produisit, à peu près à la même époque, qui nourrit encore mes réflexions sur le réductionnisme. Nous avions parmi nos enseignants un grand résistant italien réfugié au Canada. Convaincu que seuls la science et le rationalisme pourraient sauver l'humanité du fascisme, il pourfendait allègrement les astrologues et autres tenants des « antisciences ». « Je suis allé à leur meeting et j'ai poussé des gueulantes », disait-il en se dressant comme saint Georges terrassant le dragon. La fougue qu'il mettait à ces pugilats épiques étonnait chez cet homme généralement calme et posé.

Un jour, à la fin d'un banquet bien arrosé, il m'avoua, sur le ton de la confidence, que son père faisait tourner les tables. Mort de terreur, il s'enfouissait alors dans ses couvertures, l'oreiller sur sa tête...

Simone et ce professeur italien m'envoyaient le même message : « Regarde du côté de ton enfance. » Je me suis rappelé des histoires que mon père racontait, dans lesquelles des personnages étranges et inquiétants apparaissaient et disparaissaient. Ces souvenirs me mettent parfois encore mal à l'aise.

Bien des années plus tard, j'ai eu l'occasion de voir l'image de mes personnages conflictuels incarnés par deux fillettes. Par une belle nuit d'été, j'avais sorti mon télescope et montré Jupiter et Andromède à ces deux sœurs de six et dix ans. L'aînée, passionnée d'astronomie et fermement décidée à en faire sa profession, me posait mille questions sur les étoiles : leurs distances, leur vie, leur mort. La cadette, toujours plongée dans des livres de contes, voulait que je lui raconte l'histoire des personnages dont on avait pris les noms pour baptiser les constellations : Orion, Cassiopée, etc.

Le lendemain matin, je demandai à la plus jeune :

« As-tu entendu marcher le fantôme dans le grenier au-dessus de ta chambre ?

— Il y a un fantôme dans le grenier ? questionna-t-elle, très amusée.

— Oui, tu sais bien, il y en a dans toutes les vieilles maisons, et ils ne sortent que la nuit.

— Non, je n'ai rien entendu, répondit-elle. Cette nuit, je

resterai éveillée pour écouter. Mais si toi tu l'entends, tu viens me le dire. » Tout cela sur un ton mi-sérieux mi-badin, dans un contexte ludique qui lui plaisait beaucoup. Elle entrait avec plaisir dans ce jeu.

La plus âgée se mit alors à protester avec véhémence.

« Les fantômes n'existent pas, tout ça c'est des bêtises !

— Comment le sais-tu ? l'interrogeai-je. Dis seulement que tu n'en as jamais vu.

— Et je sais que je n'en verrai jamais parce que ça n'existe pas ! Arrête de raconter des histoires à ma petite sœur, tu vas lui faire peur et l'empêcher de dormir. »

J'ai senti alors que j'aurais pu m'identifier tour à tour à l'une et à l'autre.

CHAPITRE 9

À l'observatoire de Victoria : les étoiles doubles

Un autre job d'été m'amena à l'observatoire du Dominion (DAO), dans l'île de Vancouver, sur la côte ouest du Canada. Ayant lu la petite annonce dans une revue spécialisée, je m'empressai d'y postuler. La réponse me parvint assez rapidement : j'étais engagé.

L'année universitaire qui venait de se terminer (1953) avait été pour moi riche en découvertes scientifiques. Ce que j'avais appris avait renforcé ma grande admiration pour la puissance de l'esprit humain, si bien adapté à l'étude de la nature. Les connaissances que j'avais acquises lors de mon séjour à Agassiz prenaient une dimension nouvelle. J'étais fasciné par l'idée que l'on puisse identifier les atomes dont sont composés des astres situés à des milliers d'années-lumière simplement en mettant un prisme ou un spectroscope devant un télescope. Je trouvais fantastique l'histoire de l'astronome Fraunhofer qui, au milieu du XIXe siècle, avait établi la nature des atomes de la surface du Soleil, alors qu'au même moment le philosophe Auguste Comte affirmait que c'était chose à jamais impossible. Aujourd'hui, nous connaissons la composition chimique de notre astre de sa surface jusqu'à son centre.

L'astrophysicien anglais Fred Hoyle, un homme que j'allais retrouver à de nombreuses reprises tout au long de mon parcours scientifique, avait, quelques années auparavant, prononcé à la BBC une série de conférences intitulées

« Frontiers of Astronomy », publiées dans un volume du même nom. La lecture de ce livre avait éveillé en moi un puissant intérêt pour l'étude de l'astronomie. Un souffle vigoureux traversait ces pages, qui brossaient, dans ses grandes lignes, l'état des questions cosmologiques et présentaient, en particulier, les idées novatrices que l'auteur avait lui-même apportées. Son style frondeur, rejetant nombre d'idées reçues, me plaisait. L'astronomie me paraissait trouver là un sang nouveau, qui me donnait envie d'entrer dans le débat.

La spécialité de l'observatoire du Dominion était de mesurer les déplacements des corps célestes. La technique utilisée est simple. Selon qu'elle s'éloigne ou se rapproche de nous, une source lumineuse nous apparaît relativement plus rouge (dans le premier cas) ou plus bleue (dans le second). Ce phénomène porte le nom d'effet Doppler-Fizeau, bien connu en particulier pour le son d'une sirène d'ambulance. C'est grâce à cet effet que, vers 1930, Hubble a pu découvrir l'expansion de l'Univers.

Ce procédé permettait au DAO d'obtenir bon nombre d'autres informations sur le comportement des astres. D'abord sur les étoiles dont la luminosité est variable (comme c'est le cas pour Algol, dans la constellation de Persée). Ces astres passent successivement par des maxima et des minima de lumière selon des cycles qui peuvent aller de quelques heures à quelques années. Grâce à l'effet Doppler-Fizeau, on a pu démontrer que leur volume s'accroît et décroît tout au long de la période considérée : lorsqu'il augmente, la surface de l'étoile se rapproche de nous et elle paraît plus bleue ; lorsqu'il diminue, elle s'éloigne et elle paraît plus rouge.

En train vers l'océan Pacifique

Traverser le Canada m'apparaît déjà comme un merveilleux voyage. L'aventure commence un soir de juin, à la gare Windsor à Montréal. Avant le départ, sur le quai, je marche à côté du train, j'admire la locomotive aux longues bielles coudées, le tender plein de charbon noir, la succession des wagons d'une propreté impeccable. Le cuivre des marchepieds et des poignées de porte est rutilant. En queue, la voiture-observatoire est ouverte aux quatre vents. C'est là que je me promets de passer le plus clair de mon temps, pour ne rien manquer des paysages qui vont défiler sous mes yeux pendant les quatre-vingt-seize heures à venir. Je me sens en partance pour un long périple. Un grand portier, en livrée et gants blancs, m'accueille à l'entrée de mon compartiment, me souhaite la bienvenue, et m'explique tous les secrets de cette habitation miniature, m'invitant à ne pas hésiter à recourir à ses services en cas de besoin.

Lorsque je me réveille le lendemain matin, nous longeons une étendue d'eau large comme une mer. On ne voit pas l'autre rive. Je regarde sur ma carte : c'est le lac Supérieur, en Ontario. Je cours à l'arrière du train, sur la plate-forme. Le temps est couvert. Les nuages gris donnent à l'eau une teinte argentée. Au rythme obsessionnel des bielles, nous glissons le long d'immenses baies peuplées de canards et d'oies sauvages. Dans les virages, je peux voir la locomotive partir à l'assaut des pentes. La fumée qui sort de la cheminée forme un long panache noir, que le vent entraîne en volutes au-dessus de la dense forêt de conifères. Bercé par le bruit régulier du train, je reste longtemps assis dans le vent froid, attendant le prochain paysage, avant de me décider à aller prendre mon petit déjeuner. Jusqu'à la tombée de la nuit, je ne perdrai rien des collines arides et érodées, des forêts d'épinettes noires, des bouleaux blancs aux feuillages vert tendre et des lacs bleus qui défileront sous mes yeux réjouis.

Le jour suivant, changement complet de décor. Nous sommes dans la prairie. Les champs de blé s'étendent à perte de vue. Les gerbes s'inclinent en cadence aux souffles du vent, comme les houles d'une mer tranquille. Le train file en ligne droite pendant des heures. Nous croisons occasionnellement de grands silos en ciment gris, seules constructions visibles de loin dans la blonde immensité. Ces paysages démesurés me plaisent et m'inspirent : je lis, j'écris, je déguste d'agréables repas, je ne regrette aucun instant. Le soir descend. Rien ne change, sauf les couleurs : l'or passe lentement au brun puis au gris. Le soleil couchant rougit de longs et délicats cirrus.

Plus tard, l'omniprésence de la prairie, maintenant plongée dans la nuit, se laisse toujours percevoir par l'interminable séquence des blés à proximité de la voie ferrée, éclairés un bref instant par les lumières du train, comme en mer, les vagues près d'un bateau.

Le troisième jour, dès l'aurore, je reprends mon poste d'observation. Le panorama est toujours le même. À l'ouest, un long et mince ruban sombre se dessine maintenant à l'horizon : c'est la chaîne des montagnes Rocheuses. Le train fonce dans cette direction. Tout au long de la journée, je les vois approcher progressivement et monter en altitude. Le fin ruban se découpe maintenant en vallées et en pics escarpés, couverts de neige. Je suis impressionné par la majesté de ces montagnes qui se dressent au-dessus des plaines et laissent bientôt apercevoir leurs sommets enneigés, rutilants sous la lumière du soleil.

La dernière journée se passe au fond de vallées abruptes, parmi les résineux dressés à la verticale. Le soir, dans le port de Vancouver, je prends le bateau pour l'île Victoria, où se trouve l'observatoire du Dominion. Fin d'un merveilleux voyage qui, en quatre jours, me mène au bord de l'océan Pacifique.

Des ellipses, pas des cercles !

En arrivant à l'observatoire, on m'associe à une équipe dont la mission est d'étudier des paires d'étoiles dites « binaires » qui tournent indéfiniment l'une autour de l'autre en décrivant des orbites stables. Certaines les parcourent en quelques jours, d'autres en quelques siècles.

On mesure la vitesse de chacun des deux partenaires tout au long de leur révolution. Un calcul long et fastidieux permet alors d'estimer leur masse respective, ainsi que la distance qui les sépare. Les opérations se font avec des machines à calculer manuelles ; pas encore d'ordinateurs... Le matin, j'ai du mal à détendre mes poignets engourdis par les tours de manivelle. Mais j'ai ainsi déterminé plusieurs dizaines d'orbites stellaires.

Je touche alors de près à un aspect peu excitant et pourtant fondamental de la recherche. Tout l'édifice de la science est basé sur des mesures précises effectuées avec la patience d'un moine médiéval. Le cas classique est celui de Kepler, savant allemand du XVIIe siècle. On croyait alors que les planètes décrivaient des orbites circulaires car le ciel, affirmait-on depuis Aristote, ne pouvait abriter que des formes géométriques parfaites : des cercles. Ayant entrepris d'évaluer avec une grande précision la position des planètes tout au long de leurs périples, Kepler constate que leurs trajectoires ne sont pas exactement circulaires mais légèrement elliptiques. L'écart est faible et ne peut se détecter qu'avec des observations extrêmement méticuleuses, mais il est indubitable. Cette découverte inattendue provoque des débats passionnés. Est-ce bien la peine, argumentent ses contemporains, de se donner tant de mal pour mettre en évidence une différence aussi minime ? Quelle importance ?

Elle s'avère cependant immense. Non seulement cette

différence remet en cause l'idée de la perfection des formes sidérales, tenue pour absolument certaine depuis deux mille ans, mais elle contribuera grandement à l'établissement de la loi de la gravitation universelle énoncée quelques dizaines d'années plus tard par Isaac Newton. Vue sous un angle plus vaste encore, elle accréditera l'idée que les astres sont soumis aux mêmes lois que les objets terrestres, donnant ainsi naissance à l'astrophysique.

Un épisode semblable a récemment eu lieu avec le satellite Hipparcos. Sa mission était d'évaluer la position de plus de 100 000 étoiles avec une précision jamais atteinte auparavant. Les résultats ont eu un impact majeur sur nos connaissances, notamment sur la question de l'âge de l'Univers. Une difficulté était en effet apparue lorsqu'on le comparait à celui des astres les plus anciens. Certains amas stellaires semblaient être nés avant le Big Bang ! Situation critique, qui pouvait remettre en cause toute la théorie ! En rendant possible une meilleure estimation de l'âge du cosmos et des étoiles, les éléments transmis par Hipparcos ont permis de rétablir la situation : l'Univers est effectivement plus âgé que les plus vieilles étoiles. Quel soulagement !

Pareillement, la détermination de la masse des astres est une étape indispensable à l'élaboration de nos théories sur leur naissance, leur vie et leur mort. En ce sens, cette étude des étoiles doubles à laquelle je passe mes nuits est une composante importante de la recherche stellaire. Réflexion que je m'efforce à répéter : elle m'aide à persévérer durant ces longues heures de calculs qui commencent à me peser. Car je me sens un peu loin de mes questionnements scientifiques. Aussi je profite de tous mes moments libres pour interroger les chercheurs sur leurs sujets de préoccupation.

Andrew McKellar et le rayonnement fossile

Mon patron, Andrew McKellar, est convivial, sympathique, passionné, mais aussi d'une nature distraite. Le soir, il me ramène parfois de l'observatoire à la ville de Victoria où j'habite. Pendant le trajet, il m'entretient de ses travaux et des sujets qui le passionnent. Mais il parle en gesticulant beaucoup et sa conduite assez maladroite m'inquiète, surtout lorsque nous empruntons la route sinueuse bordée de ravins qui nous mène à la vallée. Mon attention en est passablement perturbée et j'attends que nous soyons arrivés en plaine pour lui poser mes questions.

Un jour, en montagne, il évoque une observation qu'il avait effectuée quelques années auparavant. En étudiant la lumière émise par des nébuleuses interstellaires, il avait obtenu un résultat inattendu. « Tout se passe, raconte-t-il, comme si la température des atomes qui se trouvent dans l'espace était de moins 270 degrés. Je n'ai pas la moindre idée de ce que cela veut dire. » Il venait, sans s'en douter, de mesurer la chaleur du rayonnement fossile émis aux tout premiers temps de l'Univers (et dont nous parlerons abondamment plus tard).

On ne pouvait soupçonner alors l'importance qu'allait prendre cette observation dans le cadre de la théorie du Big Bang. Je me souviens de ce moment précis où, me concentrant sur son discours pour oublier les dangers que sa maladresse nous faisait courir sur la chaussée étroite, je reçus cette information si prémonitoire pour toute la cosmologie contemporaine.

Fred Hoyle : l'enfant terrible de l'astronomie

Plusieurs fois par semaine, des conférences sont données par des chercheurs de l'observatoire ou par des invités prestigieux. C'est ainsi qu'après avoir dévoré ses livres, j'ai enfin pu voir Fred Hoyle. Déception : c'est un homme sec, distant, sans charisme. L'opposé de ce que, dans ma naïveté, j'avais imaginé de lui. D'autres éléments me déplaisent : une superbe frôlant l'arrogance, un mépris exprimé pour ceux qui n'étaient pas d'accord avec lui. Néanmoins, je découvre pendant ses séminaires des éléments de sa personnalité qui m'attirent : sa puissance intellectuelle, une articulation de la pensée frisant le génie, un regard perçant et critique, une imagination pénétrante, une grande indépendance par rapport aux idées à la mode, une délectation intense à les renverser.

À cette période, Fred Hoyle est considéré comme l'enfant terrible, « l'affreux jojo » de l'astronomie. Ses apports sont nombreux. C'est lui qui a émis l'idée que les étoiles sont le lieu où les atomes se forment : un sujet qui occupera une bonne partie de ma carrière de chercheur. Opposant farouche à la théorie du Big Bang — il le restera toute sa vie —, il est l'un des promoteurs d'une hypothèse contestataire, « la création continue », encore appelée « théorie de l'état stationnaire », niant qu'il y ait eu un début à l'Univers. Il dérange et agace profondément la communauté scientifique assemblée pour l'entendre. Je suis avec attention les longs et houleux débats qui suivent ses séminaires, même si, à vrai dire, souvent je n'y comprends pas grand-chose…

Longues houles roses sur le Pacifique

Victoria est une ville tranquille, très anglaise, au bord du Pacifique. « *More British than Britain itself* » (« Plus anglaise que l'Angleterre ») aiment à répéter ses habitants qui, tous les soirs, mains gantées et armés de cisailles, vont travailler dans leurs jardins. Les rosiers chargés de fleurs débordent sur les trottoirs, régulièrement mouillés par les tourniquets des arroseurs automatiques. C'est pourtant là qu'émergea ce qui fut l'objet d'un long drame intérieur, qui couvait en moi depuis longtemps.

Le soir, en revenant du travail, je traverse la ville à bicyclette pour aller au Beacon Hill Park voir le coucher du soleil sur la mer. Là, je m'assois sur un rocher et je reste longtemps à admirer le panorama. Les longues houles qui viennent lentement vers la côte reflètent tour à tour, et selon leur angle, les roses intenses des nuages illuminés par le couchant. Au fond, on aperçoit les hautes montagnes enneigées de l'autre côté du détroit Juan de Fuca. D'abord scintillants de blancheur, leurs sommets se teintent progressivement d'orange pourpré et de rouge.

Et c'est là que le choc s'est produit. Tout au plaisir de ce spectacle sublime, une petite voix insistante, presque moqueuse, se met à me répéter insidieusement : « C'est de la physique, rien de plus ! La théorie électromagnétique de la lumière explique chaque reflet coloré, chaque ton subtil. C'est tout simplement la longueur d'onde des photons absorbés et réémis qui a changé. Ce n'est que cela, rien d'autre, c'est tout ! » Ce discours réductionniste sape maintenant ma contemplation et mon bonheur !

Je reprends ici quelques paragraphes de mon livre *Malicorne* dans lesquels j'ai raconté cet épisode :

« Dans ma tête, c'est la panique. La crainte de voir se désintégrer le plaisir exquis qui me possède. Dois-je y renoncer à tout prix, maintenant que j'ai regardé par-dessus la clôture et goûté au fruit empoisonné de la connaissance ? Autant ce sacrifice cruel me paraît inacceptable, autant il me semble impossible de faire machine arrière. Dans mon ciel intérieur, les équations de Maxwell se dressent, froides, inexorables. Leur lumière crue abolit, me semble-t-il, la fragile magie du ciel rose et de la mer moirée.

« Secoué par ce conflit, je quitte le paysage devenu insoutenable pour rentrer chez moi, longeant dans l'ombre les séquoias géants de Beacon Hill Park. Un violent mal de tête me saisit comme un coin de métal enfoncé dans mon crâne. Enfermé dans ce dilemme, je comprends alors le sens premier du mot "schizophrénie" : déchirure mentale. »

J'ai mis bien des années à me réapproprier le droit de jouir sereinement de la beauté des vagues roses sur l'eau tranquille. En peu de mots, j'ai compris que la démarche scientifique ne touche qu'un aspect du réel, celui qui correspond au domaine rendu accessible par sa méthodologie et ses techniques d'étude. Elle nous donne accès à toutes les manifestations de la matière, des dimensions les plus infimes (atomes, molécules) aux plus gigantesques (étoiles, galaxies, Univers). Mais l'émotion en est absente. Pour percevoir le monde sous toutes ses facettes, les approches poétiques et scientifiques se complètent. Chacune est essentielle à la compréhension du monde. Chacune, à sa façon, nous permet d'accéder à la richesse et à la beauté de l'Univers.

À l'université McGill : la science pratique

En 1953, après avoir obtenu mon baccalauréat en physique (BsC, l'équivalent de la licence française) à l'université de Montréal, je m'inscris en thèse de maîtrise à l'université McGill (également à Montréal). J'y découvre une nouvelle approche de la science. Plusieurs de mes professeurs étaient d'anciens ingénieurs électroniciens et en avaient gardé l'attitude pratique. Efficacité, rendement. On dérive les formalismes, on calcule les solutions. Sans l'ombre d'une interrogation sur les principes physiques mis en cause, sur la question : « Qu'est-ce que ça nous apprend sur la réalité de savoir qu'elle obéit à telles ou telles lois ? » En général, sur ce qu'on appelle la philosophie des sciences. Peu habitué à cette rigueur, j'ai tiré un grand profit de cet enseignement, et en particulier de celui du professeur J.D. Jackson, célèbre pour un manuel d'électromagnétisme qui fait encore autorité aujourd'hui. Son enseignement était un modèle du genre. Pendant l'heure du cours, il couvrait systématiquement l'une après l'autre les trois sections du tableau noir, les effaçait soigneusement et recommençait ainsi encore deux fois. Il terminait toujours pile à l'heure.

Les raisonnements s'enchaînaient avec une telle intelligence, une telle clarté, que c'en était un enchantement. Dans l'amphi, le silence était aussi profond que dans une salle de concert. On sentait une admiration collective qui, dans un contexte musical, aurait pu se manifester par une salve d'applaudissements. Mais lui, loin de saluer son auditoire, reprenait immédiatement ses livres et se dirigeait rapidement vers son bureau. Ici, les sentiments n'étaient pas de mise.

Jackson a été mon directeur de thèse. Mon sujet portait sur l'étude théorique d'une structure atomique assez étonnante : le positronium. On peut imaginer (bien qu'en physique atomique il soit déconseillé d'imaginer !) un électron et un antiélectron (positron) faisant une ronde l'un autour de l'autre comme, dans le ciel, les étoiles doubles que j'avais étudiées à Victoria. Avec une différence notable : le positronium est instable. L'antiélectron et l'électron disparaissent en une infime fraction de seconde (on dit qu'ils s'annihilent) et se transforment en lumière. Ma tâche consistait à calculer, avec les techniques de la physique quantique, la probabilité de tels événements quand les atomes de positronium naviguent parmi des atomes d'hydrogène et d'hélium.

Mon ami musicien, Gilles Tremblay, me questionnait souvent sur ma thèse. Lui ayant expliqué que les physiciens avaient longtemps considéré les antiélectrons comme des « trous dans le vide », il s'amusait à dire que je calculais la probabilité d'annihilation des trous dans le vide ! Ce langage ésotérique nous charmait beaucoup !

J'ai passé de longs mois à effectuer les dérivations analytiques et à faire tous les calculs. Puis nous avons préparé, Jackson et moi, un long article pour une revue scientifique. Le jour où nous allions le poster, nous avons reçu le dernier numéro de cette publication, dans lequel figurait une étude portant sur le même sujet : un auteur en Angleterre avait fait le calcul et obtenu les mêmes résultats. Déception : ma thèse est impubliable (c'est extrêmement important pour les étudiants), mais quelle satisfaction de voir mes conclusions confirmées dans leurs moindres détails ! Je faisais mes premiers pas dans le monde de la recherche, avec ses joies et ses frustrations.

Pour une carrière scientifique, il était recommandé, après la maîtrise (MSc), de faire un doctorat dans une grande université américaine. De préférence au sein de l'Ivy League, qui regroupe les institutions les plus prestigieuses : Princeton, Harvard, Columbia, Yale, Cornell, et quelques autres comme Ann Harbor, Chicago, Stanford, Berkeley.

Y accéder n'était pas facile. Les *graduate schools* de ces instituts reçoivent chaque année d'un peu partout dans le monde un nombre considérable de demandes, dont ils ne retiennent qu'une infime proportion.

Je remplis une bonne dizaine de formulaires destinés à plusieurs de ces universités. Je reçus deux réponses positives, une de Cornell dans l'État de New York, l'autre d'Ann Arbor dans l'État du Michigan. Sachant qu'on s'y intéressait beaucoup à l'astrophysique nucléaire, j'eus vite fait de porter mon choix sur la première. De plus, Cornell était beaucoup plus proche de Montréal qu'Ann Arbor. Je pourrais plus facilement revenir voir ma famille pendant les vacances. Ce que je ne pouvais pas deviner par contre, c'est à quel point ce choix me serait favorable sur le plan professionnel…

CHAPITRE 10

À l'université Cornell : les étoiles alchimistes

Les vacances d'été n'étaient pas tout à fait terminées quand j'arrivai à l'université Cornell, où j'avais été accepté pour préparer un doctorat en physique.

Les bâtiments sont déserts. Cherchant vainement quelqu'un pour me renseigner, j'explore les lieux et repère le tableau des enseignants. J'y reconnais les noms prestigieux des chercheurs dont les travaux me sont depuis longtemps familiers, et pour lesquels j'éprouve la plus grande admiration. Ainsi, je suis admis dans leur Olympe ! Je vais les rencontrer en personne ! Assister à leurs cours ! Cette perspective me ravit !

Marié depuis peu, les premières années à Cornell furent difficiles sur le plan financier. Traversant une grave période dépressive, suite à une grossesse, ma femme Francine ne peut prendre l'emploi de secrétaire sur lequel nous comptions pour financer notre séjour. C'est grâce à la Société Saint-Jean-Baptiste de Montréal que je peux m'en sortir. Je reçois une généreuse subvention, appelée « Prêt d'Honneur », à rembourser quand je le pourrais et sans intérêt. Je profite ici de l'occasion pour exprimer à cette société toute ma reconnaissance.

J'ai vécu à Cornell des moments délicieux. Mes souvenirs sont nets : une salle de cours, un professeur. Il parle d'un sujet que j'ai envie de connaître. Il me donne la clef d'un problème dont je cherche depuis longtemps la solution. J'apprends toujours quelque chose de nouveau. Aucune grippe ne peut me retenir à la maison, rien ni personne ne peut m'empêcher d'aller assister aux cours.

Les matières les plus importantes — mécanique quantique, physique statistique, physique nucléaire, théorie de l'état solide — étaient enseignées par des professeurs différents, chercheurs de renom, connus pour leurs contributions dans ces disciplines. Dans la mesure du possible, je suivais assidûment l'ensemble des cours. La première année, j'apprenais plus ou moins péniblement le formalisme du sujet. Les années suivantes, la familiarité acquise, je reprenais le même cours et je le pénétrais plus à fond. Et surtout j'appréhendais mieux la vision personnelle de l'enseignant, sa façon de comprendre et d'interpréter les diverses énigmes que posent toujours ces percées quant à la « réalité » de la matière et à sa nature. Sur ce plan, la théorie quantique des atomes laisse place à de nombreuses interprétations, encore discutées aujourd'hui. J'ai pu entendre les versions de Bethe, de Salpeter, de Feynman, et d'autres encore...

Autre souvenir : il y avait des chiens errant sur le campus. Vieux et bancal, l'un d'eux, baptisé Tripod, entrait régulièrement dans les salles de cours, dont les portes restaient toujours ouvertes. Le bruit régulier de ses trois pattes se superposait aux paroles du professeur et au crissement des craies sur le tableau noir. Lorsqu'un enseignant l'y invitait, il venait étendre devant nous son long corps mutilé. L'un d'eux dit un jour : « Je ne peux vraiment pas commencer sans lui ! » Qu'il fût handicapé ne nous empêcha pas d'en faire la mascotte des lieux... bien au contraire !

Dès son arrivée à l'université, tout étudiant en physique était pris en charge par un *special committee* de trois personnes, choisies par lui-même, pour suivre le déroulement de son cursus. Ce comité devait être composé de deux physiciens et d'un mathématicien. À la fin de chaque semestre, après un examen oral visant à contrôler les connaissances acquises, ce cénacle décidait des nouveaux cours que l'étudiant devrait maintenant suivre.

Il nous était aussi demandé d'assister aux séminaires du département. Mais n'eût-ce pas été imposé, qui aurait voulu rater les exposés des chercheurs notoires comme George Gamow, Linus Pauling, Thomas Gold et Freeman Dyson ? Les discussions se poursuivaient à la cafétéria, où les élèves se restauraient avec les enseignants et leurs invités.

L'ambiance était exaltante. Je me sentais comme immergé dans un bain de science et de créativité aussi intensément intellectuel que profondément émotif. J'y recevais deux messages. Le premier : ici, la science est en marche ; c'est un creuset où elle s'élabore. Quelle différence avec les universités que j'avais précédemment fréquentées, qui se cantonnaient surtout à divulguer ce qui s'était fait auparavant. Le second message : je peux moi-même participer à cette aventure. Tout m'y invite et semble me faire confiance. Ainsi, croisant un jour dans un couloir Hans Bethe, qui connaissait mes travaux antérieurs, je l'entends me dire : « *I am glad that you are here* » (« je suis content que vous soyez ici ») ; mots brefs, certes, mais dont la portée est pour moi toujours la même, des décennies plus tard !

Cet accueil fait aux étudiants, ce contexte favorisant leur participation, cet environnement où la coopération, les échanges et les discussions en groupes sont monnaie courante, me donnent des ailes.

Philip Morrison :
le professeur dont vous avez toujours rêvé...

Victime de la polio dans son enfance, il entrait dans la salle de cours d'un pas rapide, à l'aide de béquilles qu'il manipulait agilement, et grimpait sur l'estrade à la force de ses bras. Son cours commençait aussitôt à une allure d'enfer : « Attachez vos ceintures, et attention au départ. » Son visage à l'expression un peu enfantine, plein d'esprit, avec une pointe de malice, s'illuminait alors d'un coup. Chacun s'accrochait à son débit rapide, bien décidé à ne pas en perdre un mot. On avait l'impression de participer à la grande fête de l'intelligence. Clair au point d'en être lumineux, il était également spirituel, moqueur, parfois même corrosif. Ainsi, après un long exposé sur les phénomènes électromagnétiques associés aux communications et en particulier à la télévision, il avait ajouté avec un sourire facétieux : « Et tout cela pour véhiculer la quantité d'inepties dont les télés nous abreuvent tous les jours. »

J'aimais sa façon d'enseigner à la fois la physique et le métier de physicien. Souvent, son mode de pensée, tout autant synthétique qu'analytique, me revient en mémoire quand j'aborde un problème nouveau. Ses conférences « grand public » étaient également très appréciées. J'y allais non seulement pour m'instruire, mais aussi pour étudier sa technique, pour faire miens ses « trucs » destinés à accrocher son auditoire. Je n'en manquais aucune. J'appréciais surtout sa vaste culture, qui s'étendait pratiquement à tous les domaines de la science et des arts. À la cafétéria, où mes camarades et moi déjeunions souvent avec lui, il nous entretenait aussi bien des peintures rupestres de Lascaux, que de l'abbé Breuil, célèbre paléontologue qu'il avait connu personnellement, ou de la musique japonaise contemporaine.

Depuis la fin de mes études (en 1960), j'ai gardé le contact avec lui en lisant les critiques de livres qu'il faisait paraître dans la revue *Scientific American*. J'aimais y retrouver son style limpide, ses comparaisons imagées et son mode de pensée, auxquels je suis toujours très attaché. J'ai été très attristé d'apprendre récemment sa mort.

Écouter les extraterrestres

Les conversations pendant les repas à la cantine, pris en commun, enseignants et élèves, foisonnaient de discussions sur des thèmes hautement imaginatifs. La possibilité d'entrer en communication avec des civilisations galactiques était un des sujets qui revenaient le plus souvent. L'avènement et le développement de la radioastronomie laissaient entrevoir un canal tout à fait approprié à l'échange de messages à travers la Voie lactée. Spéculant sur la possibilité que des civilisations extraterrestres aient atteint un haut niveau de technologie, deux physiciens de notre département, Philip Morrison et Giuseppe Cocconi, s'étaient demandé quelle longueur d'onde ils auraient vraisemblablement choisi pour entrer en contact avec nous. Après une analyse détaillée de la situation et en tenant compte des bruits parasites qui pourraient brouiller le signal, ils en étaient venus à la conclusion que leur choix devait se porter sur la longueur d'onde de 20 centimètres, qui caractérise l'émission radio de l'atome d'hydrogène. Suite à ces discussions, ils publièrent dans la revue *Nature* un article intitulé « Searching for Interstellar Communication » qui fit grand bruit. Ce travail initia un fort intérêt pour les programmes de recherche de civilisations extraterrestres. De nombreux radiotélescopes se mirent à l'écoute du ciel. Celui d'Arecibo dans l'île de Porto-Rico (une oreille de 305 mètres de diamètre plaquée à même le sol) et aussi celui de Nancay en Sologne. Ces recherches, qui furent reprises plus tard par le programme Seti (Search for Extra-Terrestrial Intelligence), n'ont jusqu'ici apporté aucun résultat tangible. Mais l'avenir nous réserve peut-être des surprises. Affaire à suivre.

Un jeu de puzzle

À mon arrivée à Cornell, il me fallut faire un choix important. Il ne concernait pas le domaine de recherche dans lequel je m'engageais, mais la façon d'y travailler. Le métier de physicien offre deux branches différentes : d'un côté les observateurs ou expérimentateurs, et de l'autre les théoriciens.

L'extrême technicité des moyens d'observation (télescopes, sondes spatiales, accélérateurs) et la difficulté des traitements mathématiques que nécessite l'exploitation des résultats ne permettent guère à une seule personne d'œuvrer efficacement dans les deux branches. Outre mon goût prononcé pour les mathématiques, j'avais pleinement conscience de ma maladresse pour les manipulations de laboratoire. Cette constatation eut tôt fait de me convaincre de choisir la voie de la théorie.

L'activité du physicien théoricien me fait souvent penser à un jeu de « puzzle » dont les pièces, au départ, se présentent sous la forme d'un ensemble disparate dans lequel il faut trouver du sens. Le joueur essaie de reconnaître celles qui s'associent correctement pour faire une image cohérente. Ayant, par exemple, identifié un fragment de la queue d'un oiseau, il recherche d'autres éléments pour la compléter. Ce premier succès lui suggère la marche à suivre : assembler les différentes parties de l'oiseau pour l'avoir en entier. Ses pattes montrent qu'il est perché sur une branche. Il faut reconstituer l'arbre, etc.

Peu à peu, il assemblera ainsi des fragments, qu'il ne lui restera ensuite qu'à accoler pour réaliser une fresque où chaque morceau aura une place précise dans le paysage.

De la même façon, le chercheur se trouve confronté à une multitude d'observations différentes à partir desquelles il tente d'élucider le comportement de la nature dans un domaine déterminé : la vie des étoiles par exemple.

Celui qui fait un puzzle possède sur le scientifique deux avantages qui lui facilitent considérablement la tâche. D'abord, toutes les pièces lui sont procurées à l'avance, chacune étant indispensable. Aucune ne manque, aucune n'est en trop. En outre, il connaît le but à atteindre : recréer l'image qui figure sur la boîte du jeu.

Pour le savant, le parcours n'est pas fléché. De plus, il doit opérer un tri dans l'immense moisson d'informations qui lui parvient, pour ne conserver que celles qui lui permettront d'avancer. En état de vigilance, il garde continuellement à l'esprit l'ensemble des interrogations en rapport avec son sujet d'analyse. À chaque fois que, dans un article, il recueille une nouvelle donnée, il se demande si, et en quoi, elle pourrait éclairer sa lanterne et faire progresser sa recherche. Comme le détective d'un roman policier, il lui faut se méfier des indications trompeuses qui le mettraient sur une mauvaise piste. Et surtout, il doit savoir attendre, parfois longtemps, le renseignement qui lui manque, quitte à proposer à un laboratoire ou à un observatoire de faire la manipulation requise pour l'obtenir.

Un terrain particulièrement fertile pour la recherche se situe à la frontière entre des domaines apparemment sans rapport entre eux. Les grandes avancées scientifiques sont souvent nées de tentatives audacieuses de rapprochement entre des sujets au départ très éloignés.

Les exemples sont nombreux. Ainsi, la physique des particules élémentaires doit beaucoup à l'étude de la chimie de la résistance électrique de certains sels à basse température (superconductivité). Elle en a tiré de nombreux concepts fort pertinents et éclairants. Cela doit mettre en garde contre une spécialisation trop rapide des étudiants dans le seul domaine de leur recherche de thèse. La solution des problèmes est quelquefois analogiquement présente dans un tout autre chapitre de la physique. La nature réutilise souvent les mêmes techniques dans des domaines très différents. Pour cette raison, entre autres, la culture scientifique est un élément fondamental de l'apprentissage du métier de chercheur. Un préalable que j'estime indispensable.

Les étoiles alchimistes

La découverte des phénomènes nucléaires dans les années 1920 avait accrédité l'idée que les éléments chimiques peuvent changer de nature, se transformer les uns en les autres. La transmutation, le rêve des alchimistes médiévaux, était devenue possible et le laboratoire de physique nucléaire était désormais le lieu où ces métamorphoses pouvaient s'accomplir. On pourrait même changer du plomb en or, mais le prix en serait rédhibitoire : un gramme d'or ainsi obtenu coûterait infiniment plus cher qu'un gramme d'or acheté dans le commerce. En fait, l'intérêt de cette découverte était ailleurs. On pouvait ainsi imaginer l'existence de laboratoires de physique nucléaire naturels, comme, par exemple, l'intérieur des étoiles. Une température suffisante permettrait d'amorcer les réactions responsables de telles transmutations.

Après la guerre, l'astrophysique était en pleine effervescence à Cornell. De retour de Los Alamos, où ils avaient activement participé à la fabrication de la bombe atomique, plusieurs physiciens avaient été accueillis dans le département de physique, le Rockefeller Center. À leur tête, Hans Bethe avait décrypté le mécanisme de la génération d'énergie dans le Soleil. Au centre de notre étoile, où règne une température de 15 millions de degrés, l'hydrogène se transforme en hélium (voir annexe 1, fig. III).

L'origine nucléaire de l'énergie stellaire étant admise, restait à mettre au point le détail des réactions impliquées.

Les mesures en laboratoire des propriétés des noyaux jouèrent un rôle essentiel dans l'élaboration de ce projet. L'idée qu'on pouvait comprendre ce qui se passe dans les étoiles en utilisant des tables de masse de noyaux atomiques m'émerveillait. Puissance toujours aussi stupéfiante de l'esprit humain.

La genèse stellaire des atomes

Grâce à la construction d'accélérateurs toujours plus performants, grâce aux progrès de la science nucléaire, on pouvait donc aborder la question de l'origine des éléments chimiques. D'où viennent les atomes de carbone, d'oxygène, de fer, d'uranium, etc., qui se trouvent aujourd'hui sur la Terre et dans les étoiles ? Où se sont-ils formés ? Par quels phénomènes se sont-ils multipliés jusqu'à atteindre leur population actuelle ?

C'est à Fred Hoyle que nous devons la théorie dite de la « nucléosynthèse stellaire ». L'hydrogène, omniprésent dans les étoiles, est la brique fondamentale de la formation des atomes. Les éléments chimiques se construisent à l'intérieur des étoiles à partir de la combinaison des protons (noyaux d'hydrogène). Ainsi, par des phases d'associations successives, s'élaborent des noyaux atomiques de plus en plus complexes, du carbone et de l'oxygène jusqu'aux plus massifs comme le plomb, l'uranium et le thorium.

Restait à élucider la séquence chronologique des phénomènes stellaires responsables de l'apparition de ces différents atomes tout au long de la vie de l'étoile. Notre Soleil, comme la majorité des étoiles de notre ciel, obtient l'énergie qui lui permet de briller par la transformation de son hydrogène en hélium. Que se passera-t-il quand, dans 5 milliards d'années, il aura épuisé son hydrogène ? En 1952, Fred Hoyle et Ed Salpeter avaient chacun de leur côté suggéré la phase suivante : son cœur se réchauffant, l'étoile devient une géante rouge. À des températures de quelques centaines de millions de degrés, l'hélium, cendre de l'hydrogène, entre lui-même en combustion et se transforme en carbone et oxygène (voir fig. IV).

Une analogie s'imposait à moi entre la nucléosynthèse et l'évolution biologique. Au siècle précédent, Darwin avait montré la continuité de la vie terrestre, de l'amibe jusqu'aux animaux supérieurs. L'astrophysique nous racontait l'évolution des atomes, de l'hydrogène initial jusqu'à l'uranium. Or les organismes vivants, bactéries ou êtres humains, sont constitués d'atomes, générés lors des événements stellaires, qui prennent ainsi tout naturellement leur place dans la préhistoire de la vie. L'astronomie rejoint la biologie. Le ciel et les étoiles ont joué un rôle dans l'avènement de notre existence. Antarès la rouge, que je retrouvais chaque été, au sud, dans la constellation du Scorpion, fabrique en ce moment des atomes de carbone et d'oxygène identiques à ceux dont mon corps est composé.

Des neutrinos en provenance du Soleil

Décrivant les réactions nucléaires qui se produisent au cœur du Soleil, Hans Bethe avait, lors d'un séminaire du département en 1957, fait état de l'émission de neutrinos qui les accompagne. Les neutrinos sont des particules sans charge électrique dont l'existence avait été mise en évidence quelques années auparavant. Contrairement aux photons, qui nous parviennent uniquement de la surface du Soleil, les neutrinos devraient, grâce à leur grand pouvoir de pénétration de la matière, nous arriver sans difficulté directement de son noyau. C'était indubitablement la possibilité de vérifier si l'énergie solaire est vraiment d'origine nucléaire. Car, si tel était le cas, le Soleil devrait nécessairement émettre un flux considérable de neutrinos en provenance de son brasier central.

C'est là — il m'importe de le souligner — un bel exemple du fonctionnement de la recherche scientifique. D'abord, il y a une question : quelle est la nature de l'énergie des étoiles ? Pour y répondre, une théorie, celle de Bethe, est proposée. Une seconde question s'impose : quel est son degré de crédibilité ? Car cette théorie implique un phénomène encore inobservé : l'émission de neutrinos solaires. Leur détection validerait donc l'hypothèse de Bethe. En science, on n'est jamais trop sceptique. Seule l'observation apporte les preuves satisfaisantes.

Les premiers détecteurs de neutrinos solaires furent installés vers 1960. Et les neutrinos furent détectés. Triomphe de l'astrophysique nucléaire : la question plus que centenaire de l'origine de la lumière des étoiles était résolue.

Pourtant, une difficulté surgit bientôt. Les connaissances théoriques sur la structure interne des étoiles permettaient d'estimer le nombre de neutrinos émis par le Soleil. Or nous semblions en recevoir environ deux fois moins que prévu. Pourquoi ? Ce déficit entre les calculs et les observations entretint pendant une trentaine d'années « le mystère des neutrinos solaires ». Le problème ne trouva sa solution qu'au début du XXIe siècle, en particulier grâce à des expériences réalisées à Sudbury, dans la province canadienne de l'Ontario. La faute provenait non pas de nos connaissances sur le Soleil mais de notre ignorance des propriétés des neutrinos. Cette découverte nous fit faire de grands progrès dans l'étude de cette particule.

Les messages des neutrinos solaires

Un jour, à Cornell, un chercheur est venu nous donner une conférence sur certains noyaux atomiques qui, selon la théorie, pourraient exister dans la nature mais que personne n'avait encore réussi à détecter. Dans la liste figurait une variété très légère de l'élément lithium (le lithium-4).

Il me vint l'idée que si ce noyau existait, il devait jouer un rôle fondamental dans la transformation de l'hydrogène en hélium. Je calculai que son intervention se manifesterait alors par l'émission d'un flux de neutrinos bien supérieur à celui que nous constations. Sa présence aurait également pour effet d'accélérer prodigieusement la fusion solaire. Résultat : le Soleil aurait brûlé très rapidement toutes ses réserves d'énergie et la vie n'aurait pas eu le temps de se développer sur la Terre ! Seule conclusion possible : ce noyau doit être instable et se désintégrer trop rapidement pour pouvoir jouer un rôle dans les brasiers stellaires…

J'en fis le sujet d'une de mes premières publications. Plus tard, des observations en laboratoire montrèrent qu'effectivement ce noyau se désintègre en une infime fraction de seconde après sa formation. En conséquence, le lithium-4 ne joue, en effet, aucun rôle à l'intérieur du Soleil. Ainsi, comme le joueur au puzzle, en juxtaposant des informations provenant de sources différentes (nos connaissances sur le Soleil et le fait que nous sommes là !), j'avais pu ajouter une petite pièce à l'édifice de la physique nucléaire. La capacité analytique de la science à déchiffrer les secrets de la nature n'a jamais cessé de me stupéfier.

Un coup dans l'eau

Avec un ami mathématicien, Benoît Lachapelle, j'eus l'occasion de fréquenter les séminaires de mathématiques de l'université. Souvent, dès les premiers mots, je réalisais que je ne comprendrais rien, que si le conférencier avait parlé chinois ma situation aurait été semblable. Mais j'étais grisé par ce langage et j'appréciais de me trouver dans ce cénacle de brillants esprits.

Avec mon ami, nous entreprîmes un jour de démontrer un théorème nouveau qui m'intéressait. Il pourrait avoir des applications dans l'interprétation des expériences de physique nucléaire. Je présentai nos résultats à Hans Bethe qui se montra très intéressé et me proposa d'en faire une publication commune, titrée « Inequality Relations for Scattering Cross Sections », dans la revue *Annals of Physics.* Dans les semaines qui suivirent sa publication, nous reçûmes une centaine de demandes de copie de notre article. Je donnai un séminaire sur ce sujet au département de physique. Mon patron, Ed Salpeter, nous signala que, d'abord ces relations mathématiques pouvaient être obtenues beaucoup plus facilement, et ensuite qu'il était peu probable qu'elles soient de quelque utilité pratique. Cette opinion nous fut confirmée par le fait que nous n'en entendîmes plus jamais parler. Je me consolai en me disant que je n'avais pas eu beaucoup de chance, mais que la prochaine fois ça serait peut-être mieux !

Ed Salpeter, mon directeur de thèse

Comme beaucoup de ses confrères, Ed Salpeter, élève de Bethe, avait fui l'Europe pour échapper aux persécutions antisémites. Involontairement, Hitler a fait de bien beaux cadeaux aux États-Unis... Comme je l'ai dit plus haut, Salpeter avait démontré qu'après l'épuisement de l'hydrogène, l'hélium devenait (à son tour) un carburant stellaire, engendrant du carbone et de l'oxygène dans le cœur des géantes rouges. La question se posait de savoir si, après épuisement de l'hélium, le carbone pourrait à son tour prendre la relève, et dans quels contextes astrophysiques. Pour y répondre, on ne pouvait compter que sur les connaissances théoriques des propriétés générales de la force nucléaire. En effet, aucun travail de laboratoire n'avait encore été effectué pour élucider expérimentalement la nature des interactions entre les noyaux de carbone.

J'eus la grande chance qu'il m'accepte comme thésard. L'idée de contribuer personnellement à la découverte de l'histoire des étoiles me transportait littéralement et je me mis à la tâche avec énergie.

Mon sujet de thèse me permettait de renouer avec de vieilles amies stellaires : Bételgeuse, Antarès, Aldébaran, toutes ces géantes rouges dont j'avais fait la connaissance depuis la terrasse familiale de Bellevue et que je me plaisais à retrouver dans le ciel à chaque occasion propice, ainsi que les étoiles de Wolf-Rayet que j'avais observées au télescope lors de mon séjour à l'observatoire de Harvard (voir l'encadré p. 130).

J'avais de fréquents contacts avec mon directeur de thèse. Nous allions skier ensemble et nos discussions se poursuivaient à la cafétéria jusqu'à la tombée de la nuit. La rapidité de sa réflexion me stupéfiait : il refaisait en quelques minutes le chemin que j'avais mis des heures à parcourir. J'étais à la fois admiratif et envieux. Par moments, il me déprimait.

George Gamow et la cosmologie

Nous avions souvent comme enseignant George Gamow. Né en Russie et émigré aux États-Unis, Gamow est un des plus brillants génies de notre époque. Ses multiples contributions touchent à un grand nombre de domaines de la physique contemporaine : la formation des étoiles, la physique atomique, la radioactivité, la nucléosynthèse et, surtout, la cosmologie. Doué d'un sens intuitif étonnant, il savait démêler les situations les plus complexes sans (presque) jamais se tromper. Une sorte de géant qui se courbait pour entrer dans les ascenseurs. Il parsemait ses cours de blagues plus ou moins drôles qui le faisaient partir dans de grands éclats de rire sonores, à la russe. Les étudiants attendaient patiemment que cette hilarité retentissante retombe pour recevoir la suite de l'enseignement…

Il nous parlait de la cosmologie et c'est par lui que j'ai

entendu pour la première fois parler du Big Bang. Tout part d'une série d'observations effectuées par l'astronome Edwin Hubble entre 1920 et 1930. Ses résultats montraient que toutes les galaxies s'éloignent de la nôtre. Et d'une façon assez étonnante : plus elles en sont loin, plus elles s'éloignent rapidement, dans une sorte de grand mouvement d'ensemble qu'on a nommé « expansion de l'Univers ».

En associant cette découverte à la théorie qu'Einstein avait formulée quelques années auparavant, Georges Lemaître avait élaboré, vers 1930, la « théorie de l'atome primitif », qui deviendra plus tard celle du Big Bang.

Que dit-elle ? D'abord que l'Univers n'a pas toujours existé : il a un âge. Ensuite, qu'aux premiers instants, il était extrêmement dense, chaud et lumineux. Depuis ce début incandescent, il se refroidit, se raréfie et s'obscurcit au fur et à mesure de l'expansion.

Ajoutons que, pendant ces années-là (1940-1950), cette théorie n'avait pas la cote chez les physiciens. Nombre d'entre eux se montraient peu enclins à adopter ce scénario aux allures mythologiques. Il faut reconnaître que les évidences observationnelles en sa faveur étaient peu nombreuses et qu'un certain scepticisme était justifié.

La création continue, une fausse piste

Une autre théorie cosmologique jouissait alors d'un grand crédit : celle de « l'Univers stationnaire » ou de la « création continue », formulée par Thomas Gold (un habitué de notre département de physique), Herman Bondi et Fred Hoyle. Ici, pas de Big Bang, pas de chaleur intense, pas de début : le cosmos a toujours existé. La récession des galaxies est compensée par une hypothétique création continue de matière dans l'espace intergalactique. Thomas Gold répétait souvent : « L'Univers est éternel et ne change pas. Il est partout et toujours le même. Homogène dans l'espace comme dans le temps. » Beaucoup de scientifiques préféraient ce scénario à celui du Big Bang, pour des raisons prétendument philosophiques.

Malheureusement, pour brillante qu'elle fût, cette théorie a été infirmée par des observations astronomiques ultérieures. Contrairement à l'idée stationnaire, l'Univers d'hier est vraiment différent de celui d'aujourd'hui. Malgré les efforts impressionnants accomplis par Hoyle et ses collègues pour sauver leur postulat par de nombreux amendements successifs, de nouvelles observations diminuèrent encore sa crédibilité. Il lui restera quand même un grand mérite : celui d'avoir inspiré les programmes d'étude qui ont infirmé cette théorie. Ainsi, comme souvent en science, des concepts qui seront écartés plus tard jouent en leur temps un rôle moteur : celui de suggérer des expériences qui, à long terme, ont un effet bénéfique sur l'évolution des connaissances.

Les théories meurent d'obésité

Ouvrons ici une parenthèse pour illustrer un aspect important du processus scientifique : comment meurent les théories ? Le déclin et la chute de celle de la création continue nous serviront d'exemple. Depuis les travaux du philosophe Karl Popper, on entend souvent dire que le critère ultime de la valeur d'une thèse nouvelle est sa « falsifiabilité », critère selon lequel ce qui importe, c'est qu'elle puisse se prêter à des tests qui pourraient, si tel est le cas, la démontrer fausse. Les résultats détermineront si la proposition est valable ou non. Pour séduisante qu'elle soit, cette idée ne me paraît pourtant pas épuiser la situation. Pourquoi ? Parce que, lorsque l'expérience infirme la théorie, il est toujours possible d'amender cette dernière. Avec un peu d'imagination (et les théoriciens n'en manquent point), on peut la modifier pour lui permettre de rester en piste.

Ces retouches se font souvent au moyen d'une hypothèse supplémentaire, dont la seule justification est d'empêcher la théorie de couler. Et si un nouveau problème apparaît, on peut toujours récidiver, comme on ajoute de nouvelles rustines sur un vieux pneu fatigué.

Tout cela n'est pas sans évoquer les fées qui, dans les histoires enfantines, viennent apporter leur protection aux nouveau-nés, comme dans le conte de *La Belle au Bois Dormant*. Il est d'usage, quand on veut faire le bilan de la crédibilité d'une thèse, de faire le décompte des retouches qu'elle a dû faire intervenir. On parle alors de « compte de bonnes fées ». Plus celui-ci est élevé, plus la théorie perd de sa vraisemblance. Pour décrire un phénomène (ici l'Univers), les scientifiques préféreront toujours la théorie la plus simple, la plus naturelle, celle qui nécessite le moins de rafistolage. C'est l'obésité qui, en de nombreux cas, a fait mourir des théories...

Un premier vestige cosmique : le rayonnement fossile

Après les cours de George Gamow, les discussions étaient vives. À une question qui lui fut posée sur la théorie de la création continue, il répondit, après un de ses interminables éclats de rire : « Il y a des gens qui ont beaucoup d'imagination. »

Lui n'avait pas cessé de s'intéresser au Big Bang. « Prenons au sérieux, disait-il, cette idée selon laquelle l'Univers serait né dans une chaleur et une lumière intenses. Essayons d'en déduire les conséquences observables qui pourraient nous permettre de l'infirmer ou de la confirmer, non pas avec des arguments dits philosophiques, mais avec des mesures. »

Par quelques calculs simples, il avait montré que si la théorie du Big Bang était valable, il devrait encore subsister, partout dans l'Univers, une faible luminosité infrarouge, comme un résidu de cette lueur originelle. Mais il avouait douter de la possibilité de l'identifier parmi tous les rayonnements émis par d'autres sources terrestres ou célestes.

Cette luminosité fut, en fait, détectée en 1965. C'est le rayonnement fossile, dont nous parlerons longuement. Aujourd'hui, son existence est confirmée par de nombreuses observations au sol et en orbite. L'étude de ses propriétés est une inépuisable source de renseignements sur les premiers instants de l'Univers.

Notons, pour éviter toute confusion, qu'il ne faut pas confondre le « rayonnement fossile », appelé également « rayonnement cosmologique », avec les « rayons cosmiques ». Le premier est fait de photons de très basse énergie (moins d'un millième d'électronvolt, uniformément répandus dans tout l'Univers. Les seconds sont des particules (électrons, protons, noyaux atomiques) de très grande d'énergie (milliards d'électronvolts), plus ou moins confinées au volume de chaque galaxie.

Un second vestige cosmique : la nucléosynthèse primordiale

L'idée d'une matière initiale très chaude avait fait naître chez Gamow une autre intuition intéressante.

Rappelons qu'à des températures suffisamment élevées (des millions de degrés), les noyaux des atomes entrent en réactions nucléaires et peuvent fusionner pour former des noyaux plus lourds. Une question se pose alors : où et quand trouve-t-on de telles températures dans l'Univers ?

Pour Fred Hoyle, nous l'avons vu, c'est dans le cœur des étoiles. Mais, rappelle Gamow, on les trouve aussi lors des premières minutes cosmiques. Avec un collègue nommé Alpher, il présente une alternative à la nucléosynthèse stellaire : tous les noyaux d'atome se seraient formés au moment du Big Bang. Avec son humour légendaire, Gamow invite Hans Bethe à cosigner leur article, ce qui lui permet de baptiser la nouvelle théorie « l'alpha-bêta-gamma » (Alpher, Bethe, Gamow) de la nucléosynthèse primordiale !

Mais cette hypothèse rencontre bientôt une difficulté majeure dans sa prétention à expliquer l'existence de tous les atomes. Des calculs montrèrent en effet que la phase chaude de l'explosion fut très brève : quelques minutes à peine. Seuls les éléments les plus légers comme l'hydrogène et l'hélium eurent le temps de se former. Le feu d'artifice se termine bien avant l'apparition de noyaux plus lourds comme ceux du carbone et de l'oxygène, sans parler de ceux de l'or et du plomb. Aussi ce scénario tomba-t-il dans l'oubli.

Plusieurs événements le remirent pourtant en piste quelques années plus tard. D'une part, l'observation du rayonnement fossile avait confirmé la théorie du Big Bang. Et d'autre part, la nucléosynthèse stellaire de Hoyle se révélait incapable de rendre compte de l'existence des atomes les plus légers, précisément les seuls qu'expliquait la nucléosynthèse primordiale de Gamow. Les deux processus s'ajustaient comme deux pièces d'un même puzzle. Mais il en manquait un troisième... Ni le Big Bang ni les étoiles ne pouvaient expliquer correctement l'existence de trois autres éléments de faible masse : le lithium, le béryllium et le bore. C'est sur ces problèmes qu'avec une équipe de jeunes chercheurs je concentrai toute mon attention quelques années plus tard.

Richard Feynman : un maître en pédagogie

Le nom de Richard Feynman était déjà à cette époque entouré d'un grand prestige. Quelques années auparavant, il avait reformulé entièrement la théorie des ondes électromagnétiques (la lumière) en la simplifiant énormément. Des calculs dont la difficulté naguère décourageait les plus audacieux devenaient maintenant étonnamment faciles. Tout reflétait chez lui l'intelligence et l'élégance.

Aussi ses stages prolongés à Cornell étaient courus de partout. Il accompagnait ses cours de petits dessins au tableau noir qui devinrent plus tard les célèbres diagrammes de Feynman, un des instruments les plus précieux pour la compréhension intuitive des phénomènes physiques. On les retrouve maintenant dans de nombreux domaines de la physique. Il répétait souvent en souriant qu'il ne comprenait vraiment que ce qu'il savait dessiner. Chacun de ses cours était une fête pour l'esprit.

Au début de sa carrière, son humour quelquefois provocateur face aux grands pontes de la physique (Einstein, Oppenheimer) lui avait valu des ennuis. Il avait fallu rien de moins qu'une intervention de Hans Bethe pour qu'on le prenne au sérieux. Au cours d'un séminaire houleux, celui-ci avait pris la parole dans le brouhaha général et lancé : « Vous auriez intérêt à écouter ce jeune homme si vous ne voulez pas dire de bêtises. » Cela avait suffi pour l'imposer.

Un matin, Feynman arrive dans la salle de classe avec un sourire amusé. Je suivais ses cours depuis plusieurs mois et je connaissais assez bien ses manières pour deviner qu'il préparait quelque chose. Mais quoi ?

« J'ai décidé, nous dit-il, d'étudier un ensemble d'observations de physique atomique que personne jusqu'ici n'est arrivé à comprendre. » J'ai le sentiment qu'il s'agit là d'un challenge à la hauteur de cet homme génial, et que j'ai la chance d'assister à une grande première. Je frémis déjà d'impatience à l'idée de ce grand moment à vivre.

Avec sa simplicité et son élégance, il nous présente d'abord les données énigmatiques, puis il énonce les éléments de sa nouvelle hypothèse. Quelques idées claires, quelques corollaires, quelques commentaires appropriés illustrent parfaitement les ouvertures vers des développements ultérieurs que ce schéma de pensée promet et laisse déjà entrevoir. Mais la physique, souligne-t-il, ce n'est pas seulement des formules élégantes. Encore faut-il qu'elle rende compte des observations.

Avec un premier diagramme, il présente une comparaison entre ses calculs et les résultats des expérimentations. Ça ne colle vraiment pas ! Impressionnés par la personnalité de notre professeur, et ne sachant trop comment réagir, personne n'ose prononcer un mot. « En voyant cette courbe, j'ai compris que quelque chose n'allait pas comme je l'aurais désiré », précise-t-il, avant d'ajouter avec un air badin : « À ma décharge, je dois vous dire que, ce jour-là, j'étais à la plage, au bord du lac de Genève, et que les bikinis m'ont quelque peu distrait ! Il fallait modifier les hypothèses. Voici le nouveau résultat. » Il nous montre alors un second graphique : « Comme vous le constatez, ça ne s'est pas amélioré ! J'ai donc dû recommencer une fois de plus. » S'ensuit une série d'autres schémas, sur lesquels aucun progrès notable n'est visible. Manifestement, la tentative se solde par un échec... Long silence. Il nous regarde, puis reprend : « Vous êtes surpris et déçus. Vous vous demandez à quoi tout cela rime, pourquoi je vous présente tous ces vains efforts. Vous pensez peut-être que je vous fais perdre votre temps... Non, bien au contraire !

« Quand quelques "grands professeurs" vous présentent les résultats mirobolants de leurs travaux géniaux, vous avez l'impression qu'ils réussissent facilement tout ce qu'ils entreprennent. Cela vous impressionne tout autant que cela vous déprime. Par cet exemple personnel, j'ai voulu vous montrer qu'eux aussi rencontrent souvent des échecs. Qu'ils peuvent rester longtemps dans le noir avant d'arriver à quelque chose. Dites-vous que le "grand professeur" a fait lui aussi beaucoup d'erreurs, peut-être les mêmes que vous, mais... avant vous ! Simplement, il a persisté. »

Feynman assistait souvent aux soirées du département. Il y apportait son tambour, dont il jouait très bien. Un soir, après la fête, ma femme Francine et moi l'avons reconduit chez lui en voiture. Il était triste. « Vous avez beaucoup de chance de rentrer ensemble, dit-il. Ma femme est morte d'un cancer il y a quelques années et son souvenir me revient douloureusement quand, seul, le soir, je rentre chez moi. »

Un essai raté : les météorites sur la face cachée de la Lune

La rapidité et la profondeur de la connaissance qu'avait Feynman de la physique étaient proverbiales. J'eus une autre occasion de m'en rendre compte quelques années plus tard, en 1968. Les sondes soviétiques venaient d'observer pour la première fois la face cachée de la Lune. À la surprise de tous, on n'y voyait aucune structure comparable aux grandes surfaces sombres appelées « mers » qui parsèment la face visible et qu'on aperçoit à l'œil nu. Ces mers, on le sait maintenant, ont été provoquées par des impacts de météorites géantes aux premiers temps du Système solaire.

J'entrepris de trouver une explication à ce phénomène en termes de déviation de ces bolides par le champ de gravité de la Terre avant l'impact sur la Lune. Mon explication, qui avait nécessité de longs calculs, semblait crédible. Je la présentai à Feynman. Il me montra que mon hypothèse ne pouvait être valable puisqu'elle était incompatible avec un théorème fondamental de la physique céleste formulé par Joseph Liouville en 1844. Je dus me rendre à l'évidence et oublier mon idée, qui m'avait pourtant paru lumineuse.

Le milieu scientifique et ses ombres

Mes premiers contacts avec le monde scientifique — d'abord à la Trappe d'Oka avec le Père Louis-Marie et ensuite à l'université de Montréal — m'en avaient laissé une impression assez idyllique. Ici se vit, me disais-je, le noble culte du savoir et de la recherche pour comprendre l'Univers, loin de la vanité et de l'ineptie de bien des préoccupations humaines. J'ignorais qu'aucun milieu, même celui-ci, n'est exempt de mesquinerie, de jalousie, d'une âpre compétition et des « coups bas » qui peuvent en résulter.

La première fois que j'ai eu affaire à la face sombre de ce milieu date de ma thèse, en 1959. Après quelques mois de recherches, j'étais arrivé à des résultats assez encourageants sur la possibilité de fusion thermonucléaire du carbone dans des étoiles dont la température avoisinerait le milliard de degrés. C'est à ce moment-là qu'un physicien de passage à l'université (que je laisserai dans l'anonymat) me questionne sur le sujet de mon étude. Il écoute attentivement ma réponse. Revenant me voir lors d'une visite ultérieure, il me dit : « J'ai examiné votre projet. Ne perdez pas votre temps : ça ne marche pas.

— Pourquoi ? »

Et de me dresser la liste de ses objections. Je les réfute l'une après l'autre.

Il revient pourtant à la charge après quelques semaines et me déclare une nouvelle fois que « ça ne marche toujours pas », m'énumérant ses nouveaux arguments. Mais ils sont tout aussi fallacieux.

Quelque temps plus tard, je reçois une lettre de lui. Quelle n'est pas ma surprise lorsque je lis : « Bravo ! Vous m'avez convaincu de la valeur de ce projet. J'en ai fait un article qui paraîtra d'ici peu. Je tiens à vous remercier de votre contribution. » J'en reste muet de stupéfaction ! Résultat pour moi : ma thèse perd toute son originalité. Devant mon dépit, mon directeur de thèse m'a simplement dit : « C'est la vie, il faut s'y faire ! » Je me suis réellement senti spolié.

Par la suite, j'ai découvert dans notre métier l'existence d'une population de « requins » (c'est le terme consacré) qui font leur beurre des travaux des autres. Ils sont généralement connus. Le conseil qui se donnait entre amis était : si Untel entre dans ton bureau et te demande sur quoi tu travailles, parle-lui de ce que tu as abandonné parce que ça ne marche pas.

La cryptomnésie

Et puis, il y a cet autre phénomène, moins répréhensible, mais parfois tout aussi problématique : la cryptomnésie (mémoire cachée). En pratique, voilà comment ça se passe. Quelqu'un énonce devant vous une idée nouvelle. Vous l'écoutez, puis vous l'oubliez. Plus tard, au cours d'un travail ou d'une réflexion, elle vous revient à l'esprit. Mais, isolée de son contexte, vous avez l'impression de l'avoir découverte et… vous la publiez sous votre nom.

C'est ainsi qu'un jour, lors d'un congrès, un astrophysicien m'aborde, très en colère : « Vous avez plagié mon article sur les neutrinos solaires », me dit-il. Très étonné, je lui demande la date de parution de son papier. Je la note soigneusement en vue d'élucider ce mystère. De retour chez moi, je retrouve l'un de mes écrits qui portait sur le même sujet et dans lequel j'avais déjà formulé l'hypothèse qu'il avait lui-même développée. Je l'avais publié plusieurs mois avant le sien ! Désireux de ne pas rester sur ce litige, je le lui envoie aussitôt. Beau joueur, il m'a contacté dès qu'il le reçut, reconnaissant avoir lu mon article mais ne pas s'en être souvenu en rédigeant le sien.

La situation politique des années 1950 aux États-Unis

Pendant mes années à Cornell, les États-Unis étaient dans un grand état d'agitation politique. C'était la sombre époque du maccarthysme. Je me souviens des conversations à voie basse des professeurs réunis le matin devant les portes des salles de cours. Plusieurs de nos enseignants, en particulier Morrison, avaient, avant la Seconde Guerre mondiale, participé à des manifestations politiques de gauche et étaient à ce titre tenus pour suspects. Un événement avait fait beaucoup de bruit. À une audition au sujet d'Oppenheimer, Edward Teller, un des « faucons » de l'époque, avait eu cette phrase assassine : « Je ne lui ferais pas confiance », qui avait joué un rôle important dans sa destitution.

J'ai raconté dans *L'Heure de s'enivrer* mes rencontres avec plusieurs de nos enseignants qui avaient fait partie du projet Manhattan de construction de la bombe atomique à Los Alamos quelques années auparavant. Hans Bethe, Philip Morrison, Richard Feynman avaient joué un rôle considérable. Morrison nous racontait comment il avait participé à la dernière vérification de la première bombe atomique avant son départ pour Hiroshima. Pour justifier sa participation à ce projet, il invoquait le fait que sans cette bombe les soldats américains auraient été forcés de débarquer au Japon et qu'on estimait à plus d'un million le nombre de soldats américains qui auraient été tués. Et plus encore chez les Japonais, civils et militaires. Par comparaison, les deux bombes ont tué moins de 200 000 personnes. Ce raisonnement ne tenait aucun compte du fait que l'armement atomique développé à cette occasion allait survivre à cette période et devenir potentiellement beaucoup plus meurtrier dans d'autres conflits.

Après la guerre du Vietnam, Salpeter m'a raconté comment il avait fait partie du comité Jason, un groupe de physiciens embauchés comme conseillers par le ministère de la Défense de Washington. « Grave erreur de ma part, disait-il. Je croyais naïvement pouvoir jouer un rôle actif pour promouvoir la paix. Je reconnais maintenant avoir été roulé. J'ai participé à des projets dont j'ai honte maintenant. J'ai surestimé mes propres forces. Je regrette ma participation et j'en tire maintenant des leçons. Ne sous-estimez pas vos partenaires. »

Les sources d'énergie stellaire

Vers la fin de mes études à Cornell, mon patron de thèse, Ed Salpeter, me proposa d'écrire pour une *Encyclopédie d'astronomie* un article sur les différentes sources d'énergie nucléaire mises en jeu dans les étoiles. Ce travail lui avait été confié depuis plus d'un an. Il lui fallait maintenant le rendre rapidement et, compte tenu de ses nombreuses occupations, il ne voyait pas comment faire. J'acceptai volontiers, réjoui de la confiance que m'accordait ce scientifique que j'admirais tant.

Rappelons les différentes phases de la vie des étoiles (fig. III). Peu après leur formation, elles brûlent del'hydrogène qui se transforme en hélium ; c'est le cas du Soleil. Quand l'hydrogène est épuisé, l'étoile se réchauffe et l'hélium se convertit en carbone et en oxygène (fig. IV) ; c'est le cas des géantes rouges. Puis, et c'était le sujet de ma thèse, le carbone et l'oxygène sont transmutés en éléments plus lourds (néon, sodium, magnésium, aluminium et silicium) dans une phase encore plus avancée de la vie stellaire appelée phase « supergéante rouge » (fig. V).

L'article devait faire le point sur chacune de ces phases et présenter les résultats les plus récents. Cela impliquait le passage en revue et la critique des mesures de laboratoire sur l'ensemble des réactions nucléaires qui intervenaient dans ces processus. D'où un long travail préliminaire avec les physiciens nucléaires, une sorte d'enquête à mener un peu partout sur la planète pour m'assurer d'avoir les données les plus récentes.

J'ai rencontré ces physiciens sur leurs lieux de travail

pour recueillir de leur bouche même le fin mot de l'histoire, en particulier lorsque des expérimentations différentes amenaient à des résultats discordants. J'en ai profité pour leur faire valoir l'importance de leurs mesures, et plus généralement de la physique nucléaire, dans le développement de l'astronomie. La prise de conscience de cet intérêt, que, souvent, ils n'avaient pas perçu, a suscité un renouveau de leur motivation. Je m'essayais dans un nouveau métier, celui de « représentant de commerce de l'astrophysique », qui me fit voyager dans plusieurs pays.

Il fallait par ailleurs procéder à des calculs sur ordinateurs, le but ultime de l'article étant d'offrir aux astronomes les données numériques nécessaires à l'interprétation des observations astronomiques obtenues avec les télescopes.

Avant la parution de l'*Encyclopédie*, le volumineux manuscrit a été publié, sous forme de prétirage, par la Nasa et largement distribué dans les universités, les observatoires et autres centres de recherches. L'ouvrage venait à point nommé remplir un vide ressenti par beaucoup de chercheurs. Il comblait une brèche entre les physiciens et les astronomes, ouverte quelques années auparavant, après la découverte de l'origine nucléaire de l'énergie stellaire. Cet article m'a été par la suite d'une grande utilité. Après sa publication, j'ai été invité à présenter des conférences sur ce sujet dans un grand nombre d'universités et de centres de recherches aux États-Unis, au Canada, et puis en Europe et en URSS. Il fut ma « carte de visite ».

Le revers de la médaille

Mais, à toute médaille, son revers, et j'allais en faire l'expérience.

Les ouvrages de synthèse, incluant en quelque sorte une compilation de multiples résultats auparavant disséminés dans la littérature, deviennent rapidement des œuvres de

Le mystère des Wolf-Rayet

Nous avons maintenant les éléments nécessaires pour élucider l'absence d'hydrogène à la surface des étoiles de Wolf-Rayet qui intriguait les astronomes d'Agassiz. La nucléosynthèse se produit dans les régions chaudes situées au cœur des étoiles. Tout au long de la vie stellaire, les nouvelles particules y demeurent confinées, tandis que les couches superficielles, à plus basse température, sont toujours majoritairement constituées d'hydrogène. Ce n'est généralement qu'à la mort plus ou moins explosive de l'étoile que ces nouveaux atomes sont éjectés dans l'espace.

Mais il nous faut considérer un autre facteur : les vents stellaires. À des intensités plus ou moins élevées, les étoiles éjectent en permanence une partie de leurs couches superficielles. Les aurores boréales, que j'admirais couché dans la toundra, sont les manifestations de cette matière éjectée par le Soleil quand, se propageant dans le Système solaire, elle rencontre la haute atmosphère de notre planète. Dans le cas du Soleil, la perte de masse est faible et n'affecte pas d'une façon importante sa structure.

Tel n'est pas le cas des étoiles de Wolf-Rayet. Nous savons à présent qu'elles éjectent en permanence dans l'espace un puissant vent qui les dépouille progressivement de leurs couches supérieures. Dévêtues du manteau d'hydrogène qui cachait leurs œuvres, elles laissent apercevoir les atomes de carbone, d'azote et d'oxygène nouvellement formés et maintenant ramenés à leur surface. La lumière caractéristique que ces éléments émettent nous permet de les identifier. Les étoiles de Wolf-Rayet sont des laboratoires de physique nucléaire dans lesquels la nucléosynthèse se poursuit pratiquement sous nos yeux.

référence. Résultat : le patronyme des chercheurs qui ont obtenu ces résultats n'est plus au premier plan, et leur patient labeur est occulté. C'est le nom de l'auteur de la synthèse qui sera retenu, ce qui provoque quelquefois une certaine animosité à son égard. On peut dire de lui qu'il « tire les marrons du feu ». Ce n'est pas justifié, mais c'est ainsi. On touche là une sorte d'injustice, une réalité qui n'est pas propre au seul milieu scientifique. Elle était à mon avantage à cette occasion, mais, à d'autres moments, j'en ai sévèrement pâti.

Enseignement à l'université de Montréal (1960-1964)

À Cornell, la vie était bien agréable. Avec mon épouse Francine, nous avions déjà une petite famille de trois enfants : Gilles, Nicolas et Benoît. L'université est située en pleine campagne dans une très belle région de l'État de New York, au bord du lac Cayuga. Nous avons passé beaucoup de temps à explorer les lacs, les chutes et les parcs avoisinants. Je me souviens en particulier d'un manège forain au bord de l'eau où nous allions accompagner les enfants sur les chevaux de bois. Au rythme d'une musique tsigane nous tournions lentement pendant que la nuit tombait, que l'eau du lac, aperçue à chaque révolution, s'assombrissait et que les lumières s'allumaient une à une sur la plate-forme tournante. Il n'y avait pas de manèges au Canada pendant mon enfance. J'étais reconnaissant à mes enfants de m'avoir fourni un prétexte pour en faire, enfin, l'expérience. (Et j'ai revécu le même plaisir récemment avec mes petits-enfants.)

Nous avions quelques amis dont les enfants jouaient avec les nôtres pendant qu'à l'américaine le père de famille nous enfumait lors de ses efforts pour allumer un barbecue récalcitrant.

Mais ma thèse se terminait et il fallait partir. Pendant ma dernière année (1960), j'ai visité plusieurs universités américaines en quête de nouveaux professeurs. Et aussi des laboratoires spécialisés dans le développement de l'énergie nucléaire civile, en laquelle je croyais beaucoup. Tous frais payés, j'ai pu m'immerger dans différentes ambiances scientifiques pour voir si je m'y sentais à l'aise.

Deux questions se posaient à moi. D'abord, avais-je envie de vivre, et de faire vivre ma famille, hors du milieu francophone auquel j'étais tellement attaché ? Ensuite : voulais-je prendre un poste qui, accaparant tout mon temps, m'empêcherait de suivre de près les développements de la physique et de l'astronomie ? Je ne pouvais me décider à m'exiler loin des courants vibrants de la recherche de pointe.

Un autre élément vint s'ajouter à ma réflexion lorsque je reçus une invitation du département de physique de l'université de Montréal. Deux professeurs québécois, Serge Lapointe, physicien, et Benoît Lachapelle, mathématicien, me pressaient amicalement de venir me joindre à eux. Ils me faisaient valoir l'importance de développer le secteur scientifique dans notre province à peine sortie de sa grande « noirceur » toute cléricale. J'avais rencontré à Cornell bon nombre de brillants physiciens originaires de différents pays en voie de développement. Ils avaient choisi de poursuivre leur carrière en Amérique, prétextant que, dans leurs contrées d'origine, ils n'avaient aucune chance de trouver une structure académique appropriée à leur spécialité. Je pouvais comprendre leur point de vue, mais je me demandais : comment ces pays s'en tireront-ils sur le plan universitaire si leurs meilleurs étudiants n'y retournent pas une fois diplômés ?

Une loyauté envers les professeurs de leurs premières études, celles précisément qui leur avaient permis d'accéder aux cours gradués des institutions américaines, aurait peut-être pu peser un peu plus lourd dans leur réflexion et infléchir leur décision de ne pas revenir parmi les leurs.

J'étais moi-même dans une situation analogue, quoique moins critique. Même si la qualité des structures académiques du Québec ne pouvait se comparer à celle des grandes universités américaines, je pourrais y poursuivre convenablement mes recherches en astrophysique. Je décidai donc d'accepter la proposition de l'université de Montréal et ramenai ma famille dans mon pays natal. Je constatai vite l'énorme avantage qu'il y avait à professer dans un petit département, par ailleurs en pleine structuration et en effervescence constante, plutôt que dans un grand institut aux cadres rigides. Les opinions et les prises de position des nouveaux enseignants[1] pourraient jouer un rôle important dans son développement. Nous avions notre mot à dire non seulement dans le choix des enseignements, mais aussi dans la conception des séminaires de recherches et dans la sélection des personnalités scientifiques appelées à intervenir pour des séminaires ou des stages prolongés.

Enseigner pour mieux comprendre

Pour préparer son cours, le professeur doit en approfondir la matière bien au-delà du niveau qu'impose le cursus universitaire, sinon, gare aux questions des étudiants ! Il m'est très vite apparu que cela permet à l'enseignant de mieux assimiler les notions qu'il doit synthétiser et globaliser, notions entre lesquelles, jusque-là, il n'avait pas forcément établi de lien. Il m'arrivait parfois de réaliser, pendant une classe, que je venais seulement de comprendre vraiment telle ou telle finesse du raisonnement. En cela, les étudiants m'ont été d'une aide précieuse. Peu nombreux — autre avantage lié au fait de travailler dans un petit département —, je les connaissais tous. J'avais repéré ceux qui avaient besoin d'un plus grand soutien.

1. Michaël Pearson, René Levesque, Gilles Paquet, Asok Bose et, par la suite, Georges Michaud et Gilles Beaudet.

Je me souviens notamment de l'un d'eux, qui exprimait sa détresse par des mimiques particulièrement expressives. Je préparais mon enseignement du lendemain en essayant de prévoir leurs réactions, d'anticiper leurs questions et leurs objections.

Souvent, lorsque le moment des interrogations arrivait, je ressentais un malaise. Mes arguments avaient-ils été vraiment convaincants ? Les étudiants débusquaient des points restés plus ou moins obscurs pour moi. Je les gardais précieusement en mémoire, me promettant d'y réfléchir à tête reposée.

La première année, le professeur se fraie un chemin à travers le programme. La seconde, il s'y sent presque à l'aise. Quant à la troisième, il domine le sujet, la routine s'installe : il est temps de changer de cours ! C'est ainsi qu'au rythme de trois cours différents par année, j'ai pu enseigner l'électromagnétisme, la thermodynamique, la physique quantique et la physique nucléaire, tout en organisant des séminaires d'astrophysique. C'est à cette période que j'ai eu l'impression d'apprendre véritablement la physique…

Un matin d'hiver, la ville de Montréal s'éveille sous la neige. On ne repère les voitures garées qu'à leur antenne radio qui perce la congère ! Impossible de rouler ; les gens attendent chez eux le passage du chasse-neige qui rendra les rues de nouveau accessibles à la circulation. Ce matin-là, il n'y a qu'un seul étudiant dans ma classe ! Comme d'habitude, je prends place sur l'estrade et commence mon cours. Dès les premiers mots, une gêne s'installe. Il y a un décalage évident entre la situation et la réalité. Il n'y a que nous deux dans la pièce ! Nous nous sommes regardés et avons éclaté de rire… J'ai repris le cours sous la forme d'une conversation informelle.

On me demande parfois si j'ai le trac avant une conférence. Il me suffit de penser que toutes ces figures devant moi, alignées rangée après rangée jusqu'à disparaître dans le faible éclairage du fond, ne forment pas une foule mais des personnes isolées venues ici avec confiance et espoir. Ces yeux si nombreux qui expriment le désir de connaissances nouvelles sont autant de fois ceux de cet étudiant le jour de la tempête de neige. Je m'adresse à chacun en particulier, comme dans une conversation à deux. Cette pensée suffit à neutraliser chez moi cette tension qu'on appelle le trac.

CHAPITRE 11

À la Nasa : une feuille d'aluminium sur la Lune

En 1957, les Russes mettent en orbite autour de la Terre leurs premiers Spoutniks. Leurs passages, que les Américains captent par radio, les plongent dans une véritable hystérie. « Les communistes sont au-dessus de nos têtes. »

L'âpre compétition entre les États-Unis et l'URSS pour la conquête de l'espace amène Eisenhower, alors président des États-Unis, à fonder la Nasa (National Aeronautics and Space Administration). Cet institut regroupe les laboratoires de recherche de l'armée, de la marine et de l'aviation américaines. Sa première mission : envoyer des hommes sur la Lune avant 1970.

De nombreux projets voient le jour : étude des couches supérieures de l'atmosphère terrestre, du champ magnétique en haute altitude et, d'une façon générale, exploration du Système solaire. L'objectif est d'obtenir, à partir des mesures effectuées par les instruments en orbite, des connaissances nouvelles sur la physique des planètes et leur environnement, sur des phénomènes propres à l'activité du Soleil et de leur influence dans l'espace, et, à plus long terme, sur l'origine et l'histoire du Système solaire.

Exploiter les données des satellites

Un problème se pose au départ. Comment analyser tous les résultats numériques qui seront transmis au sol par télémétrie ? Comment ne pas se perdre dans ce flot de données qui va bientôt déferler ? Il faut d'abord former des équipes d'astrophysiciens théoriciens prêts à les interpréter.

La Nasa, en collaboration avec l'université Columbia, entreprend alors de créer des départements d'études spatiales dans les universités américaines et de former les enseignants et les chercheurs qui devront les animer. Ce sera la mission de l'Institute for Space Studies, spécialement fondé à cette fin.

Un ami, Hong Yee Chiu, un astrophysicien chinois, est impliqué dans ce projet et me demande si j'accepterais d'en faire partie. L'idée de participer à une telle entreprise me séduit et je lui donne rapidement mon accord. Je conserve cependant mon poste de professeur à l'université de Montréal et je fais la navette entre ma ville natale et New York, où se trouve l'institut, pour participer à cet enseignement tout en y poursuivant mes recherches de nucléosynthèse.

J'y donnais des cours pendant les mois d'été. Dès la fin des classes à Montréal, toute la famille s'installait pour quelques mois dans l'État du New Jersey, à proximité de New York. Avec les enfants, nous avons passé de nombreuses heures au Musée d'histoire naturelle et au Jardin zoologique du Bronx, pour ensuite nous baigner dans la magnifique Jones Beach à Coney Island.

Ma femme, enceinte, allait accoucher pendant un de ces séjours. Ayant déjà trois garçons, je désirais ardemment avoir une fille. Depuis petit j'en rêvais.

À cette époque, on refusait au mari l'entrée dans la salle d'accouchement. Dans la salle d'attente, les hommes sont nombreux, la fumée est épaisse et les cendriers débordent.

Le gynécologue m'invite à retourner à mon travail : « Ça va être encore long, on vous appellera. » Retour à mon bureau où, l'oreille tendue, je n'arrive pas à travailler. Ça sonne : « Vous avez une jolie petite fille. » Je suis sur un nuage. Je prends ma voiture pour aller à l'hôpital. Incapable de me concentrer sur la conduite, je roule lentement et longe les parois de l'autoroute. Un flic m'arrête : « Vous n'avez pas le droit d'aller aussi lentement. Vous êtes un danger public. »

Enseigner à la NASA

Sur concours — les formulaires étaient distribués dans un grand nombre d'universités et de centres de recherche dans le monde entier —, la Nasa sélectionnait une centaine d'étudiants de diverses nationalités. Les cours se donnaient dans une salle vétuste de l'université Columbia.

Parmi les étudiants, il y avait plusieurs Français. J'ai pu me rendre compte d'une caractéristique de l'enseignement en France dont j'avais souvent entendu parler : l'accent mis sur l'abstrait plutôt que sur le concret. Sur les mathématiques plus que sur la physique. Plus exactement, sur les aspects théoriques de la physique plus que sur la visualisation, l'imagination et l'intuition. Un exemple. Je demande un jour aux étudiants de calculer la hauteur de l'atmosphère de la planète Mars. Un étudiant français, après avoir correctement dérivé les équations qui décrivent la structure de l'atmosphère, obtient une hauteur totalement aberrante. Je lui dis : « Le plus étonnant, ce n'est pas que vous ayez fait une erreur de calcul, chacun peut en faire, c'est que vous n'ayez pas réalisé que votre estimation place le sommet de l'atmosphère de Mars bien au-delà de la galaxie d'Andromède ! »

Du directeur de l'Institut, Robert (Bob) Jastrow, je connaissais déjà les travaux sur la nature de la force nucléaire. Il vivait dans un état d'agitation permanente qu'il entretenait par une succession ininterrompue de cafés serrés. Il était la caricature même du PDG *speedy* donnant des ordres à trois secrétaires à la fois tout en poursuivant des conversations téléphoniques avec Oslo ou Tokyo. L'opposé du calme et de la sérénité auxquels les chercheurs de Cornell m'avaient habitué.

Malgré ses occupations plus que multiples, Jastrow tenait (je n'ai jamais compris pourquoi) à donner lui-même le premier cours de la journée. Son enseignement était constamment interrompu par des secrétaires avec des messages toujours urgents. Il sortait de la classe pour quelques instants. On l'entendait pester dans le couloir. Puis il revenait en disant : « Où en étais-je ? »

Visite des laboratoires de la Nasa

Après huit semaines d'un enseignement intensif venait la semaine du *field trip* (voyage sur le terrain). La Nasa affrétait un Boeing 707 qui nous emmenait, notre centaine d'étudiants et nous, visiter les centres où se déroulait l'entraînement des astronautes qui devraient s'envoler vers la Lune.

Nous nous rendons d'abord à Washington pour rencontrer les responsables du projet Apollo et nous informer de son avancement. Puis nous allons en Floride, au cap Kennedy (Canaveral), pour assister à un essai de lancement de la toute nouvelle fusée Saturn-5, alors la plus puissante du monde. Derrière les fenêtres à double vitrage d'un bunker situé à plusieurs kilomètres de la rampe de lancement, nous attendons la mise à feu. Après le décompte, un immense nuage de fumée blanche et noire envahit le ciel. Quelques secondes plus tard, un bruit assourdissant arrive jusqu'à nous, tandis que le sol se met à trembler violemment sous nos pieds. Une expérience effrayante, à vous faire claquer les genoux ! On a vraiment hâte que ça s'arrête.

L'étape suivante nous amène à Houston, Texas, au centre de simulation des conditions lunaires. Sanglés par des courroies fixées à vingt mètres au-dessus de nos têtes, nous expérimentons la marche dans un champ de gravité semblable à celui de la Lune. On peut y faire des sauts allant jusqu'à trois mètres de haut ! Retour par la Californie, où d'autres centres à visiter nous attendent. Et pour fêter la fin de ce voyage initiatique, on nous offre un somptueux dîner au champagne rosé de la Mapa Valley. C'était le temps des vaches grasses !

L'Institute for Space Studies organisait régulièrement des symposiums sur divers sujets d'astrophysique. Un grand nombre de chercheurs de tous les pays — astronomes, physiciens, biologistes, géologues — venaient y assister. On y rencontrait les meilleurs spécialistes, et l'ambiance y était des plus stimulantes. Ces colloques ont été l'occasion de deux événements qui ont beaucoup influencé la suite de ma carrière et mes recherches en astrophysique.

Le duo hydrogène-hélium

Le premier fut la rencontre de Johannes Geiss, de l'université de Berne en Suisse. J'ai tout de suite apprécié son affabilité et sa gentillesse. Mais aussi son attitude ironique et légèrement insolente par rapport à certaines théories généralement acceptées par nos confrères. À la fin des conférences, je ne manquais jamais de lui demander ses impressions. Nous avons eu immédiatement un bon contact, qui s'est transformé en une longue et fructueuse collaboration. Nous échangeons régulièrement nos opinions sur les dernières découvertes au cours de longues conversations téléphoniques. Lorsqu'il appelle à la maison, ma femme me dit : « Prépare-toi, c'est le professeur Geiss. » Je m'installe alors confortablement dans mon fauteuil. J'en ai pour au moins une heure…

L'expérience fut un grand succès. Les mesures étaient précises. Mais il fallait encore interpréter les résultats. Nous en avons longuement discuté à New York et, plus tard, à Berne, où Johannes Geiss m'invita pour de longs séjours de recherche et d'enseignement. Je dirai ultérieurement comment elles nous ont permis d'obtenir une estimation de la densité des atomes dans l'Univers, un sujet de grande importance en cosmologie.

À la demande de Geiss, la Nasa avait déposé sur la Lune une feuille d'aluminium à côté du drapeau américain. La surface de la Lune, comme celle des autres corps célestes de notre système planétaire, est exposée à ce qu'on appelle le « vent solaire ». Il s'agit de particules rapides provenant du Soleil, qui s'y propagent quelquefois en bourrasques. Grâce à l'atmosphère et au champ magnétique de la Terre, ces particules n'atteignent pas notre sol ; on peut cependant les observer indirectement sous la forme d'aurores boréales. Mais la Lune, dépourvue d'atmosphère et de champ magnétique, les reçoit de plein fouet. Cette feuille d'aluminium, toute simple, a absorbé, pendant sa longue exposition sur la surface lunaire, des particules apportées par le vent solaire. Elle en a révélé la nature lorsque, ramenée sur Terre, elle fut examinée en laboratoire. Nous avons ainsi pu avoir — chance inouïe — des fragments du Soleil sous la main ! C'est exactement ce qu'espérait Geiss.

Deux éléments chimiques firent l'objet d'une attention toute particulière dans l'analyse de cette feuille : l'hydrogène et l'hélium. Chacun d'eux se présente sous deux variétés différentes (on dit aussi « isotopes ») : l'hydrogène léger (H-1) et l'hydrogène lourd (H-2), ou deutérium, pour le premier, l'hélium léger (He-3) et l'hélium lourd (He-4) pour le second (voir fig. I).

Comme on le verra plus loin, les atomes d'hydrogène et d'hélium comptent parmi les plus anciens du cosmos et nous parlent donc des premières minutes de l'Univers.

Le trio lithium-béryllium-bore

Le second événement important de mon séjour à l'Institute for Space Studies eut lieu lors d'une conférence sur l'origine de trois autres éléments légers : le lithium, le béryllium et le bore (voir fig. I).

Le lithium est bien connu des psychiatres comme antidépresseur. Nous retrouvons le béryllium sous la forme d'une pierre semi-précieuse, le béryl, un beau cristal bleu azur dont on fait des colliers et des bracelets. L'acide borique a longtemps été utilisé comme désinfectant, mais son usage est maintenant abandonné.

Un article écrit par quatre astrophysiciens, William Fowler, Fred Hoyle, Geoffrey et Margaret Burbidge, rassemblait la somme des connaissances sur l'origine des éléments chimiques. Comme on l'a dit plus haut, les observations astronomiques avaient confirmé les idées de Fred Hoyle (chapitre 10) : la nucléosynthèse stellaire rendait compte de façon convenable de la plupart des populations d'atomes mesurées dans les étoiles.

Mais ce n'était pas le cas pour les éléments les plus légers, notamment, outre l'hydrogène et l'hélium, pour le trio lithium-béryllium-bore. La raison en est simple : ils sont très vulnérables à la chaleur. Les étoiles étant extrêmement chaudes, elles ne peuvent pas en être les génitrices. D'où proviennent-ils donc ? Au cours de cette conférence, plusieurs hypothèses nouvelles furent présentées. Pourtant, rien ne permettait de les confirmer ou de les infirmer. Impossible de sélectionner le bon scénario. Les discussions s'éternisaient sans toutefois aboutir à une conclusion crédible. Dans le chapitre 10, j'ai comparé le métier de scientifique à l'activité d'un amateur de puzzle. Certaines interrogations ne peuvent trouver d'explication aussi longtemps que manquent d'autres informations indispensables à leur résolution : ce sont les pièces manquantes dont il faut impérativement disposer.

Dans le cas présenté au symposium, ces pièces étaient absentes : il fallait connaître certaines propriétés spécifiques aux noyaux de ces atomes. La voie à suivre était claire : il s'agissait d'utiliser des accélérateurs de particules pour casser ces noyaux et en extraire les renseignements nécessaires. Plusieurs des physiciens nucléaires présents à la conférence en étaient d'accord, mais faisaient état de la grande difficulté des expériences à entreprendre et surtout de leur longue durée.

Je résolus alors de faire de l'origine du trio lithium-béryllium-bore le but de mes futures recherches : je me fixai comme objectif d'obtenir les pièces qui manquaient à la résolution de ce puzzle. Je décidai d'essayer de convaincre des laboratoires capables d'entreprendre ces expériences. J'en ai démarché un grand nombre qui étaient équipés des instruments appropriés (Livermore, Los Alamos, Chicago, Denver).

Mais je me heurtais partout aux mêmes arguments : « Oui, c'est un sujet très intéressant, mais l'ensemble des opérations nécessiterait une bonne dizaine d'années. » Dans l'ambiance de compétition qui règne dans les milieux scientifiques, il était impensable d'attendre aussi longtemps pour obtenir les premiers résultats : « *Publish or perish* » (« Publiez ou périssez ») était l'impératif assigné à tout groupe d'études.

Pourtant, ma conviction était faite : nous n'arriverons pas à identifier d'une façon convaincante les mécanismes physiques et le contexte astrophysique de l'origine de ce trio tant que nous n'aurons pas obtenu ces précieuses données de physique nucléaire…

Simulateurs d'étoiles

La Mecque de la nucléosynthèse se situait alors au « Caltech » (California Institute of Technology) à Pasadena, Californie. Willie Fowler avait mis sur pied un laboratoire de physique nucléaire dont l'objectif était de reproduire, à l'aide d'un accélérateur de particules, les phénomènes qui accompagnent la formation des atomes dans les étoiles.

Premier du genre, il connut un grand succès et joua un rôle considérable dans l'élaboration de la théorie de la nucléosynthèse. Depuis, un grand nombre d'établissements de recherche ont été créés pour poursuivre cette tâche, s'intéressant non seulement aux étoiles, mais aussi à l'ensemble des phénomènes de haute énergie dans l'Univers. Bel exemple de la fructueuse association entre théorie et observations. Il y a, selon le cas, confirmation ou infirmation des hypothèses, mais toujours incitation à poursuivre plus avant l'exploration entreprise.

Le laboratoire de Fowler travaillait en étroite collaboration avec les départements d'astronomie et de minéralogie de l'université de Californie à Los Angeles. Autant dire que Caltech était le lieu d'une formidable dynamique pour l'étude de l'astrophysique nucléaire. J'eus, à plusieurs reprises, l'occasion de m'y rendre pour discuter différentes questions avec les astrophysiciens. J'ai beaucoup profité de ces stages, grâce auxquels j'ai pu m'initier à de nombreux sujets d'astronomie qui m'étaient peu familiers. Je retrouvais là l'ambiance studieuse de Cornell. Ces mots étaient inscrits sur la porte du département : « Visiteurs qui entrez ici, évitez de déranger nos chercheurs sans une raison valable. Leur tranquillité est leur atout le plus précieux. » Il y a bien des laboratoires où j'aurais aimé trouver un tel respect.

J'y ai envoyé plusieurs de mes étudiants pour leurs études post-doctorales[1]. Ils ont pu y acquérir les connaissances requises pour poursuivre, à leur retour, leurs travaux sur la nucléosynthèse et l'évolution des étoiles.

Les risques de l'humour non partagé

Pourtant, il régnait ici une suffisance généralisée qui me déplaisait. Elle se résumerait assez bien ainsi : « Tout résultat qui ne provient pas de Caltech est sujet à caution et ne sera crédible qu'après confirmation de Caltech. » Cette attitude intellectuelle se manifestait particulièrement pendant les discussions qui suivaient les séminaires. Les physiciens de ce laboratoire étaient facilement sarcastiques vis-à-vis des chercheurs étrangers au cénacle. L'humour était parfois cinglant. J'avais la naïveté de penser que ceux qui maniaient si bien l'ironie savaient aussi l'accepter lorsqu'elle leur était adressée. Je me suis ainsi permis de contester en souriant une affirmation que Willie Fowler venait de présenter à une conférence. Quelle erreur ! Rouge de colère, il se tourna vers moi et me répondit : « Jeune homme, vous vous apercevrez un jour que j'ai raison sur ce point. C'est tout ce que j'ai à vous dire. » Cette erreur tactique de ma part allait avoir des conséquences considérables sur nos relations dans les années qui suivirent, surtout lorsqu'il apparut, quelques années plus tard, qu'il avait tort…

1. Jean Audouze, Michel Cassé, Sylvie Vauclair.

1945. Enfant, ce chemin m'a interpellé. Je l'ai photographié. Qu'y a-t-il au-delà de ce que l'on aperçoit ? J'ai eu envie d'aller voir. Cette photo ne m'a jamais quitté.

Vers 1938.
La vie s'annonce belle.

1940. Ma grand-mère dans son rôle de conteuse. Je suis celui qui a un doigt dans la bouche.

1942, chez le Père Louis-Marie à la Trappe d'Oka.
Je suis celui qui rigole. À ma droite, mon grand frère André.

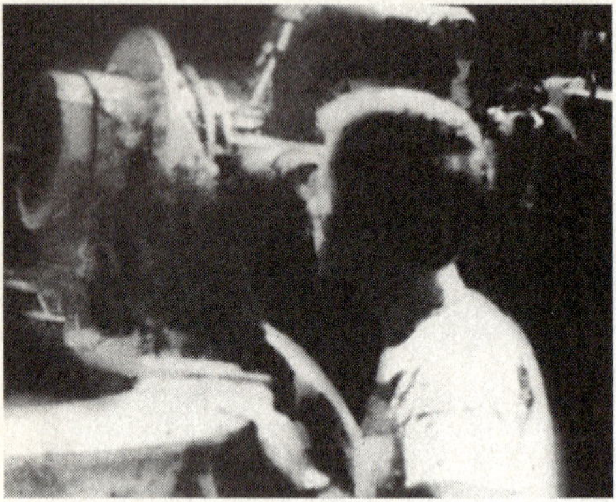

1950, à
l'observatoire
de Harvard.
Je mets l'œil
au télescope.

1950, département
de physique
à l'université
de Montréal.
Scéance d'« initiation »
(le bizutage français),
je suis le deuxième à
partir de la gauche.

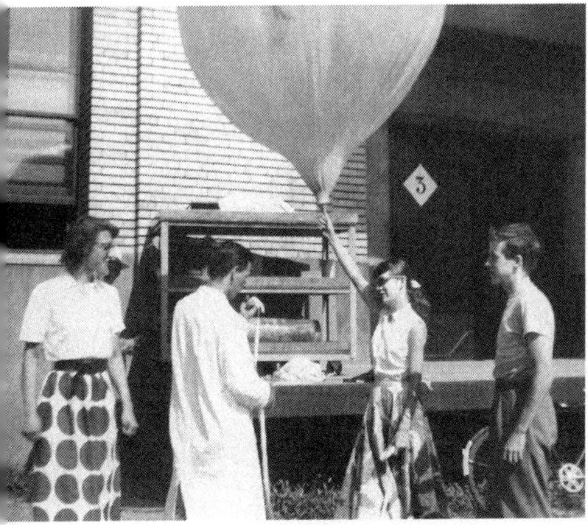

1953. Lancement d'un ballon pour observer les rayons cosmiques à l'université de Montréal. Je suis debout à droite.

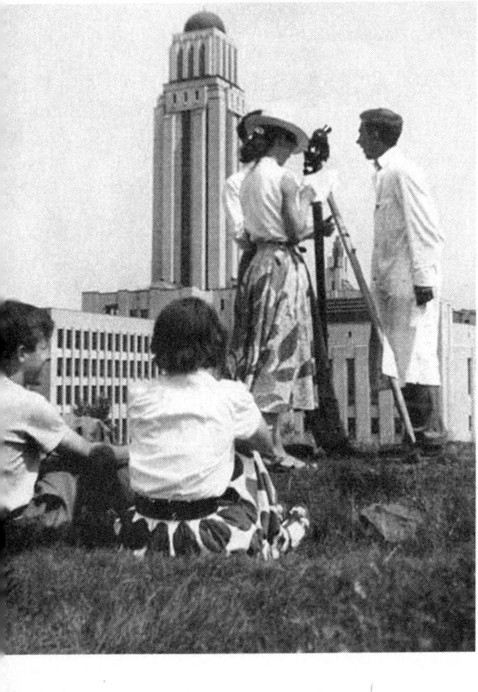

Le ballon est lancé. Je suis assis à gauche.

1957. Je suis à l'université Cornell.
Philip Morrison, le professeur dont vous avez toujours rêvé.

Ed Salpeter, mon patron de thèse.

Hans Bethe qui m'a accueilli
dans son laboratoire.
Il avait été le directeur de thèse
d'Ed Salpeter.
© Los Alamos National Laboratory/SPL/Cosmos.

Richard Feynman, un maître
en pédagogie.
© CERN/SPL/Cosmos.

Georges Lemaître,
le père de la théorie
du Big Bang.
©DR.

George Gamow,
grand espiègle.
©Times & Life Pictures/
Getty Images.

En 1962, je rencontre
Johannes Geiss à l'université de Berne.
©DR.

La feuille d'aluminium, déposée sur le sol lunaire par la Nasa, à la demande de Johannes Geiss.
©Times & Life Pictures/Getty Images.

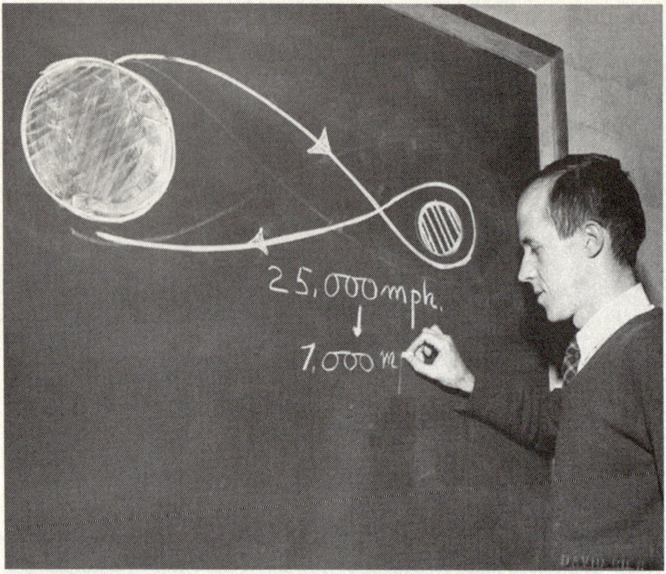
25,000 mph.
7,000 m

Ci-dessus :
1964. Mes quatre enfants, Évelyne, Nicolas, Benoît, Gilles et Francine Reeves à gauche, dans la Rambler familiale.

Page de gauche :
1962. J'enseigne à l'université de Montréal.
1965. Et à la Nasa à New York.

Ci-dessus :
1983. Docteur honoris causa à l'université de Montréal.

Page de droite :
2007. Musique au Festival de Prades.
©Camille Reeves.
2008. La Ligue ROC avec Christophe Aubel et Nelly Boutinot.
©Marc Montplaisir.

MOZART

1982, à Malicorne avec Camille.

2005, devant mes cèdres du Liban sous la neige.

1995. Camille, ma femme et mon inspiratrice.

TROISIÈME PARTIE

Développement (andante)

CHAPITRE 12

Le plat pays. Partir pour l'Europe

Au Québec, les années 1960 ont été des temps de grande liesse. « La Révolution tranquille » voyait se dissoudre comme neige au soleil le carcan clérical. Les églises fermaient les unes après les autres. Au terme des années de collège, les vocations religieuses diminuaient à toute allure : en cinq ans, on était passé du tiers d'une classe à un, voire zéro postulant. Ceux qui étaient partis avec ferveur œuvrer chez les Pères Blancs d'Afrique revenaient maintenant au pays et sortaient avec les filles. Il y avait comme une impression de joyeuse débandade, le dégel après un si long hiver. Cette puissance du climat collectif sur les opinions individuelles n'était pourtant pas sans m'étonner et m'inquiéter. J'en voyais les effets tout autour de moi. Ce phénomène, qu'on retrouve un peu partout dans l'histoire des sociétés, nous indique une des limites de la liberté humaine : la difficulté à résister à la pression du groupe, même, et peut-être surtout, lorsqu'elle est tacite et sans violence. L'éruption du fascisme en Italie et en Allemagne pendant les premières décennies du XXe siècle en est un exemple frappant.

Cette période fut aussi celle de l'avènement du fait français sur le plan social. Les Québécois pouvaient enfin s'exprimer dans leur langue dans les administrations et les lieux publics. Ceux qui ne parlaient pas anglais ne rougiraient plus de s'entendre dire : « *Speak white !* » (« Parlez blanc ! »). Ils trouvaient une dignité nouvelle.

Mais cet engouement francophile avait une contrepartie

dont je pris progressivement la mesure. Bientôt s'imposa, chez plusieurs professeurs de l'université de Montréal, l'idée que nous devions utiliser comme manuels de classe uniquement des livres en français. C'était sans tenir compte du fait que, pour chaque matière, on pouvait facilement trouver dix livres en anglais contre un seul en français. Notre rôle d'enseignant étant de donner à nos étudiants québécois la meilleure formation scientifique possible, il importait, me semblait-il, de leur fournir le matériel scolaire le plus adéquat. Ma position me semblait plus profitable à nos élèves que celle de mes collègues, qui refusaient les manuels en anglais. Elle me valut quelques remarques aigres qui me pesèrent et me donnèrent envie d'aller voir ailleurs et chercher une ambiance moins plombée par ces tendances nationalistes.

Besoin d'air

Le paroxysme fut atteint au cours de la préparation d'un nouveau projet. Les physiciens de notre département caressaient l'idée de construire un accélérateur de particules sur le site de l'université. Cet instrument permettrait à nos chercheurs et à nos étudiants d'entreprendre des travaux originaux sur place, mettant ainsi Montréal sur la carte des centres de recherche en physique nucléaire. Cette entreprise coûteuse reçut l'aval des autorités gouvernementales, qui suggéraient d'y associer les physiciens de McGill, l'université anglaise de la ville. Elles promettaient d'augmenter les subsides de façon importante si ce programme conjoint était accepté. Grogne chez plusieurs de mes confrères : quelle langue parlerait-on dans ce laboratoire ? Vraisemblablement surtout l'anglais. Alors, pas question de collaborer avec McGill. Résultat : le programme conjoint fut refusé. J'en fus navré et plus que jamais décidé à prendre un peu l'air…

J'habitais à ce moment-là avec ma famille à Duvernay, une nouvelle banlieue de Montréal, dans un joli petit bungalow entouré d'un jardin et à proximité des écoles pour les enfants. D'autres jeunes professeurs y avaient également leur domicile. Pour réduire nos dépenses, nous faisions ensemble le trajet en voiture matin et soir. Nous passions d'abord par le nord de la ville où vivaient beaucoup de professeurs associés, puis par Outremont, un quartier chic où demeuraient les professeurs titulaires, enseignants chevronnés de notre université. Un matin d'hiver, alors que nous empruntions ce chemin quotidien, j'eus la désagréable impression de voir mon avenir étalé devant moi. Je serais un jour promu professeur associé. Je quitterais alors Duvernay pour le nord de la ville. Plus tard, je serais titularisé. Je m'installerais à Outremont, où je resterais jusqu'à la fin de ma carrière, retraite comprise. Ma vie serait donc cantonnée dans ce coin infime de notre vaste planète ! Cette pensée me fut intolérable.

De ce jour-là, je me mis à l'affût de toute occasion qui pourrait m'offrir un futur différent. Mon but devint clair : partir, aller en Europe, y vivre, en explorer les richesses. Ce projet me donnait des ailes.

Au centre nucléaire de Chalk River

En 1962, j'acceptai un travail d'été au centre nucléaire de Chalk River, sur les bords de la rivière des Outaouais, à la frontière du Québec et de l'Ontario. Ce centre abritait un accélérateur de particules d'un type nouveau sur lequel une équipe de chercheurs se préparait à effectuer une expérience qui m'intéressait particulièrement, en rapport avec le thème de ma thèse de doctorat.

L'opération consistait à bombarder à l'aide de noyaux de carbone des cibles du même élément, provoquant ainsi les réactions qui, selon l'hypothèse qu'avec Salpeter j'avais

Calculs théoriques et observations

Lorsque l'on confronte des calculs à des observations, plusieurs cas de figure peuvent se présenter :

Première éventualité : les désaccords sont énormes, on a manifestement fait fausse route. Il faut se remettre au travail sur des bases différentes. On a quand même progressé puisqu'on sait que la théorie n'est pas bonne. On ne s'y attardera plus ; elle est éliminée.

Seconde possibilité : l'accord est très bon (en tenant compte cependant des incertitudes liées au calcul et à l'expérience). Bravo. Pourtant, si on a de bonnes raisons de penser que la thèse sous-jacente n'est pas entièrement satisfaisante, cette concordance ne permet pas de l'améliorer. C'est la situation frustrante dans laquelle se trouve aujourd'hui la physique des particules.

Enfin : l'accord entre calculs et observations est à peu près bon, mais pas parfait. C'est le cas le plus intéressant. Nous sommes sur la bonne voie, mais nous n'avons pas encore atteint le but. Il faut affiner la théorie et les résultats nous en indiquent la direction.

Voilà un bel exemple de collaboration entre différentes techniques scientifiques pour faire avancer la connaissance. Les télescopes mesurent la quantité des éléments à la surface des étoiles. Les accélérateurs de particules reproduisent en laboratoire les réactions nucléaires qui leur ont donné naissance. La combinaison des résultats obtenus par les deux techniques permet de déterminer l'origine des atomes que nous retrouvons dans les étoiles et sur la Terre.

présentée dans ma thèse de doctorat, seraient responsables de la formation des atomes de néon, sodium, magnésium, aluminium et phosphore au centre des supergéantes rouges (voir fig. V). Une simulation de ces phénomènes stellaires en quelque sorte ! Les résultats furent en relativement bon accord avec nos estimations théoriques. Ils confirmaient nos conclusions antérieures. Nous pouvions maintenant tenir pour acquis le lieu de formation de ces éléments. Ils proviennent bel et bien des supergéantes rouges, une phase stellaire postérieure à la phase géante rouge.

Nous étions donc fondés à continuer avec confiance les études sur la nucléosynthèse des éléments plus lourds comme le chlore ou l'argon, jusqu'aux métaux (vanadium, chrome, manganèse, fer, cobalt, nickel, cuivre, etc.), qui se poursuit tout au long de la vie des étoiles. Les légères différences entre les résultats des calculs et les données de laboratoire nous furent précieuses pour poursuivre cette recherche.

Gare aux pesticides !!!

Près de Chalk River, j'avais loué pour ma famille un chalet plein de charme, au bord de la rivière Petawawa. Avec les enfants, nous allions écouter au petit matin les hululements des grands plongeons huards nageant dans les brumes du large. Ces longues séquences de chants plaintifs évoquaient pour moi la sérénité et la lumière bleutée des territoires nordiques. Le soir, nous observions les étoiles, et les enfants me bombardaient de questions.

Dans ces régions, les moustiques pullulent au printemps. Pour agrémenter les traditionnels barbecues des dimanches en famille, les autorités de Chalk River procédèrent un jour à l'aspersion de DDT, une substance chimique miraculeuse. Le résultat fut spectaculaire : plus un moustique... Quel soulagement ! Merci les chimistes ! Mais deux jours plus tard, invasion de minuscules insectes noirs : les « brûlots » ! Ils ne piquent pas, ils mordent ! Ils creusent des petits cratères sanguinolents sur la peau, jusque sur le cuir des chevelures les plus abondantes.

Quelques années plus tard, le DDT fut interdit, en grande

partie grâce au livre de Rachel Carson *The Silent Spring* (« Le Printemps silencieux »). Ce fut le début d'une longue guerre, qui fait encore rage aujourd'hui, contre l'emploi des pesticides. Et ce fut pour moi un premier message des risques de l'utilisation de certains produits chimiques sans étude préalable de leurs effets secondaires (le principe de précaution…).

Pendant mon séjour à Chalk River, j'avais rencontré Marcel Demeur, un physicien nucléaire de l'Université libre de Bruxelles qui y effectuait un stage. Il me dit un jour qu'ayant eu connaissance de ma présence dans ce centre, ses collègues lui avaient demandé de m'inviter à venir présenter mes travaux sur la nucléosynthèse stellaire aux chercheurs belges. « Vous donneriez une série de cours étalés sur un an dans notre Institut national à Bruxelles », m'expliqua-t-il.

J'y vis aussitôt l'occasion de réaliser mon projet d'aller en Europe. Une fois sur place, je pourrais essayer de démarcher des laboratoires de physique nucléaire. Après l'échec de mes tentatives nord-américaines, j'espérais pouvoir obtenir, grâce à des accélérateurs européens (notamment celui du CERN à Genève), les données nécessaires à la poursuite de mes investigations sur l'origine du mystérieux trio lithium-béryllium-bore. Il n'en fallut pas davantage pour enflammer mon imagination et j'acceptai la proposition qui m'était faite. L'université de Montréal m'accorda une année sabbatique pour ce séjour.

Tout Québécois, et sans doute tout francophone « hors Hexagone », nourrit l'idée d'aller un jour en France. Je comptais bien profiter de ce séjour européen pour faire un pèlerinage aux sources de notre culture.

Je connaissais, au travers de mes lectures, la cartographie des quartiers parisiens situés en bord de Seine et de leurs ponts aux arches de pierre ainsi que l'existence des châteaux de la Loire et du Mont-Saint-Michel. J'avais grande hâte de les voir en vrai. La France a le privilège d'être à la fois une contrée de romans, de contes de fées, et aussi un pays réel… J'étais bien décidé à ne pas me contenter du bref séjour du touriste pressé. Je tenais à rencontrer chez eux ces Français dont, à l'étranger, on disait le meilleur et le pire : « tous supérieurement intelligents », « tous supérieurement arrogants ». Je me suis toujours méfié des généralités, et l'expérience m'a prouvé qu'heureusement aucune de ces deux affirmations n'est vraie.

Mais un problème de santé me contraignit à reporter provisoirement l'invitation belge. Je fus victime d'une épidémie d'hépatite survenue à la suite d'un incident dans le système de distribution d'eau de notre banlieue montréalaise. Résultat : six mois de repos forcé pour restaurer mon foie bien malmené. Cette période de grande faiblesse me fut profitable sous plusieurs aspects. J'eus amplement le temps d'approfondir mes connaissances en astrophysique. Les promenades à la campagne que les médecins m'avaient conseillées me permirent de retrouver le plaisir d'observer les oiseaux. Il m'arrivait souvent d'emmener mes enfants dans un endroit que nous appelions « le champ habituel » pour entendre et identifier ces musiciens volants. Cette passion ne m'a jamais quitté.

Durant ma convalescence, je reçus de Caltech une proposition pour un séjour d'un an dans le laboratoire de William Fowler. Dilemme ! J'hésitai… c'était tentant ! Pourtant, deux arguments me firent opter pour la Belgique, sans pour autant renoncer à Caltech, à qui je demandai de différer son offre d'une année. Tout d'abord, ma grande envie d'aller en Europe. Ensuite, la loyauté que j'estimais devoir à Marcel Demeur et à mes interlocuteurs belges qui avaient déjà gelé les fonds prévus. Mais Caltech déclina froidement ma demande de report : on me signifia nettement que « les choses avaient dorénavant changé ». Ce n'est que beaucoup plus tard que j'ai appris la vive émotion qu'avait soulevée ma décision : crime de lèse-majesté, j'avais préféré aller en Belgique avant de séjourner à Caltech ! Personne n'avait jamais discuté une telle offre émanant du Gotha de l'astrophysique nucléaire ! Cette acrimonie a longtemps plombé mes rapports avec Caltech. Il faudra plusieurs années pour que les choses s'arrangent, lors d'un événement à Jérusalem que je raconterai plus tard.

Quelques mois après, en 1964, rétabli de mon hépatite, la maison de la banlieue montréalaise et ses meubles vendus, ma famille et moi étions en partance pour l'Europe. Sur le quai du Havre, je regardais le débarquement de mon automobile, une Rambler bleue qui, suspendue à une grue, se balançait entre ciel et terre. Le lendemain nous roulions du côté de Dieppe et d'Étretat en direction de la Belgique. C'était le début de l'automne… Le temps était magnifique. Sur les bas-côtés de la route, les herbes ondulaient sous le vent tiède. La mer bleue brillait sous le soleil. Les malles solidement arrimées sur la galerie de la voiture contenaient toutes nos possessions. Je me sentais léger.

Nous sommes installés dans un grand appartement à Bruxelles près du square du Centenaire. Les garçons sont inscrits à l'Athénée Adolf Max, tandis qu'Évelyne, âgée de deux ans, fait ses débuts à l'école maternelle, où elle tombe amoureuse d'un lapin dont elle nous parle sans arrêt. En très peu de temps, les garçons ont adopté l'accent belge et appris un peu de néerlandais avec leurs camarades de classe. C'est fou la vitesse à laquelle les enfants apprennent les langues.

Nous entreprenons d'explorer les nouveaux paysages qui s'offrent à nous. Fidèle à mes rêves d'adolescent, j'ai voulu retrouver les lieux des deux images marquantes de la page « Belgique » de mon *Encyclopédie de la jeunesse*.

D'abord, le campanile de Malines où, debout sur la place centrale, nous avons droit à un long et charmant concert donné par des musiciens aux instruments plus ou moins bien accordés. Ensuite, la grotte de Han, dont nous suivons, à bord d'une barque, les étroits tunnels où la lumière du jour, dans les rares endroits où elle perce, bleuit les stalactites et les stalagmites effilées.

Je profite de mon passage dans la région pour répondre à l'invitation d'un collègue astrophysicien, qui m'avait proposé de visiter le radiotélescope belge situé non loin de là. Le soir tombe sur la plaine enneigée. L'immense soucoupe métallique reçoit les ondes radio provenant du soleil couchant, mais aussi celles de leur réflexion sur la surface gelée du sol. Les deux trains d'ondes entrent en interférences, tantôt s'additionnant, tantôt se soustrayant, au fur et à mesure que le soleil descend sur l'horizon. Résultat : l'aiguille du détecteur trace une lente oscillation sur le papier millimétré. Je retrouve, à grande échelle et en temps réel, le phénomène des franges lumineuses dites « interférences de Young » de mes manuels de physique !

Puis nous partons à Ostende, où nous sommes restés longtemps sur la plage de sable à regarder…

> … les chevaux de la mer
> qui fonçaient la tête la première
> et qui fracassaient leur crinière
> devant le casino désert [1]…

Poursuivant notre périple en direction de la Hollande, nous avons longuement arpenté les îles de la province de Zélande en mer du Nord, où la vie paysanne semblait ne pas avoir changé depuis des siècles. Ces lieux, ces maisons, ces ciels tourmentés que je voyais pour la première fois me paraissaient étonnamment familiers. Il me fallut un certain temps pour comprendre l'origine de cette étrange

1. « Comme à Ostende ». Paroles de Jean-Roger Caussimon et musique de Léo Ferré, © J.-R. Caussimon, L. Ferré et les éditions Méridian.

sensation : je vivais le bénéfice des heures que j'avais passées dans les galeries de peintures flamandes à Washington et à New York. Je retrouvais dans ces paysages les tableaux de Van Dyck, Ruisdael, Van der Weyden ou Breughel que j'avais tellement affectionnés. Je suis allé me poster à l'endroit où Vermeer avait installé son chevalet pour peindre sa *Vue de Delft*.

Par la suite, je suis souvent allé au musée de Bruxelles pour revoir les œuvres de ces artistes et mieux comprendre mon émotion. Comme le dit Tristan Tzara : « Le peintre crée un monde... » Il nous donne à voir des spectacles qui nous émerveillent quand nous les retrouvons ensuite dans leur réalité, et auxquels peut-être, sans ces œuvres picturales, nous serions restés plus ou moins indifférents. Oscar Wilde, pour sa part, faisait remarquer que les couchers de soleil, après Turner, n'étaient plus les mêmes. Et, selon les mots de Gaston Bachelard : « Depuis que Monet a regardé les nymphéas, les nymphéas de l'Île-de-France sont plus beaux, plus grands. »

Enseigner à l'ULB

En donnant des cours au département de physique de l'Université libre de Bruxelles (ULB), je me suis rapidement rendu compte combien la mentalité des étudiants belges était différente de celle des Canadiens (plus tard, je constaterai d'ailleurs la même chose entre les Canadiens et les Français). Ce qui m'étonna le plus fut leur passivité, leur silence, leur manque de réaction pendant la classe. Jamais une question. Jamais une protestation. Des visages fermés, sans expression. Des stylos, des cahiers, des mains qui prennent des notes.

Mes cours étaient-ils adaptés au niveau de leurs connaissances ? Comment savoir si mon enseignement leur passait au-dessus de la tête ou si, au contraire, il ne leur apportait rien de neuf par rapport à leurs connaissances antérieures ? Je me sentais dans un vide angoissant.

Ce n'est qu'après plusieurs jours, pendant lesquels j'avais vivement insisté pour qu'ils posent des questions si quelque chose ne leur paraissait pas clair, qu'un élève me demanda la définition d'un mot que j'avais déjà souvent utilisé puisqu'il était essentiel à mon argumentation. Étonné, j'interrogeai la classe : « Qui ne connaît pas ce terme ? » Plus de la moitié des étudiants en ignorait la signification. Ce constat me déprima profondément : n'avaient-ils donc rien compris à ce que je leur avais déjà exposé ? Leur avais-je fait perdre leur temps et avais-je perdu le mien ? J'appris peu après qu'une terminologie équivalente leur était familière. Je l'utilisai par la suite dans mes cours.

C'est en discutant avec plusieurs de mes collègues que je compris pourquoi les élèves se comportaient ainsi en classe. C'est le statut traditionnel du Professeur qui était en cause. Il appartenait à une sorte de caste considérée à la fois avec révérence et méfiance. Cette attitude me devint plus palpable encore le jour où, persistant dans mon souhait d'établir des liens avec les étudiants, je leur proposai de déjeuner ensemble à la cafétéria, comme je le faisais souvent à Montréal. Aucun ne répondit à mon invitation. Plateau en main, je pris malgré tout l'initiative de m'asseoir à une table où la discussion était fort animée. Le résultat fut immédiat : plus un mot, silence total, chacun plongeant le nez dans son assiette. Pour amorcer une conversation, je demandai à l'un d'eux quel était le sujet de sa thèse. La sueur se mit à perler sur son front comme si j'étais en train de lui faire passer un examen et il ne put balbutier que quelques mots. Le repas se poursuivit dans le même mutisme pesant. Échec total !

Cela se passait avant Mai-68. Depuis, la situation a évolué bien sûr, mais pas tant que ça. J'ai pu m'en rendre compte dans différents pays européens, où le *Herr Doctor*

Professor, le « Grand Professeur », l'*Illustre Dottore* sévissent encore. Quelques années plus tard, à Paris, j'ai dit un jour à une classe qui restait silencieuse : « C'est ici que vous devriez d'abord exprimer votre mécontentement. Cela vous éviterait peut-être d'élever des barricades ! »

Nouvelles démarches…

Sous l'égide de l'Institut de recherche nucléaire, des chercheurs belges de différentes universités se réunissaient une fois par semaine, non loin de la place Louise à Bruxelles, dans un bâtiment à l'architecture austère. Je leur donnai une série de cours tout au long de l'année académique 1964-1965. Je couvris l'ensemble des connaissances d'alors sur l'origine des éléments chimiques dans l'Univers. Mes notes de préparation me servirent à la rédaction de mon premier livre, *Évolution stellaire et nucléosynthèse*.

Je profitai du fait que ce parterre de physiciens provenait de divers laboratoires, dont certains disposaient d'accélérateurs, pour souligner une fois de plus l'importance de mettre sur pied un programme expérimental pour mesurer les propriétés nucléaires de mon cher trio d'éléments : lithium, béryllium, bore.

Pendant mon séjour bruxellois, j'ai été invité à Heidelberg, à Bonn, à Munich, à Genève, à Florence, pour faire des conférences scientifiques sur ce même thème. Partout, je poursuivais mes démarches pour obtenir les expériences requises. Je recevais toujours la même réponse : « C'est très intéressant, mais ça prendrait trop de temps. De nombreuses années de travail pour préparer correctement les cibles seraient nécessaires avant d'avoir les premiers résultats. Pas possible, dans le contexte de compétition actuel, d'obtenir des crédits et des subventions sur une période aussi longue. »

Louvain : visite au chanoine Lemaître

L'université de Louvain m'invita à présenter mon cours sur l'évolution stellaire et la nucléosynthèse. À cette occasion, on me fit savoir que le chanoine Georges Lemaître qui y avait professé pendant de nombreuses années, mais à présent très âgé et à la retraite, souhaitait me rencontrer et me recevoir chez lui. Je prends donc rendez vous. Au jour dit, je me rends à son appartement. Une dame me fait pénétrer dans un salon sombre dont les murs sont recouverts de tapisseries anciennes. Le son d'un piano me parvient par une porte entrouverte. L'instrument se tait et le chanoine me rejoint dans la pièce. Il m'accueille avec une grande gentillesse, m'offre un verre de porto et me dit combien il m'est reconnaissant de ma visite. Je suis très impressionné de me trouver en présence de celui qu'on a appelé le « père du Big Bang ».

Je rappelle ici le rôle fondamental que Georges Lemaître a joué dans la cosmologie contemporaine. Il fut l'un des premiers à associer, vers 1930, la théorie de la relativité générale formulée en 1917 par Einstein aux observations d'Edwin Hubble sur la vitesse de déplacement des galaxies. De ce rapprochement entre théorie et observations, il a tiré le modèle de l'« atome primitif », première version de ce qui allait devenir celui du Big Bang.

Commençant par me dire combien il regrette que sa mauvaise santé ne lui ait pas permis de venir assister à mon cours, Lemaître aborde alors le sujet qui le préoccupe, dit-il, depuis longtemps : « J'aimerais avoir votre avis sur ces théories de Fred Hoyle à propos de la formation des atomes dans les étoiles. Reposent-elles sur des observations solides ? » Je lui fais un bref résumé de mon enseignement, qu'il écoute très attentivement. Je souligne la grande crédibilité des théories de la nucléosynthèse de

Hoyle et de ses collègues. Puis je commence à énumérer leurs faiblesses, en particulier concernant les atomes les plus légers : le duo hydrogène-hélium d'une part, et le trio lithium-béryllium-bore de l'autre. Je lui raconte mes efforts toujours vains pour tenter d'obtenir le programme expérimental qui permettrait de poursuivre la recherche sur les mécanismes responsables de leur origine.

Il me confie alors ne s'être jamais réellement intéressé à la physique des atomes et des noyaux. « Cela me rappelait trop l'entomologie (étude des insectes), m'explique-t-il, et je n'avais pas l'impression que ces sciences puissent jouer un rôle important en dehors du domaine des particules de la physique. J'imaginais encore moins qu'elles puissent être impliquées dans l'évolution de l'Univers ! » Tout comme Einstein, Lemaître avait concentré son attention sur les effets de la seule gravité, négligeant les autres forces (la force électromagnétique et les deux forces nucléaires : la forte et la faible, découvertes pendant les années 1930-1940). Il supposait qu'à cause de leur portée microscopique (elles ne s'exercent qu'au niveau des atomes et des molécules), elles ne jouaient aucun rôle à l'échelle du cosmos.

Je lui rappelle la contribution fondamentale que Gamow a apportée à cette question. Il est parti de l'idée que, si la théorie de l'expansion était valable, le cosmos des premières minutes devait avoir été excessivement chaud et lumineux. Il en avait déduit que deux fossiles devaient encore subsister de cette période. D'une part une faible lumière résiduelle, et d'autre part quelques atomes d'hélium engendrés par les réactions nucléaires induites par ces températures extrêmes. Les « cendres » du brasier initial en quelque sorte. Comme, par analogie, celles des foyers éteints que les archéologues retrouvent dans les lieux habités par les hommes préhistoriques. Le chanoine me dit sa grande estime pour Gamow et ses regrets de ne pas avoir suivi cette voie apparemment si prometteuse. Se passionnant pour d'autres problèmes, il avait en effet abandonné la cosmologie pour s'adonner aux mathématiques.

Il est vrai qu'à cette époque il ne pouvait guère soupçonner que l'une des preuves les plus convaincantes de la théorie du Big Bang viendrait de l'intuition qu'avait eue Gamow de la nucléosynthèse primordiale, c'est-à-dire de la formation, dans les tout premiers instants de l'Univers, des atomes légers, vestiges de ces temps torrides, et dont nous reparlerons bientôt.

Mettant fin à cette intéressante discussion, il me demande si j'aime la musique. Devant ma réponse positive, il me propose de jouer des études de Chopin. Je l'écoute longtemps, ému par la sensibilité de son interprétation, malgré le manque de souplesse de ses doigts.

Le rayonnement fossile fut découvert environ un an plus tard. Il eut ainsi, quelques jours seulement avant sa mort, la confirmation par l'observation de la valeur de la théorie qu'il avait développée trente ans plus tôt. Il en éprouva une grande satisfaction.

CHAPITRE 13

En route pour l'URSS

Dans le cadre d'un programme d'échanges établi entre le Canada et l'URSS au début des années 1960, on m'a proposé un séjour en Union soviétique pour rencontrer des chercheurs et donner des conférences sur l'astrophysique nucléaire. En 1964, j'ai accepté avec enthousiasme, non seulement parce que s'offrait à moi l'occasion de visiter cet immense territoire (Moscou, Leningrad, Kiev et, plus exotiques encore, Tachkent, Samarcande, Erevan, Vladivostok), mais également la possibilité de poursuivre ma recherche sur l'origine des éléments légers. Arriverais-je à convaincre quelques laboratoires soviétiques de l'importance de ces expériences et à les persuader de les inclure dans leurs projets ?

Une autre chose aussi m'intriguait depuis longtemps : comment les Russes avaient-ils réussi à lancer des satellites dans l'espace et des sondes sur la Lune, avant les Américains ? Ces prouesses me paraissaient bien difficiles à concevoir au vu du délabrement dans lequel la Seconde Guerre mondiale avait laissé ce pays. Ses centres de recherche et ses universités avaient été entièrement détruits par les bombardements. Aux États-Unis, à l'inverse, ces institutions avaient profité de la guerre pour améliorer le haut niveau de leurs performances. Je me promettais de profiter de mon voyage pour aller y voir de plus près…

L'invitation formelle, provenant de l'Académie des sciences (Akademia Naouki) soviétique, m'arriva un matin d'hiver, à Bruxelles. Une enveloppe épaisse, couverte de tampons variés, avec, à gauche, un timbre à demi décollé, dont le coin détaché s'enroulait un peu sur lui-même. Mon nom était écrit à la fois en caractères latins et cyrilliques, avec une encre grasse qui s'était étalée. Résultat, sans doute, de l'utilisation d'une machine à écrire d'un modèle ancien, fatiguée et passablement déréglée.

J'étais invité à me rendre le plus tôt possible au consulat d'URSS en Belgique pour y retirer un visa d'un mois. Il était précisé que les bureaux ouvraient de 9 à 17 heures. Les billets d'avion Bruxelles-Moscou étaient joints, accompagnés de la réservation prévue pour trois jours plus tard.

Aussitôt, je me rends au consulat situé dans une banlieue cossue de Bruxelles. C'est l'hiver, il fait très froid. À l'adresse indiquée, j'aperçois une imposante maison bourgeoise dans un jardin planté de grands arbres dénudés. Rien d'autre qu'une plaque métallique ne la différencie des voisines. Je suis bien à la bonne adresse.

Quand, suivant les instructions affichées « Sonnez et entrez », je pousse la porte, je n'imagine pas que mon voyage en URSS vient de commencer.

Le grand salon aux portes vitrées est richement décoré de meubles de qualité et de lourds rideaux. Il y a du monde partout. Dans un coin, une famille, grands-parents, parents et enfants braillards, ont déballé sur une table des sandwichs et des bouteilles de Coca-Cola que la mère sert dans des verres en plastique.

Trois hommes couchés monopolisent chacun un des trois grands sofas aux pieds et aux bras sculptés. Près d'eux, sur le plancher, des bouteilles de vodka à demi vides... D'autres personnes, les unes assises, parfois deux par deux, les autres appuyées aux dossiers, occupent toutes les chaises alignées le long des murs.

Malgré l'affluence, c'est le silence, morne et pesant, à peine interrompu parfois par quelques mots chuchotés ou par des pleurs d'enfant que les parents s'empressent d'étouffer.

Pourquoi tant de monde dans cette pièce ? L'ouverture des portes aurait-elle été plus précoce que je l'avais cru ? 8 heures au lieu de 9 ? Aurais-je mal lu ? Quoi qu'il en soit, je n'ai plus qu'à attendre, patiemment, comme tout le monde.

Je m'assois sur une marche d'escalier et, sortant un livre, je tente de le lire. Peine perdue : trop de questions se bousculent dans ma tête.

Maintes fois j'avais relu le document et j'avais vérifié la période d'ouverture : de 9 à 17 heures. Est-il vraisemblable que tous ces gens, installés pour dormir ou se restaurer, soient entrés il y a moins d'une heure ? Leur façon lente de se mouvoir infirme cette hypothèse.

Malgré toutes mes réticences à l'admettre, un seul scénario s'impose : ces gens ont passé la nuit ici.

Il y a un contraste frappant entre la torpeur générale qui pèse sur le grand salon d'attente, et l'activité intense qui semble régner dans les bureaux adjacents, fermés de portes aux vitres opaques, et d'où proviennent les bruits ininterrompus de machines à écrire, de fréquentes sonneries de téléphone, et les conversations animées des fonctionnaires...

Parfois une porte s'ouvre. Une employée en tailleur sombre, grande et raide, aux cheveux courts, traverse la salle pour disparaître derrière une autre porte.

D'autres personnes, des secrétaires sans doute, se croisent dans la pièce, enjambant les sacs de plastique et autres objets encombrants. Toutes ont la même allure, le même visage inexpressif...

Je prends conscience d'un phénomène qui va me devenir familier : l'aptitude du personnel administratif soviétique à se déconnecter de la réalité pourtant bien présente sous ses yeux.

Une des portes vitrées reste obstinément fermée. Celle dont la plaque indique : « Directeur du Consulat ». Après plus d'une heure d'attente, constatant que rien n'a bougé, qu'aucune des nombreuses personnes n'a été appelée, surmontant mon absence de penchant pour le resquillage, je passe à l'action. J'interpelle une secrétaire en transit entre deux portes. Elle m'ignore totalement.

Outré de cette attitude, je m'approche d'une des portes et je frappe. Pas de réponse. Je frappe plus fort. Toujours rien. Timidement, j'ouvre la porte. Trois personnes, assises devant leur machine à écrire, me jettent un regard indifférent.

Je dis : « Je viens chercher mon visa pour l'URSS.

— C'est la porte à côté », me répond l'une d'elles.

Nouveau manège à la porte d'à côté. Toujours pas de réponse. J'entre. Je renouvelle ma demande. On me tend une liasse de formulaires à remplir en cinq exemplaires « et en lettres carrées », me précise-t-on d'un ton autoritaire. Je regagne l'escalier pour m'asseoir et lire attentivement les instructions. Il faut compter un mois d'attente pour obtenir le précieux visa… à la condition que les documents soient bien remplis ! Je franchis de nouveau la porte du bureau, sans frapper :

« Il y a un problème : je dois être à Leningrad dans six jours…

— Impossible : il y a ici des gens qui attendent depuis plusieurs mois. » La réponse est péremptoire, un rien méprisante. D'un coup, le mystère de la salle d'attente bondée s'éclaircit ! Plusieurs secrétaires font groupe autour de la première et mon outrecuidance stimule leur ironie.

« Je dois assurer des cours à l'université de Leningrad dès lundi. Il reste six jours.

— Avez-vous des justificatifs ? » Je sors la lettre de l'Académie des sciences. Les sourires moqueurs cessent. La lettre circule de main en main. Les visages se ferment.

D'autres secrétaires arrivent. Les discussions sont vives. Une des secrétaires s'empare de la lettre et se dirige d'un pas décidé vers la porte du directeur. Elle l'entrouvre à peine que déjà une voix rauque s'élève, furieuse… Bravant la colère de son chef, elle s'engouffre dans le bureau.

Je perçois, sur un fond de conversations à voix basse, les sonneries des téléphones et les échanges qui s'ensuivent. Sur ma marche, le temps me semble long et l'inquiétude me gagne. Si ça se gâte, j'ai repéré la porte de sortie. Des yeux, j'ai déjà tracé le chemin le plus court mais aurais-je le temps de le parcourir avant… Bref, mon imagination refuse tout bon sens, car, à vrai dire, qu'ai-je à craindre ?

La porte du directeur s'ouvre. Un gros homme couvert de décorations sort, suivi d'une cohorte de secrétaires, s'approche de moi, large sourire aux lèvres, rassurant : « Professeur Reeves ? L'Union soviétique est heureuse de vous accueillir. Je vous remercie d'avoir accepté notre invitation. Nous espérons que vous serez content de votre séjour. Quant au visa, il ne nous est pas possible de vous le délivrer aujourd'hui mais il sera livré à votre domicile dès demain matin. »

La géographie dans la brume

Au décollage du vol d'Aeroflot on annonce une tempête sur l'Europe de l'Est. Nous pénétrons rapidement dans une dense nuée. La lumière grise du ciel laisse deviner des passages de fortes giboulées de neige et de pluie. En plein jour les lumières de la cabine sont allumées.

Après quelques heures de vol, on nous informe d'une escale imprévue à Varsovie. Cette annonce est accompagnée d'une secousse longue et bruyante : l'avion vient d'atterrir. Depuis mon hublot, la brume épaisse limite à la seule piste mouillée mon champ de vision. « Je suis en Pologne. » Cette phrase ne cesse de résonner en moi. Je sais que je suis dans ce pays parce que l'hôtesse vient de nous le dire. Rien à l'extérieur ne me le confirme. Tout se passe dans ma tête et pourtant l'émotion est vive et profonde. Je revois mes cartes de géographie, je refais mentalement le trajet de Bruxelles à Varsovie. Au-delà de ce brouillard opaque, il y a la ville, ses habitants, la maison natale de Chopin, le fleuve où l'armée russe s'est arrêtée le temps de laisser les Allemands massacrer les habitants du ghetto. Toutes ces images se succèdent sur un fond de violentes bourrasques balayant l'asphalte.

On nous indique bientôt que nous allons repartir, nous dirigeant vers le nord pour éviter la tempête persistante. Prochaine escale : Stockholm. Même décor : une brume toujours aussi tenace. Des signaux lumineux balisent la piste glacée, partiellement enneigée. De nouveau, le lien s'établit pour moi entre le mot « Suède » et ce que m'évoque ce pays. Ce sont les romans de Sigrid Undset, un auteur favori de mon frère André, notamment *Les Orchidées blanches* que j'ai lu avec tant de plaisir quand j'avais quinze ans. Et je revis le trouble, délicieux, provoqué par ce récit d'amours puritaines dans les grands parcs fleuris d'un bord de mer.

Mais nous voici déjà repartis, à présent vers Helsinki. Une fois encore, les cartes géographiques s'imposent à ma mémoire. J'y retrouve la Scandinavie étalée sur le nord de la mer Baltique, la Finlande avec ses taches bleues qui sont autant de lacs, comme dans notre Labrador canadien. Il fait nuit lorsque nous y atterrissons. Il neige et les flocons serrés se bousculent dans les rayons lumineux des grands réverbères. Le sentiment ardent d'être à Helsinki fait monter en moi une foule d'images et de musiques. Sibelius, bien sûr, l'air du *Cygne de Tuonela*, et puis le magnifique thème à vif du *Concerto pour violon*. Jusqu'à cet instant, la Finlande s'était cristallisée pour moi autour de ces mélodies dans lesquelles je m'immerge toujours avec plaisir… Et maintenant, alors que je me trouve physiquement dans ce pays, des masses de nuages m'en isolent…

On nous informe alors que Leningrad sera notre terminus, la tempête faisant rage sur la région moscovite. C'est vers une heure du matin que j'arrive enfin à destination, après un voyage vécu dans une sorte de demi-réalité. Il s'est déroulé comme dans une bulle, m'amenant par étapes dans ces villes dont les noms s'allumaient sur des cartes que j'avais mémorisées, associées à des écrits ou à des musiques qui me les avaient rendues familières. Mais il n'est plus temps de se replonger dans le passé, de rêver aux nuits blanches de Saint-Pétersbourg. On nous enjoint de quitter rapidement l'avion et de présenter nos documents.

CHAPITRE 14

Réveil brutal à Leningrad

Une fois mes valises récupérées sur le tapis roulant, mes manuscrits scientifiques épluchés comme s'il s'agissait de documents subversifs (les fonctionnaires de service s'étaient montrés d'autant plus zélés et méfiants qu'ils n'y comprenaient rien !) et la porte des douanes franchie, je me présente à la barrière des attentes.

L'aéroport est vide et sur le point de fermer pour la nuit. Je suis le seul voyageur en rade, tous les autres sont déjà partis. Je me présente à un comptoir où j'apprends qu'un groupe de jeunes astronomes, avertis à la dernière minute de mon arrivée à Leningrad, est resté jusqu'à 11 heures. Mais, ne me voyant pas arriver, ils avaient fini par s'en aller.

Je découvre une autre caractéristique des fonctionnaires soviétiques : l'indifférence ! Personne ne semble s'inquiéter du fait que j'ai un problème ! Où vais-je dormir ?

« Il vous est impossible de rester ici, le règlement l'interdit. Vous ne pouvez pas dormir dans les fauteuils. Quel est votre hôtel ?

— Je n'en sais rien. »

Multiples coups de téléphone. On en donne des quantités inimaginables en URSS. Je suis finalement logé dans l'hôtel du personnel. Un couloir sombre et bétonné mène à ma « chambre », vague compromis entre un réduit et une cellule de prison ! De longues lézardes sillonnent les murs. L'inventaire du lieu est vite fait : un lit de fer, une couverture rouge, un petit poste de radio en plastique beige posé sur une table en formica.

Épuisé mais, malgré tout, assez amusé par l'étrangeté des situations dans laquelle la vie parfois nous jette et, autant le dire, pas malheureux à la pensée des récits que j'en ferai à mes amis, je m'endors.

Le lendemain matin, une voix féminine, faussement enjouée, me réveille brutalement: « *Gavarit Leningrad.* » Traduction littérale: « Leningrad vous parle. » Au cours de ce long voyage, j'ai eu le temps d'apprendre quelques mots de russe. Puis, rythmée et soutenue par une musique dynamique, elle se met à scander: « *Adin, dva, tri, tchetyrie* » (« Un, deux, trois, quatre »). Je comprends: c'est le réveil général, la mise en condition pour une journée de labeur. Cela m'évoque « *Big Brother is watching you* » (« Grand Frère vous surveille ») de George Orwell. Je veux éteindre le poste: pas un seul bouton sur cette maudite boîte jaunâtre. Je décide de la débrancher: pas de prise non plus, le fil sort directement du mur. Je me sens pris au piège. Agacé, je le saisis et tire brutalement. Il se casse. Le silence, enfin !

Comme au consulat russe de Bruxelles, j'ai l'impression de vivre une situation kafkaïenne. Je panique un peu. Mon inquiétude est sans doute amplifiée par tout ce que j'ai pu lire sur la vie en URSS. Le KGB... Dans quoi me suis-je embarqué ? Comment vais-je m'en sortir ?

Mais la curiosité et la perspective de visiter la Russie l'emportent. Je réalise néanmoins que cette histoire de fil arraché va m'attirer des ennuis.

Je me rends à la cafétéria de l'aéroport. Tables, tasses, cuillères, couteaux, tout est en plastique blanc sale, plutôt graisseux. Le pain est mouillé, le café imbuvable.

Je suis frappé par un curieux manège: trois jeunes femmes passent de table en table, s'adressant aux clients à voix basse. Elles ont ces pommettes rouges qui souvent illuminent les visages des femmes russes et que j'aurai toujours autant de plaisir à observer dans les foules du métro de Leningrad et de Moscou. Elles vont, viennent, s'approchent de moi puis s'éloignent vers la sortie, comme si elles avaient vainement cherché quelqu'un. Espoir puis déception : j'aurais volontiers parlé à quelqu'un.

Mais soudain, elles font demi-tour et reviennent vers ma table : « Ne seriez-vous pas le professeur Reeves ? » Bonheur. « Nous étions ici hier soir pour vous accueillir, dit l'une d'elles avec un grand sourire, mais on nous a annoncé que votre avion était resté bloqué à Helsinki, alors nous sommes reparties. Je m'appelle Svetlana. Je regrette de ne pas parler mieux l'anglais. J'aimerais tellement vous dire combien nous sommes heureuses de vous recevoir. » Je leur propose alors de s'asseoir à ma table. Nous passons un long moment à deviser agréablement. Pour moi tout est changé. Disparues les impressions désagréables laissées par le consulat, les fatigues du voyage, la nuit en cellule, l'agression radiophonique matinale. Je n'entends plus le vacarme de la vaisselle sale que l'on ramasse, je ne sens plus l'odeur des toasts brûlés. Cet accueil chaleureux me ravit.

Tout à coup, surgit devant nous une dame en uniforme de police qui s'adresse avec véhémence à mes compagnes. Svetlana traduit : « Elles ont trouvé le fil du poste de radio arraché dans votre chambre. » Je raconte l'histoire. La discussion s'anime. Des collègues la rejoignent bientôt et un groupe se forme autour de nous. Tout cela provoque beaucoup d'agitation. Puis soudain, le calme. La maréchaussée locale se disperse. « Il a suffi de leur dire que vous êtes invité par l'Académie des sciences », explique Svetlana. Elle ajoute : « Vous allez maintenant pouvoir partir pour Moscou. Mais lorsque vous reviendrez à Leningrad, nous vous recevrons à notre observatoire de Pulkovo. Nous vous avons organisé des visites au musée de l'Ermitage et des excursions dans la campagne. »

CHAPITRE 15

Moscou : rêver de Samarcande

C'est à Moscou que j'ai mon premier contact avec l'Intourist. Cette institution soviétique qui gère les voyages des étrangers est représentée par une grande femme en uniforme, cheveux courts et sourire figé sur une large bouche. Elle me conduit dans un petit bureau où trône une machine à écrire vétuste, que j'imagine semblable à celle utilisée pour ma lettre d'invitation. Elle me propose un café et prononce des mots dont je pressens qu'ils sont officiels et sans doute les mêmes pour chaque visiteur. « Au nom de notre Union soviétique, et en particulier de notre Académie des sciences, je vous souhaite la bienvenue dans notre grand pays socialiste. » À maintes reprises pendant mon séjour, je noterai l'importance, feinte ou réelle, donnée à ces « nous » et à ces « notre ». Peut-être à cause de la si grande diversité des peuples de l'URSS, ces mots semblent utilisés pour faire croire à une véritable solidarité, à un sentiment commun d'appartenance. L'éclatement ethnique qui suivit le démantèlement de l'Union soviétique en 1989 tendrait à démontrer la raison de cette volonté artificiellement entretenue d'être une « union à tout prix ».

« Nous sommes heureux de vous montrer les très grands progrès que le communisme a fait réaliser à notre pays. Il n'y a plus de chômage. L'alcoolisme qui a si longtemps sapé les forces vives de la population a été éradiqué. Nous vous serions très reconnaissants si vous pouviez le faire savoir. Vous nous aideriez ainsi à changer l'image négative que les États-Unis veulent donner de notre idéologie. Ils nous font passer pour des monstres guerriers, mais nous ne souhaitons qu'une seule chose : la paix.

« À présent, il faut établir le programme de votre séjour. Notre pays est immense, et tout doit être planifié. Pourriez-vous dresser la liste des instituts et des laboratoires que vous aimeriez visiter ? »

Je n'en reviens pas ! Elle me remet un formulaire sur lequel il me suffit d'écrire le nom des scientifiques que je souhaite rencontrer. Depuis le début de ma carrière, j'ai établi bon nombre de contacts avec des scientifiques de l'URSS et je n'ai aucune peine à inscrire une liste de chercheurs, tant à Moscou qu'à Leningrad, à Simpheropol en Crimée, ou encore à Burakan en Arménie. Cela ne représente pourtant qu'une petite partie du territoire que je rêve de visiter. Au mur, une carte de la vaste Russie attire mon regard. Je me souviens d'avoir envoyé, quelques années auparavant, un manuscrit à l'Institut de géophysique de Samarcande, mais impossible de retrouver le nom de mon correspondant. Je mets quand même cet Institut sur ma liste, on ne sait jamais !

Après quelques coups de téléphone, il m'est proposé dans l'ordre chronologique : l'Arménie (Burakan), Leningrad, Moscou, Simpheropol et Samarcande. Je me sens de plus en plus euphorique ! Quelle chance ! ! Même Samarcande a marché ! Du moins sur le papier.

Hungarian goulash

Le soir je loge au « Budapest », un grand hôtel de l'époque tsariste. Un chauffeur de taxi m'y dépose. Je lui propose un pourboire. Il me répond : « En URSS, les pourboires sont interdits. Lénine les a qualifiés d'insultes aux travailleurs. » Puis, à voix basse : « Mais il nous plaît d'être insultés. »

Je sors de la voiture avec mes valises. Devant l'imposant

perron, des porteurs en livrée beige sont plongés dans une discussion qui semble sans fin. Pas un ne bouge. Intrigué, j'attends un long moment.

Le chauffeur de taxi me rappelle dans la voiture, ferme les portes et me confie, à voix basse : « Ne perdez pas votre temps à attendre. Je vous conseille de vous occuper vous-même de vos valises. » Et, d'une voix grave, à l'accent rocailleux, si typique des Russes, il ajoute : « *My friend,* il est plus facile de faire la Révolution que de changer l'âme d'un peuple ! »

Cet épisode fut le premier d'une série d'événements qui ponctueront mon séjour en URSS. À point nommé, une personne survient et discrètement m'explique ce qui se passe. Ainsi se créent des îlots de vérité dans l'océan du mensonge officiel qui semble avoir submergé le pays.

Dans le hall en marbre, enrichi de tentures de velours rouge, des employés sont affalés dans des fauteuils de cuir où, sans doute, il y a quelques décennies, se prélassaient des princes et des duchesses. À la réception, les formalités se succèdent : remplir une fiche d'identité, montrer mon passeport, présenter ma lettre d'invitation. Surprise : rien n'a été réservé pour moi. Inévitables coups de téléphone. Je suis prié d'attendre qu'on m'appelle.

Et, comme au consulat à Bruxelles, aucun siège n'est libre. Il y a une grande agitation près d'un ascenseur, monument en fer forgé décoré de miroirs biseautés. Assis sur une de mes valises, j'observe la scène. Un groupe de gens s'apprête visiblement à le prendre d'assaut. De très haut dans la cage parviennent des bruits métalliques, des claquements secs qui manifestent une activité certaine.

La cabine arrive enfin. En sort une femme de forte corpulence, vêtue d'un bleu de travail. Elle repousse énergiquement la foule entassée devant le portillon pour permettre à deux autres matrones de la suivre. L'une porte un énorme seau de peinture sans couvercle, l'autre une boîte contenant pinceaux et rouleaux. Aussitôt, grande bousculade pour s'entasser dans l'ascenseur, rapidement bondé. Les portes se referment et laissent en rade quantité de gens muets, qui ne manifestent pas le moindre mouvement d'humeur. Encore une chose que je rencontrerai souvent durant mon séjour : la résignation silencieuse.

À la réception, ma lettre d'invitation de l'Académie me sert à nouveau de sésame. On m'attribue une chambre au quatrième étage. Valises à la main, j'attaque le monumental escalier de marbre. À peine ai-je gravi quelques marches qu'un jeune homme accourt et me propose son aide. J'accepte volontiers. Il me dit avec un clin d'œil : « Vous comprenez, avant la Révolution, les ascenseurs étaient interdits aux ouvriers. Depuis, ils veulent en profiter, c'est normal ! »

Nous arrivons au premier étage. Dans le couloir, trois matrones sont assises autour d'un grand bureau encombré de crayons, d'agrafeuses et autres gommes. Deux bavardent en tricotant. La troisième, qui semble cheftaine du groupe, écrit laborieusement quelque chose sur une grande fiche. « Où allez-vous ? » demande-t-elle. Mon accompagnateur traduit. Il explique que je suis ici à l'invitation de l'Akademia Naouki et montre la lettre. Le sésame fonctionne à nouveau : nous pouvons reprendre notre ascension. Est-il sérieux ou moqueur quand il m'affirme : « Il y a beaucoup de vols dans ces hôtels et l'État veille à la sécurité de ses hôtes » ? Même rituel à chaque palier. Au quatrième, je dois de nouveau présenter mes documents qui seront scrupuleusement vérifiés par les trois préposées (il n'y a plus de chômage en Russie...). Je peux enfin entrer dans ma chambre ! Un brin parano, je l'inspecte de fond en comble, à la recherche d'éventuels micros cachés !

Il est déjà 7 heures du soir et j'ai faim. La documentation de l'hôtel fait mention d'un restaurant « de réputation internationale » au dernier étage. Je m'y rends par l'escalier. Je pénètre dans une grande salle, richement décorée de tentures et de tapisseries anciennes, éclairée par de volumineux lustres de verroterie.

La plupart des tables sont occupées par des groupes qui mangent en silence. J'en repère une qui est libre et m'y installe. Une porte claque bruyamment derrière mon dos. Un imposant derrière apparaît : une dame chargée d'un lourd plateau d'assiettes et de bouteilles. Personne ne s'occupe de moi. J'essaie d'attirer l'attention des serveuses. Elles m'ignorent. Je m'enhardis et élève la voix. En vain. Je me lève. Sans résultat. Je me démène, invente de grands gestes accompagnés de « Hello » répétés. Suis-je invisible ?

C'est alors qu'un homme, plutôt costaud, installé devant une bouteille de vodka, m'interpelle en anglais : « Venez donc vous asseoir à ma table. Si vous restez à celle-ci, vous ne serez jamais servi !

— Pourquoi ?

— Cette table ne "travaille" pas ce soir ! »

Je le regarde, intrigué. « Que dites-vous ?

— Vous voyez ce petit drapeau au centre de la mienne ? La vôtre n'en a pas. » Évidemment, c'est clair. Mais comment aurais-je pu le deviner ?

J'accepte son invitation et prends place en face de lui. Il m'offre de la vodka dans un grand verre. Affamé comme je le suis, je crains l'effet de l'alcool. Je n'en avale que quelques gorgées et la tête me tourne déjà. Lui a vidé la moitié de la bouteille et ne semble pas ivre ! J'ai l'impression de me trouver dans un roman de Dostoïevski !

« *Where are you from ?* » me demande-t-il d'une voix profonde, bien russe dans sa façon d'accentuer lourdement les syllabes sonores.

« Du Canada ! »

Et le voilà pris d'une intense hilarité, « Ah, ah ! ah ! », tapant du poing sur la table : « *It's impossible, my friend. You cannot be from Canada !*

— *Why ?*

— Hier, j'ai vu à la télé un match de hockey qui opposait le Canada à notre pays. Les Canadiens sont grands et larges comme des portes. »

Fort satisfait de lui-même, il se répète plusieurs fois tout en s'esclaffant, dans une sorte de délire éthylique. La vodka a finalement produit son effet ! Je lui indique que je suis affamé et que j'aimerais manger quelque chose. Il se lève et va chercher un menu. C'est un grand cahier de plusieurs dizaines de pages, relié en cuir repoussé, doré sur tranche, enrichi d'enluminures. Sur un papier de qualité, les plats sont énumérés et décrits dans un style ampoulé, en quatre langues : russe, anglais, français et — nous sommes à l'hôtel Budapest ! — en hongrois.

Me voilà bien dans l'embarras. Que commander : tournedos ? côtelettes d'agneau ? saumon grillé accommodé à diverses sauces ? Le menu se lit comme une ode à la gastronomie. J'hésite entre trois plats particulièrement appétissants, puis j'arrête mon choix. Mon compagnon appelle la serveuse et je lui désigne les mets choisis sur la carte. Elle se penche, ajuste ses lunettes et, après un long moment, d'une voix lourde et fatiguée, déclare : « *Niet* » (prononcer : *niiiééétte*). Je tourne les pages et indique mon deuxième choix. Même scénario : « *Niet.* » *Idem* pour mon troisième choix : toujours *niet*. Je prie mon compagnon de lui demander ce qu'il y a. « *Hungarian goulash.* » J'aurais dû y penser : nous sommes à l'hôtel Budapest ! La serveuse prend ma commande sur un carnet et repart vers la cuisine. Je profite de l'occasion pour tenter de me renseigner sur la vie quotidienne en Russie et questionne mon compagnon. Que fait-il ? Il est ingénieur. C'est fou le nombre d'ingénieurs que je rencontrerai durant ma visite en URSS ! En URSS, tout le monde est ingénieur de quelque chose. Lui, c'est en informatique. Est-il marié ? « Non », répond-il, l'air de dire « Quelle drôle d'idée ». À quoi s'intéresse-t-il ? À l'informatique, pardi ! Et aussitôt, il entreprend un long exposé technique auquel je ne comprends rien. Plusieurs fois, j'essaie de changer de sujet, de parler de la vie quotidienne. Mais rien à faire : pour lui, il n'y a que l'informatique ! Il ne s'interrompt que pour m'inviter à boire. La bouteille de vodka continue de se vider à vue d'œil !

La tête me tourne de plus en plus. Je surveille la porte de la cuisine. Elle reste obstinément fermée. Il est près de 11 heures et je n'ai rien mangé depuis midi. J'interromps mon compagnon au milieu d'une tirade pour lui rappeler que j'attends mon goulache. Il se lève d'un bond. Direction : la cuisine, où il disparaît. Il revient et m'explique qu'il a trouvé la serveuse en train d'écrire à sa mère. Elle le lui avait promis, mais n'en avait rien fait depuis des semaines ! Alors, pour une fois qu'il y avait un peu moins de monde à servir…

Le goulache est froid, fade et manque de sel. Il n'y en a pas sur la table. J'ai trop faim pour protester : je le mange jusqu'à la dernière bouchée.

Nietchevo

Journée libre à Moscou. Mon départ pour Erevan (prononcer « Iérévanne ») est pour le lendemain. La foule moscovite me fascine. J'erre longuement parmi tous ces gens. La variété des vêtements et des visages rappelle l'immensité du territoire de l'URSS qui va de l'Ukraine au Kamtchatka, de la mer de Barents à la mer Caspienne.

Nous sommes en mars. Il neige abondamment et d'épaisses giboulées tombent sur la ville. Les larges trottoirs de l'avenue sont noirs de monde. Je suis la foule mouillée qui progresse de plus en plus lentement. Pendant de longues minutes, nous faisons du surplace. Je suis pris dans un embouteillage de piétons ! Qu'est-ce qui se passe ?

J'essaie d'imaginer ce qui bloque à ce point notre avancée.

Puis, tout s'explique : j'aperçois soudain trois matrones qui balayent vigoureusement la neige sale et mouillée du trottoir vers le caniveau, sans la moindre considération pour les passants. Voulant éviter de se faire éclabousser, ils attendent le moment propice pour traverser en courant l'endroit périlleux, formant ainsi un bouchon… de piétons !

Le plus déroutant pour moi, c'est l'absence totale de protestation. À Paris ou à Montréal, on en arriverait presque à l'émeute. Ici, nulle rébellion. La résignation est muette. Je saisis alors le sens profond du mot *Nietchevo* si souvent associé à la population russe : « Ça ne fait rien. »

Sur la place Rouge, je décide d'aller au mausolée de Lénine, d'où la dépouille de Staline a été enlevée quelques années auparavant. On m'indique où me rendre. La file d'attente est longue à n'en plus finir. Les parapluies protègent de la pluie fine et glacée qui a succédé à la neige. Je me demande si je vais entreprendre cette visite. La vitesse à laquelle nous progressons m'en dissuaderait plutôt !

Mais un homme en costume militaire, mitrailleuse au poing, s'avance vers moi et me demande mes papiers. Après avoir vérifié mon identité, il me désigne un autre soldat, à une trentaine de mètres plus avant le long de la queue. « Allez vers lui ! » me dit-il. Je m'exécute sans discuter ! À son tour, celui-ci regarde mon passeport et m'envoie vers un autre de ses congénères, quelques dizaines de mètres plus loin.

Et voilà que, de soldat en soldat, je remonte la file complète. Je parcours ainsi plusieurs centaines de mètres dans la peau d'un resquilleur. À chacune de mes étapes, je m'attends à ce que les gens dans la queue me fusillent du regard. Pas du tout : j'arrive au pied du mausolée dans l'indifférence la plus totale. *Nietchevo !*

N'ayant aucune envie de renouveler mon expérience de la veille au restaurant Budapest, je décide d'aller dans un supermarché et d'acheter des provisions, que je mangerai dans ma chambre. Me dirigeant vers les présentoirs, on m'indique qu'il faut d'abord faire la queue pour retirer des bons d'achat.

Problème : la caissière ne parle que le russe. Quant à moi, les seuls aliments dont je connaisse le nom dans cette langue sont : pain, fromage et bière. Encore une chance ! Ce soir-là, mon menu est à la hauteur de mes connaissances linguistiques. Dès ce frugal repas achevé, je me plonge dans mon dictionnaire français-russe. Inutile de préciser que, dans de telles conditions, les progrès sont rapides.

CHAPITRE 16

À Erevan, en Arménie

Le lendemain, à l'aéroport, en partance pour Erevan, une foule compacte de voyageurs est massée devant le comptoir. Les valises, manifestement fatiguées, sont entourées de grosses ficelles et semblent avoir été hâtivement bouclées. Les nombreux paniers en osier, ajourés comme ceux qui permettent le transport d'animaux vivants, sont vides. D'ailleurs, il n'en sort aucun bruit ! Nouvelle bizarrerie qui devra trouver sa réponse : pourquoi ces paniers vides ? Une fois à bord, leurs propriétaires les entasseront dans les compartiments à bagages, au-dessus des sièges, et parfois sur leurs genoux.

Confronté à ces situations inhabituelles, mon attention est toujours en éveil et j'enregistre chaque fait, chaque événement insolite, en me promettant d'en trouver l'explication. Ce fut une attitude constante durant tout mon stage en URSS.

Impossible pour moi de lire plus de dix minutes dans un appareil soviétique. Sans doute intrigué par mon aspect vestimentaire, quelqu'un ne tarde jamais à m'aborder avec l'inévitable question « *Where are you from ?* ».

Aussitôt le mot « Canada » prononcé, on me souhaite la bienvenue et la conversation s'engage. En général sur la vie en Amérique (de chez eux, le Canada et les États-Unis se confondent !). D'autres personnes s'approchent bientôt, d'autres encore se penchent sur le dossier de leur siège et, en peu de temps, un petit groupe de curieux se forme.

Certains se chargent de la traduction russe-anglais des questions et des réponses. Il n'est pas rare que l'on me demande : « Pourquoi nous détestez-vous tellement ? Nous voulons vivre en paix avec vous ! Savez-vous qu'en russe le mot *mir* veut dire à la fois "monde" et "paix" ? » (Combien de fois ne m'a-t-on pas servi cette histoire !) Tout cela crée une ambiance finalement assez sympathique et chaleureuse. Il arrive parfois que même le pilote vienne faire un tour !

À l'aéroport d'Erevan, je remarque un groupe d'hommes qui semblent m'attendre. L'un d'entre eux s'approche de moi, souriant. « Nous venons de l'université d'Erevan et nous sommes très heureux de vous accueillir. Nous espérons que votre séjour sera des plus agréables. Soyez en tout cas assuré que nous allons nous y employer. » Les autres le rejoignent et, chacun me tendant la main tour à tour, m'adresse des paroles de bienvenue.

Dans le hall de l'hôtel Erevan où je suis logé, nous poursuivons la conversation, tous assis autour d'une table. Chacun m'explique le sujet de ses recherches et m'invite à venir dans son laboratoire discuter avec ses collègues. L'une des vertus du métier de scientifique est qu'il ne manque pas de sujets qui facilitent le contact et fournissent une excellente entrée en matière pour faire connaissance.

L'un des chercheurs me dit : « Nous avons établi à votre intention un programme alternant conférences et excursions pour vous faire découvrir notre beau pays. Aujourd'hui dimanche, nous visiterons Erevan. Demain, nous irons à Etchmiadzine, le Vatican des Arméniens. Mardi, nous passerons la journée à l'université, dans nos laboratoires. Mercredi, nous irons dans les montagnes du Caucase voir les monastères du ve siècle. Jeudi, nous irons à notre observatoire astronomique de Burakan où notre Grand Académicien, Ambartsumian, vous attend. Puis nous reviendrons à l'université rencontrer d'autres physiciens. Dimanche, vous prendrez l'avion pour Moscou.

Je fais aussitôt remarquer que l'agenda prévoit cinq jours en Arménie et non sept. « Impossible, m'objecte-t-on, il n'y a qu'un avion hebdomadaire pour Moscou et c'est le dimanche. Nous aurons donc le plaisir de vous garder avec nous une semaine entière ! » Que dire ? Mais là encore je note intérieurement : « Information à vérifier ! »

À l'hôtel, le service est bon et le personnel agréable. Commence alors pour moi une plongée dans le cumin, que je n'oublierai pas de sitôt. Non seulement les plats en sont fortement assaisonnés, mais j'en retrouve l'odeur partout. L'utilise-t-on ici comme antimite dans les armoires ? Je n'ai pas pu vérifier ! Toujours est-il que les draps sont imprégnés de son parfum et que j'y fais une véritable allergie !

Le lendemain, comme prévu, nous partons pour Etchmiadzine. Ce lieu est pour les Arméniens, me disent mes amis, l'équivalent du Vatican pour les catholiques. Ils me rappellent que c'est l'Arménie qui, la première, en 304, adopta le christianisme comme religion officielle. Rome, sous l'empereur Constantin, n'en fit autant qu'en 312.

Lénine ayant décrété que la religion est « l'opium du peuple », je suis très étonné de l'importance accordée à ce calendrier historique dans un État officiellement athée !

Nous arrivons dans un immense monastère. Un homme, grand, mince, d'apparence ascétique et vêtu d'une soutane noire, nous y reçoit. J'imagine une mise en scène de l'Intourist. Un peu comme dans ces villes-musées du Far West américain, où vous êtes accueillis par un shérif, des cowboys, un croque-mort et des filles de saloon en costume d'époque.

Le prêtre nous emmène visiter le musée. L'endroit est sombre, et là aussi il règne cette odeur de cumin. Elle est décidément partout !

Nous arrivons devant une longue épine, conservée sous verre et éclairée par une lumière rasante, que notre hôte nous présente comme une relique de la couronne du

Christ. Je lui dis, d'un air entendu : « Il y en a combien comme ça dans le monde ? » Il me fusille du regard : « Celle-ci est vraie ! » Décidément, j'ai tout faux. Il ne s'agit pas d'une reconstitution historique pour touristes. Tout cela est éminemment sérieux !

Je range aussitôt mon scepticisme semi-moqueur et j'enregistre gravement tout ce qu'il nous raconte, ponctuant ses propos de quelques « Remarquable », « Extraordinaire ». Je formule des questions dans le plus grand respect de la tradition.

Notre guide nous mène maintenant devant une grande vitrine dans laquelle est exposée une poutre de bois noir dans un état de dégradation avancée. Il s'agit, dit-il, d'une pièce de l'Arche de Noé, trouvée sur le mont Ararat. Puis il ajoute : « Mais nous n'en sommes pas tout à fait certains. » Je garde les yeux au sol.

Contrairement aux prétentions du régime, des décennies de communisme n'ont donc pas réussi à éradiquer le sens religieux. En Arménie, les traditions sont toujours présentes, histoire de montrer aux visiteurs que cet État n'est pas simplement une colonie russe.

Un événement vient renforcer ce constat. Nous sommes cette fois dans les montagnes du Caucase. Nous visitons des églises d'une beauté austère. Je fais remarquer l'inspiration manifestement romane de ces édifices. « Vous inversez la situation, corrige emphatiquement notre accompagnateur. Ces églises sont de plusieurs siècles antérieures à vos églises romanes. C'est l'art roman qui est d'inspiration arménienne », complète-t-il, avec des accents indéniables de fierté.

Le soir, je suis invité à l'Opéra pour entendre *Eugène Onéguine* de Tchaïkovski. En URSS, l'idéologie fait feu de tout bois et on ne perd pas une occasion d'« éduquer » le peuple : le suicide d'Eugène Onéguine, quand la belle Tatiana le repousse, offre l'occasion de fustiger la décadence des mœurs du temps des tsars.

Une chose m'étonne : je constate que, contrairement à nos pays, où ce sont surtout les personnes âgées qui vont à l'opéra, les adolescents ici constituent une fraction importante du public. Mes hôtes se plaisent alors à me faire remarquer l'importance de l'éducation populaire en URSS. J'avais déjà noté, il est vrai, à quel point les disques et les livres sont bon marché. Même si leur qualité est médiocre, ils sont largement distribués et facilement accessibles à tous. J'en ai d'ailleurs rapporté des quantités…

La musique est belle, les interprètes jouent bien. L'auditoire est attentif et réceptif. Pourtant, peu après le début du dernier acte, un étrange manège attire mon attention.

J'entends des pas précipités derrière moi. Je me retourne, et j'aperçois un jeune homme qui remonte les escaliers d'un pas furtif. Il sort de la salle, suivi d'un autre, et d'un autre encore. Ils sont plusieurs à se lever ainsi, et plus encore lorsque la mise en scène exige que le plateau s'assombrisse. Pourquoi ? Mystère ! Comme j'en ai pris l'habitude, j'ajoute cette question à toutes celles que j'ai déjà gardées en mémoire.

Parmi les gens que je côtoie, j'apprends peu à peu à distinguer les langues de bois de ceux qui, au contraire, me voyant dans l'incompréhension, ont à cœur de m'éclairer. Je les appelle les « anges gardiens ».

Parmi les premiers, l'hôtesse d'un musée d'art socialiste à qui je demande, faussement naïf — car je m'attends à la réponse —, de voir la salle d'art contemporain :

« Il n'y en a pas ici ! me répond-elle.

— Pourquoi ?

— Parce que les gens ne s'y intéressent pas.

— Mais comment le pourraient-ils s'ils ne peuvent voir les œuvres ? Ne pourriez-vous pas en présenter quelques-unes ?

— Ce serait une perte de temps. Personne ne viendrait les voir. »

Parmi les seconds, Micha, un étudiant qui m'accompagnait à l'Opéra. Lorsque nous nous retrouvons, le lendemain, il me prend à part, m'emmène marcher le long d'une voie ferrée désaffectée et me dit : « J'ai remarqué votre surprise hier… Je pense que je vous dois une explication sur la raison de ces départs prématurés. Mais surtout, promettez-moi de ne pas en parler, j'aurais de sérieux problèmes. Voilà : pendant leur dernière année au lycée, les jeunes doivent o-bli-ga-toi-re-ment aller à l'Opéra. C'est considéré comme faisant partie de leur éducation culturelle. Un régisseur relève leur identité lorsqu'ils arrivent, mais il quitte la salle pendant la pause… »

Nietchevo

« Le Matenadaran est une bibliothèque qui possède les plus vieux livres de la culture arménienne. Certains manuscrits sont d'avant Jésus-Christ », m'affirment mes hôtes. Nous y sommes accueillis par une dame qui nous conduit dans une grande salle.

Au centre, des dizaines de personnes s'agglutinent autour d'une vitrine, tandis que d'autres font la queue en attendant de pouvoir y accéder. Notre hôtesse frappe dans ses mains et lance quelques mots d'une voix forte et autoritaire. En un seul mouvement, les gens refluent vers les murs.

Nous sommes alors invités à nous approcher et entendre une description détaillée de chacun de ces précieux manuscrits. J'ose à peine croiser le regard de ceux qui ont été écartés pour nous céder la place.

Aucune réaction, seulement une grande résignation. « *Nietchevo.* » Je sens poindre en moi une profonde antipathie à l'égard de celle qui nous reçoit. Je n'arrive pas à écouter ce qu'elle nous dit. Ses sourires bienveillants ne me touchent plus. J'ai hâte de sortir de là.

CHAPITRE 17

À l'observatoire de Burakan dans le Caucase

À plusieurs reprises j'ai eu l'occasion de constater que, si l'URSS est officiellement athée, elle a ses propres temples et ses propres divinités : entre autres, les académies et les académiciens. J'avais déjà pu percevoir le prestige accordé aux instituts scientifiques chaque fois que j'avais présenté la lettre d'invitation de l'Académie des sciences, dont les pouvoirs étaient quasi magiques. J'en ai eu la confirmation lorsque le « Grand Académicien » arménien Ambartsumian me reçoit dans son observatoire de Burakan, juché sur les hauts sommets du Caucase.

Je connais bien les travaux d'Ambartsumian. Il a présenté une théorie tout à fait novatrice sur l'origine des étoiles. Il rejette l'idée généralement admise qui attribue leur naissance à l'implosion d'un grand nuage de matière interstellaire. Il suggère au contraire une explosion initiale. À partir d'un état antérieur encore inconnu, les astres apparaîtraient soudainement dans notre espace-temps, à l'instar du Big Bang pour l'ensemble de l'Univers. Aucune observation n'ayant encore étayé cette théorie, le rôle de son observatoire est d'en trouver...

Cinq jeunes chercheurs viennent me chercher à Erevan à l'heure convenue pour monter à l'observatoire. Nous partons dans un brouillard qui s'épaissit au cours de l'ascension et j'ai tout le loisir d'interroger mes compagnons sur leur sujet de recherches.

« Nous travaillons à prouver la valeur de la théorie d'Ambartsumian.

— Et si elle n'était pas fondée ? » plaisantai-je. Un silence glacial accueille ma question. J'ai l'impression d'avoir commis un crime de lèse-majesté ! J'essaie de rattraper ma maladresse par un « Décrivez-moi votre programme de recherches ». Un peu détendus, ils m'exposent leurs travaux, les calculs qu'ils effectuent pour confirmer les idées de leur patron. Ce qui me frappe, c'est leur absence de sens critique. Un comble pour des chercheurs ! À chaque objection formulée, je reçois invariablement la même réponse : « Ambartsumian n'est pas d'accord. Ambartsumian affirme cela. »

La situation commence à me déplaire sérieusement. Je me demande comment je vais réagir. Je me connais, et je sais que je peux devenir narquois. Je vais devoir me contrôler et me prépare déjà à passer un moment désagréable. Nous finissons par arriver à l'observatoire vers 13 heures. Des rideaux de pluie nous privent des magnifiques paysages de montagne. À l'intérieur du bâtiment, les étudiants me font traverser les longs couloirs froids et humides qui conduisent au bureau d'Ambartsumian. Une secrétaire nous reçoit et nous installe dans une pièce attenante. Nous nous asseyons sur des chaises peu confortables, aux dossiers aussi raides que droits. Nous attendons un long moment.

Nous pénétrons enfin dans son grand bureau, plein de revues et de livres d'astronomie. Au mur, des images de familles d'ouvriers aux mines heureuses sous l'œil paternel de Lénine. Un petit homme âgé, trapu, le sourcil en bataille, vient vers moi et me souhaite la bienvenue avec un sourire accueillant. Nous ayant fait asseoir, il dit avoir quelques questions à me poser. La discussion s'installe et, peu à peu, je découvre un homme simple, sans arrogance ni autoritarisme, l'inverse du profil psychologique que m'avait laissé entrevoir la description qu'en avaient fait ses élèves. J'ai avec lui un long entretien scientifique comme je les aime.

Il écoute les réserves que j'émets sur sa théorie et me semble conscient des faiblesses que je lui signale. Les jeunes chercheurs écoutent en silence. Cette situation m'intrigue réellement : comment cet homme, apparemment si simple et si affable, peut-il susciter des attitudes aussi rigides de la part de ses étudiants ? Il est au courant de mes travaux et connaît bien la question de l'origine des éléments légers. En particulier, je lui fais valoir que les mesures que je propose pourraient être fort utiles pour tester ses hypothèses sur la naissance des étoiles. Il semble convaincu et prêt à soutenir le projet de réaliser ces expériences de physique nucléaire à l'université d'Erevan. En fait, ce programme ne se réalisera jamais.

Il est maintenant 14 heures et la faim me tenaille sérieusement. Aussi, je suis ravi quand Ambartsumian propose : « On pourrait peut-être manger quelque chose ? » donnant aussitôt des ordres par téléphone. Quelques minutes plus tard, une dame entre, portant un lourd plateau avec de la vodka, de grands verres et des sandwichs. Solennel, il se tourne vers moi et déclare : « Nous avons ici une tradition de porter des toasts arméniens. » Tous avalent cul sec le contenu de leur verre.

De retour à Erevan, on me fait visiter les laboratoires de l'université. Les locaux sont sombres, sales, et sentent le cambouis. Les appareils semblent dater d'avant la guerre de 14. Ils me rappellent ceux qu'à l'université de Montréal on s'empressait de mettre à la casse pour s'en procurer de nouveaux. Des fils électriques dénudés courent dans tous les sens, les prises de courant grésillent dans l'obscurité. Sur des boîtes vides qui traînent jusque dans les toilettes, on voit le logo des substances radioactives. Devant un spectacle aussi déconcertant, la question que je me pose depuis le début me revient, presque lancinante : mais comment ces gens ont-ils pu réussir leurs missions lunaires ? !

Par beau temps depuis Erevan, on peut voir le mont Ararat. Mais il est souvent caché par les masses nuageuses que les vents accumulent autour de son sommet. Ce n'est que le jour de mon départ que, de l'aéroport, je peux enfin l'apercevoir, émergeant de la brume épaisse. Sortant mon appareil photo, je prends un cliché du mont Ararat. « C'est interdit ! Cet aéroport sert aussi de base militaire », me soufflent mes compagnons en me désignant un soldat qui accourt en hurlant. Large poitrine bardée de décorations, kalachnikov en bandoulière, il est à la fois typique et caricatural. Tout en continuant de vitupérer, il m'arrache l'appareil des mains et s'apprête à l'ouvrir. Deux simples mots, prononcés par l'un de mes compagnons, vont me sauver : « Akademia Naouki ! » L'homme s'arrête net. Il me restitue mon bien et, se confondant en excuses, il nous invite même à prendre un café. Une fois encore, je suis ébahi par le pouvoir de l'Académie des sciences, par l'effet magique que produit son nom. « Vous avez plus de chance qu'Alexandre le Grand, me dit-il alors que nous sommes tous autour d'une table en plastique, à la cafétéria de l'aéroport. Il est resté quinze jours à Erevan sans jamais voir le mont Ararat, toujours dans les nuages. Quand il est parti, il s'est exclamé en se tournant dans sa direction : "Dommage, Ararat, tu n'auras pas vu Alexandre !" »

L'avion est annoncé, c'est le moment de se séparer. Mes amis me saluent une dernière fois. En même temps qu'Ararat, un autre sommet a émergé des nuées. Avec une solennité tout orientale, les désignant tous les deux, un de mes compagnons déclare : « Un vieux proverbe arménien affirme que les montagnes ne se rencontrent jamais mais que les vieux amis finissent toujours par se retrouver. »

Dès l'embarquement, un des mystères restés en suspens à l'aller s'éclaircit : celui des paniers d'osier. Ils sont à nouveau là en nombre, mais ils ne sont plus vides. Des coqs, des poules, des lapins y sont entassés. Il y en a partout : sur les genoux des paysannes, sur les sièges, dans les coffres à bagages, et ça sent… La carlingue résonne de cette cacophonie fermière et nous avons bien du mal à entendre les annonces des hôtesses de l'air.

C'est que les billets d'avion sont bon marché en URSS et les produits frais très rares et chers à Moscou. Le calcul est simple : un panier de fruits vendu au marché compense largement le prix du voyage aller-retour.

Je demande à une hôtesse s'il est exact qu'il n'y ait qu'un seul vol hebdomadaire Erevan-Moscou. Pensant sans doute que je prends l'Arménie pour un pays sous-développé, elle me dévisage, l'air offusqué : « Ce sont des villes de plusieurs millions d'habitants, Monsieur. Il y a plus de cinq vols quotidiens ! » J'insiste : « Peut-être faut-il réserver longtemps à l'avance ?

— Non, l'avion n'est jamais plein. Voyez vous-même », répond-elle, en montrant les sièges inoccupés. Je suis troublé : pourquoi ces mensonges de la part de mes hôtes ? Pour que je reste une semaine entière en Arménie ? Mais pourquoi ? Non pas que je le regrette, au contraire… La réponse viendra plus tard.

CHAPITRE 18

À l'université de Moscou : Ya Zeldovitch

À Moscou, Sacha, ami de Svetlana de Leningrad, m'invite à prendre le thé dans la chambre de son amie Olga, dans une résidence de filles de l'université de Moscou. Je m'y rends en métro. Sacha m'attend à la porte de l'immeuble. Nous allons au douzième étage et l'ascenseur est en panne. Il est déjà bien tard lorsque nous montons jusqu'à la pièce minuscule où se trouvent déjà une dizaine d'étudiantes, assises sur le lit ou par terre. On fait les présentations.

La conversation va bon train. Sur la table, un petit camping-gaz a bien du mal à chauffer l'eau dans une imposante bouilloire. Le temps passe. Sacha s'impatiente. Olga essaie de le calmer, mais soudain il s'énerve : « Tu sais bien que si les étudiants n'ont pas quitté la résidence des filles avant minuit, ils risquent d'être exclus de l'université. » Il est moins cinq ! Nous bondissons tous deux dans l'escalier, que nous dévalons à toute allure. Devant la sortie, une matrone, l'air sévère, montre une grosse clef : « C'est trop tard. »

Mes réflexes sont désormais au point. Je sors la lettre d'invitation de l'Académie des sciences et, sur-le-champ, la situation change du tout au tout. Nous avons droit à ses excuses, elle nous ouvre la porte et s'efface pour nous laisser passer.

Dehors, Sacha et moi convenons de revenir le jour suivant. Il apportera un brûleur plus puissant.

Le lendemain, à l'hôtel, la responsable de l'Intourist m'attend :

« Votre ami Sacha a téléphoné. Vos amis ne pourront pas vous recevoir ce soir. Ils sont en période d'examens et consacrent leurs soirées à l'étude.

— Je ne resterai que quelques minutes.

— Malheureusement, nous n'avons pas de voiture à mettre à votre disposition.

— Qu'à cela ne tienne, je prendrai le métro.

— Vous risquez de vous perdre. C'est compliqué.

— Mais non, je suis familier du métro.

— Il serait fort ennuyeux pour nous d'apprendre que vous avez eu des difficultés. Il en va de notre sens de l'hospitalité. »

Ces mots sont dits sur un ton autoritaire qui ne permet aucune protestation.

Ya Zeldovitch

Le jour suivant, je rencontre le cosmologiste Ya Zeldovitch et son équipe de théoriciens. Nous avons une discussion passionnante sur la théorie du Big Bang à laquelle il est profondément attaché et qu'il a déjà puissamment contribué à développer.

Il connaît mes travaux sur la nucléosynthèse et promet de m'accorder son appui pour mon projet d'expérimentation nucléaire, reconnaissant qu'il s'agit là de données cruciales pour l'évolution de l'astrophysique nucléaire. Je n'en entendrai plus jamais parler.

Il me propose de me ramener à mon hôtel dans sa voiture. « Je vais chez mon dentiste », me dit-il. Il a son cabinet privé. Pendant le trajet, nous commençons à parler politique. Lui aussi pense que le communisme est le meilleur des systèmes. Comme je m'étonne du fait qu'il consulte un dentiste privé, il me répond avec un clin d'œil : « Je suis peut-être communiste, mais je ne suis pas fou. »

Sa façon de penser, la vigueur de son esprit, son humour m'ont séduit, et les heures que j'ai passées avec lui ont été les plus fructueuses de mon séjour en URSS. Je l'ai revu en diverses circonstances, plusieurs fois avant sa mort.

CHAPITRE 19

À l'observatoire de Pulkhovo

À Leningrad, je suis accueilli par l'adjoint du directeur de l'observatoire de Pulkhovo, ainsi que par une représentante de l'Intourist. Ils m'interrogent sur mon séjour en Arménie puis m'indiquent mon programme pour les jours qui suivent : conférences, visites de laboratoires et, pour les soirées, le ballet du Bolchoï, des danses folkloriques, l'Opéra, etc.

Je leur fais remarquer qu'au-delà de ma mission scientifique, j'aimerais rencontrer des gens du pays, et surtout des étudiants. Outre que je ne suis pas fou de ballet, je leur rappelle que je peux aller au théâtre ou au concert tant à Paris qu'à Bruxelles, non sans leur préciser que, ce qui m'intéresse davantage, c'est approcher et faire connaissance avec ce que l'on appelle « l'âme russe », qui m'a toujours séduit à travers les romans et les films.

Je sens que je viens de toucher une corde sensible et que ma requête pourrait bien recevoir un accueil favorable. Aurais-je trouvé une faille dans ce que j'appelle « le mur de l'Intourist », rideau épais tendu entre les voyageurs et la Russie profonde ? L'agent, peu affable jusque-là, ne peut réprimer un sourire. Le sentiment d'hospitalité si profondément ancré chez les Russes l'emporterait-il sur les directives du Parti ?

L'occasion est trop belle et j'en profite pour communiquer à l'adjoint du directeur mon désir de revoir Svetlana, Tatiana et Xenia (cheveux rouges et collants mauves) qui m'avaient accueilli à l'aéroport. Quelques heures plus tard, elles me rejoignent à mon hôtel. Nous sommes ravis de nous retrouver.

Je suis dorénavant capable de dire quelques mots en russe, ce qui semble les toucher profondément. Elles ont apporté des cartes des environs de Leningrad et nous mettons sur pied un programme des plus attrayants pour les moments de liberté que j'ai obtenus.

Je profite de mes conférences à l'observatoire pour présenter à nouveau mon programme de recherches en nucléosynthèse. On me propose une visite à l'université de Leningrad. Déception… Comme à Erevan, les appareils sont désuets et mal entretenus. Rien qui permette le plus petit espoir de réaliser les expériences que j'aimerais voir mener à bien.

Pendant mon temps libre, je visite le pays avec Svetlana et ses charmantes compagnes. Un matin, en route pour un château voisin, elles sont neuf à prendre le train avec moi. Pas un homme… Je demande : « Mais n'avez-vous pas de maris ? » Réponse : « On voit que vous ne connaissez pas les hommes russes. »

Le musée de l'Ermitage est l'équivalent du Louvre. J'y découvre les impressionnistes russes de la fin du XIXe siècle, dont j'ignorais l'existence. Puis nous voilà dans l'aile du « réalisme soviétique ». J'ai à peine le temps d'apercevoir d'immenses tableaux de fermiers rayonnants juchés sur leur tracteur que déjà Svetlana a refermé la porte : « Nous tenons à ce que vous gardiez un bon souvenir de notre pays. » Je sens que j'ai vraiment traversé le mur de l'Intourist : ici on parle vrai.

Le moment me paraît opportun pour poser des questions sur l'art contemporain. Svetlana me parle alors d'un de leurs collègues de Pulkhovo qui tenta de faire exposer des œuvres non figuratives dans les corridors de l'observatoire. Refus catégorique. Dans cet État socialiste, l'art doit porter un message (dynamisant) : son rôle est de promouvoir le communisme. Finalement, et avec l'accord de la direction, les tableaux furent présentés dans une salle. Le succès fut spectaculaire. Le « bouche à oreille » fonctionnant à merveille, même des gens de l'extérieur venaient les admirer.

Mais un matin, un responsable du comité local du Parti communiste téléphone. « Vous faites une grave infraction au règlement. Un inspecteur va venir de Moscou pour constater les faits. » L'inquiétude gagne les organisateurs de l'exposition, qui s'attendent au pire. Un homme se présente, visite l'exposition et dit : « Personnellement, je n'ai guère d'estime pour l'art abstrait. Mais je ne vois là rien qui soit répréhensible. »

Cette histoire me rappelle une expression de mon pays : « La terreur du Bon Dieu qui est à Québec. » Autrement dit : la tyrannie des petits fonctionnaires qui, craignant d'être blâmés, contrecarrent toute initiative et vont bien au-delà de ce que les autorités leur demandent. Ici, cela semble être la règle générale.

Un soir, je suis invité par Svetlana chez un jeune poète. Dans une HLM délabrée, l'appartement est minuscule. Quatre familles se partagent la même cuisine. Le lavabo est insalubre, les robinets fuient. Svetlana me présente à tout le monde. Nous sommes dix-sept à manger des spaghettis carbonara. La chaleur de l'accueil compense la laideur du décor.

Pour commencer la soirée, le jeune auteur déclame ses poèmes. Assis par terre, j'écoute comme une musique la beauté de la langue russe au phrasé scandé et aux finales si caractéristiques. Suivent des chants du folklore ukrainien, accompagnés à la balalaïka. Les verres de vodka circulent et l'ambiance est de plus en plus conviviale.

Un homme m'interroge : « Que pensez-vous du communisme ?

— Votre question me laisse un peu perplexe, lui avoué-je. Avant mon départ pour l'URSS, j'ai reçu une circulaire du gouvernement canadien recommandant aux voyageurs à destination de l'Union soviétique d'éviter de parler politique, précisant que cela pourrait causer des ennuis à ceux qui nous reçoivent. » Un rire général m'interrompt : « Votre gouvernement n'est pas à la page. Nous ne sommes plus sous Staline. Depuis Khrouchtchev, la liberté d'expression est revenue. Fini les tables d'écoute, les dénonciations. »

Cette évolution ne m'est pas inconnue mais je doute pourtant que tout soit devenu si rose, comme me le confirmeront les événements qui suivront. Devant mon extrême réserve, ils prennent alors eux-mêmes la parole et livrent leurs opinions.

« Nous sommes profondément communistes même si nous avons conscience des lacunes et des torts de cette idéologie. C'est un grand et bel idéal qu'il faut cultiver. Comparez le niveau de vie à l'époque des tsars et celui de maintenant. L'éducation populaire a fait de grands progrès. Nous ne manquons ni d'écoles, ni de collèges, ni d'universités. Il y a des hôpitaux partout. » Le discours me semble sincère et raisonnable.

Pourtant, le lendemain, Svetlana frappe à la porte de ma chambre. « Laisse-moi entrer ! » Elle me prévient : « Nous avons des problèmes. Des étudiants doivent venir déjeuner avec toi. Sois discret à propos de la soirée d'hier. Fais attention à tout ce que tu leur diras. »

Un peu plus tard, la réception me téléphone pour me dire que quatre jeunes gens souhaitent me voir. Je descends. Je connais déjà l'un d'entre eux. La veille, il m'a fait visiter son laboratoire de Pulkhovo. La conversation porte d'abord sur ma visite en Arménie. Puis je subodore une subtile tentative pour l'orienter vers la fameuse soirée.

Comme je fais semblant de rien, ils deviennent plus directs. Je donne une réponse volontairement vague, taisant la séquence politique. Ils insistent. Je sens bien qu'ils ne me croient pas, mais je persiste dans mon attitude. Ils se doutent que je ne suis pas dupe, et la fin du repas est rapidement expédiée. Cet épisode me conforte dans l'idée que mes compagnons sont d'une grande naïveté.

Un peu plus tard le même jour, m'accompagnant à l'aéroport, Svetlana me dira : « La soirée d'hier continue à nous créer des problèmes. Quant à toi, tu n'auras plus autant de facilités pour rencontrer les gens. »

CHAPITRE 20

À l'observatoire de Simpheropol en Crimée

Étape suivante : l'observatoire de Simpheropol en Crimée. Le directeur, l'académicien Severny, est un grand spécialiste de la constitution du Soleil. J'ai une kyrielle de questions à lui poser.

À l'aéroport, je suis attendu par un astronome américain, Don York, qui y effectue un stage d'un an. Il doit résoudre un problème délicat : les résultats des observations effectuées à Simpheropol ne coïncident pas avec ceux de son observatoire à Kitt Peak, Arizona. Il est ici avec sa femme et deux petits enfants.

Le télescope de l'observatoire est un Zeiss allemand récupéré et envoyé ici à la fin de la guerre à titre de compensation. C'est un instrument de première qualité dont les performances excellentes n'aident pas à résoudre le mystère. La réponse viendra un peu plus tard quand Don York visitera les chambres noires de l'observatoire, « dans un état de saleté invraisemblable », me dit-il. En analysant une plaque photographique, il y observe une quantité de formes bizarres inconnues jusque-là dans le ciel. Des astres nouveaux ? Non, simplement des marques de doigt d'un laborantin inexpérimenté ! Tout s'explique ! Mais je vois encore s'éloigner la réponse à mon interrogation lunaire.

Un jour, Don me confie son désir d'aller à Sébastopol. Jusque-là ses demandes sont restées vaines. « Peut-être pourrions-nous faire une nouvelle tentative ensemble ? » me propose-t-il.

Après mon premier séminaire, le professeur Severny me remercie avec emphase. S'assurant que je suis reçu convenablement et que je n'ai besoin de rien, il ajoute :

« Nous avons prévu pour vous plusieurs excursions en montagne. Il y a des monastères qui sont creusés dans les falaises, comme les habitations troglodytiques des moines tartares médiévaux. » Je saisis la balle au bond : « J'aimerais beaucoup visiter Sébastopol, si célèbre grâce à la littérature et au cuirassé *Potemkine*. Je souhaiterais y aller en compagnie de mes amis York. Pensez-vous que cela soit possible ?

— Pas de problème ! »

Quelques coups de téléphone plus tard, on m'indique qu'une voiture de l'observatoire nous attendra le lendemain matin à 8 heures pour nous conduire à Sébastopol, à Yalta et dans quelques autres stations balnéaires, « où nous serons à même de constater que tout est fait pour le confort des ouvriers communistes pendant leurs vacances ».

« Tu es un magicien, me dit Dan York. La lettre d'invitation de l'Académie des sciences t'ouvre toutes les portes. » Hélas, pas toutes ! Un minibus noir nous attend dans la grisaille du petit matin. Le nom de l'observatoire est inscrit en lettres cyrilliques sur le véhicule. Nous sommes huit à bord, la famille York et moi à l'arrière, le chauffeur, un interprète et deux autres hommes à l'avant. Qui sont-ils ? Pourquoi sont-ils là ? Sans doute des agents de l'Intourist pour veiller sur notre bien-être. Pas de chômage en URSS !

Nous roulons sur l'autoroute depuis une heure quand une barrière de feux clignotants nous oblige à l'arrêt. « C'est un contrôle de police, préparez vos papiers ! » Après vérification, les policiers s'excusent poliment de nous avoir retardés et nous souhaitent bon voyage. Un peu plus loin, nouveau barrage. Plus loin encore, même scénario ! Don

York se lève et, se dirigeant vers l'avant du bus, demande : « Pourquoi tous ces barrages ? »

Le devant de l'autobus s'active longuement. Finalement, l'interprète nous parle : « Nous sommes à proximité de la Turquie, qui est alliée avec les Américains. Beaucoup d'espions capitalistes arrivent clandestinement par cette côte de la mer Noire que nous longeons depuis un moment. Elle est sous surveillance constante. »

Nous quittons à présent l'autoroute pour emprunter une petite route tortueuse qui épouse les sinuosités de la côte. Après un certain temps, Don York s'approche à nouveau du groupe à l'avant du bus :

« Il n'y a pas de barrage sur cette route. Pourtant, il serait plus logique que ce soit par là que les espions arrivent, plutôt que par l'autoroute. Vos explications ne sont pas les bonnes. » Nouvelles discussions. Chuchotements interminables. Puis, brusquement, l'interprète nous annonce : « Nous arrivons à Sochi, station balnéaire réputée de la mer Noire. »

À l'entrée de la plage de sable fin, une immense pancarte « Vive le Parti communiste », illustrée par l'image de familles folâtrant dans l'eau. Au-dessus, les mots : « Une bonne détente est essentielle à celui qui veut mettre toutes ses forces au service du communisme. » L'acharnement idéologique jusqu'à la plage !

Nous arrivons enfin à Yalta. Visite guidée de ce haut lieu de l'histoire du communisme. Déjeuner dans un grand hôtel. Partout des images de Lénine bénissant des ouvriers au large sourire, sous la bannière frappée de la faucille et du marteau.

Il est plus de 14 heures. La salle à manger est vide. Nous en sommes les seuls convives. Aussitôt attablé, je vois s'installer à côté de nous un groupe de musiciens avec percussions et guitares électriques. Ils se mettent à jouer un mauvais rock'n'roll. La sono est poussée à outrance. On ne s'entend plus parler. Je suggère qu'on leur demande de s'arrêter. Nos agents s'approchent d'eux et discutent longuement.

Appels téléphoniques nombreux. Puis la réponse : « Ces musiciens sont sous contrat avec obligation de jouer quand il y a des clients. »

Je propose un compromis, qui est accepté avec soulagement. Qu'ils aillent s'installer à l'autre bout de la salle. Nous pourrons, enfin, discuter entre nous.

Le service est extrêmement lent. Nos agents nous disent que nous ne sommes pas dans la période estivale et que le personnel est réduit. Mais alors, pourquoi quatre musiciens ? Convention syndicale !

Dessert. Café. Au moment du départ, un agent s'approche et nous dit : « Il y a encore cinq heures de route pour Sébastopol. On n'y arrivera pas avant la nuit. Nous avons pris trop de retard. Nous devons renoncer et revenir à Simpheropol. »

Je regarde Don York. « Tu vois, lui dis-je en haussant les épaules. Cette fois, ma lettre d'invitation n'a pas fait de miracle. » Et je me demande à quoi rime cette aventure. Encore une fois, un sentiment d'irréalité m'envahit.

Le lendemain, un des agents du minibus m'entraîne sur un chemin désert.

« Je vais tout vous expliquer. Hier, il y avait des élections et, ce jour-là, les Russes se soûlent énormément. Les barrages étaient destinés à vérifier l'état éthylique des chauffeurs. N'avez-vous pas remarqué qu'ils n'ont pas épluché nos documents ? Le communisme est censé avoir éliminé l'alcoolisme en URSS. Il faut donc cacher son existence aux étrangers. D'où cette comédie inventant des espions venant de Turquie.

« En outre, Sébastopol est une base militaire, une des plus importantes de l'URSS. Pas de visite possible pour un Russe, encore moins pour un touriste ! Mais de telles bases sont-elles ouvertes au public chez vous ? Ici, la propagande officielle a pour objectif de faire croire à un grand pays pacifique. Ton ami York et toi n'irez jamais à Sébastopol. On ne vous dira pas non, mais on trouvera toujours des prétextes pour que vous n'y arriviez jamais ! »

Oublier Samarcande

De retour à Moscou, je suis reçu dans un bureau de l'Intourist. J'espère y recevoir mon programme pour Samarcande. Une dame me dit : « Il y a un problème. Vous avez pris beaucoup de retard, notamment en restant en Arménie plus longtemps que prévu. Pourquoi n'en êtes-vous pas revenu plus tôt ? La validité de votre visa s'achève demain ! »

Je sais maintenant qu'il est inutile de protester. Tout s'éclaire : mon séjour en Arménie a été volontairement prolongé pour que je ne puisse pas me rendre à Samarcande. Pourquoi ? Tout simplement, sans doute, parce que n'ayant mentionné le nom d'aucun chercheur dans cette ville, ils en avaient déduit, correctement, que j'avais cherché à voyager « aux frais de la princesse ». J'ai vu dans ses yeux qu'elle avait compris que j'avais compris…

Quant à mon interrogation au sujet de l'exploration de la Lune, j'obtiendrai la réponse plusieurs années plus tard de la bouche de scientifiques qui avaient participé à cette aventure. Face aux attitudes généralement hostiles des autres pays, l'URSS avait donné la priorité au développement de son équipement guerrier. Tous les moyens disponibles avaient été mis à la disposition de la puissance militaire. Les forces armées avaient recruté les scientifiques les plus compétents et doté leurs laboratoires de moyens considérables. À l'inverse, ou peut-être en conséquence des limites financières, les observatoires astronomiques, les universités et leurs laboratoires de recherche ne vivaient que de maigres subventions. En tant que visiteur d'un pays étranger, je n'étais évidemment pas invité à visiter ces centres militaires qui m'auraient donné des réponses à mes questions. Tout était là.

CHAPITRE 21

À l'université de Lund en Norvège

Bernard Peters : le trio lithium-béryllium-bore

À Lund, en Norvège, l'étude des rayons cosmiques se poursuivait activement depuis la fin de la guerre sous la direction de Bernard Peters. Grâce à un programme d'expériences dans lequel on envoyait des détecteurs à bord de ballons et de fusées, son équipe et lui avaient fait rapidement progresser nos connaissances. Ils avaient détecté, parmi les particules de haute énergie qui sillonnent le ciel, une grande variété de noyaux atomiques, des plus légers aux plus lourds. Notamment, il s'y trouvait une forte abondance de noyaux de lithium, de béryllium et de bore, ce qui m'intéressait tout particulièrement puisqu'ils étaient l'objet de mes recherches. Une nouvelle pièce s'ajoutait à mon puzzle. Que pouvait nous apprendre cette découverte sur l'origine de ces éléments dans le cosmos ?

Connaissant mon intérêt pour ce sujet, Peters m'invita à l'Institut Niels-Bohr (un des fondateurs de la physique quantique) à Copenhague pour y donner un enseignement général sur la nucléosynthèse et discuter des résultats de leurs expériences. Juif allemand d'origine, il avait quitté l'Allemagne nazie et s'était réfugié aux États-Unis où il travaillait comme débardeur dans le port de Baltimore. Poursuivant néanmoins son rêve d'enfance, faire de l'astrophysique, il s'était inscrit aux cours du soir de la faculté locale et avait soutenu une thèse sur les rayons cosmiques.

Ses capacités et sa persévérance firent de lui un spécialiste de la question. Mais ouvertement communiste, la « chasse aux sorcières » qui régnait aux États-Unis dans les années 1950 lui ferma toutes les portes universitaires. Le Laboratoire de Lund l'avait accueilli, lui confiant le poste de directeur.

Un soir que son épouse et lui m'avaient invité à dîner dans leur bel appartement du bord de mer, il me posa la question suivante : « Peut-on imaginer que tous les atomes de ton trio dans le cosmos aient été engendrés par les rayons cosmiques ? » J'avais envisagé cette hypothèse, mais elle se heurtait à plusieurs difficultés expérimentales : « Certaines mesures des populations de ces atomes, en particulier dans l'atmosphère du Soleil, sont en contradiction avec ce scénario », lui répondis-je.

« Vous êtes un théoricien, me répliqua-t-il, et moi un expérimentateur. Je suis par conséquent plus méfiant que vous quant aux données rapportées par mes collègues. Seriez-vous d'accord pour examiner de plus près leur validité avec moi ? » Si l'on reprend l'image du puzzle que j'ai évoquée précédemment, on pourrait interpréter ses mots ainsi : « Avant toute chose, assurez-vous de la qualité des pièces. » Très intéressé, j'avais accepté sa proposition. Aussi, les jours suivants, à la bibliothèque de l'Institut, nous avons étudié les articles qui rapportaient ces mesures. Il m'expliqua pourquoi, à son avis d'expert, les chiffres mentionnés étaient beaucoup plus incertains que ne le prétendaient leurs auteurs. Des observations ultérieures confirmèrent son verdict, et les objections que j'avais soulevées ne tenaient plus. Le scénario du trio lithium-béryllium-bore trouvant son origine dans les rayons cosmiques devenait tout à fait crédible. Nous venions de faire un grand pas en avant… Mais, pour l'accréditer pleinement, il fallait encore effectuer des expériences au laboratoire de physique nucléaire…

Nous pouvons tirer deux leçons importantes de cette

petite histoire. La première, c'est que les expérimentateurs et les observateurs ont souvent tendance à minimiser les marges d'incertitude que présentent leurs résultats. On s'en rend compte au fil du temps, lorsque les estimations s'affinent. La seconde, c'est que l'observateur qui effectue une mesure connaît quelquefois à l'avance la valeur numérique prévue par le théoricien. Et, de son côté, il se peut aussi que ce dernier soit au courant du chiffre qui a été obtenu en laboratoire ! Le chercheur peut ainsi être influencé par les travaux antérieurs. Il ne s'agit pas de malhonnêteté, mais d'une pulsion plus ou moins consciente que tout scientifique doit reconnaître chez lui. Les anecdotes sur ce sujet sont nombreuses.

CHAPITRE 22

Au laboratoire d'Orsay : le trio lithium-béryllium-bore

Vers la fin de mon séjour en Belgique se produisit un événement qui allait changer mon existence. Venu assister aux leçons que je donnais à Bruxelles, René Bernas, un physicien qui dirigeait un groupe de chercheurs au CNRS en France, m'avait entendu appeler de tous mes vœux la mise en œuvre d'un programme de recherches sur les propriétés des atomes de lithium, béryllium et bore. Après ma prestation, il me dit que son équipe et lui travaillaient à ce sujet depuis plusieurs années au laboratoire d'Orsay, au sud de Paris. Ils devaient obtenir d'ici peu les premiers résultats des expériences que je venais d'évoquer : « Aimeriez-vous vous joindre à nous en France pour participer à l'interprétation de ces nouvelles mesures ? » Ce fut comme un cadeau du ciel. Je voyais s'ouvrir à moi la possibilité de réaliser tous mes vœux : vivre en France et obtenir en laboratoire les résultats indispensables à la progression de mes recherches.

Acceptant ma candidature, le CNRS m'offrit un poste, et l'université de Montréal m'accorda une seconde année sabbatique. On me proposa en outre de redonner à Paris la série de cours sur la nucléosynthèse que j'avais présentée à Bruxelles. Cette offre me venait d'un chercheur français rencontré à l'Institute for Space Studies de New York, Évry Schatzman, un spécialiste de l'astrophysique nucléaire qu'Ed Salpeter, mon patron de thèse, tenait en haute estime.

Je profite de cette occasion pour rendre hommage au CNRS pour sa politique de recherche de longue durée qui avait permis à René Bernas de mener à terme un programme expérimental étalé sur de nombreuses années.

Quelques semaines plus tard, nous voilà donc, ma famille et moi, dans la Rambler bleue en route pour Orsay… Le laboratoire nous avait trouvé un appartement. Nos voisins étaient surtout des chercheurs en physique. Les jardins de la résidence fourmillaient d'enfants avec lesquels les nôtres devinrent rapidement amis. Le matin et le soir, nous retrouvions les parents qui attendaient leur marmaille devant la porte de l'école du Guichet. Lieu idéal de rencontre ! Des amitiés tissées à cette époque-là sont encore présentes dans nos vies.

Casser des noyaux

C'est dans un grand état d'excitation que j'entrai pour la première fois dans le laboratoire de René Bernas. J'avais enfin sous les yeux la réalisation du programme dont j'avais si longtemps rêvé. Des atomes de carbone et d'oxygène étaient bombardés par des protons de grande énergie. Les collisions avaient fracassé leurs noyaux. Parmi les débris, on trouvait des noyaux de lithium, de béryllium et de bore. Ici, on simulait les circonstances dans lesquelles, pendant des milliards d'années, dans le silence et le froid de l'espace interstellaire, sont nés ces atomes que nous retrouvons aujourd'hui sur notre planète. Les mots de Paul Valéry que j'ai repris plus tard pour intituler un de mes livres — « Patience, patience, patience dans l'azur. Chaque atome de silence est la chance d'un fruit mûr » — me sont alors revenus en mémoire.

Il fallait maintenant évaluer les proportions dans lesquelles chacun des cinq noyaux avaient été produits par les collisions (lithium-6, lithium-7, béryllium-9, bore-10, bore-11, voir fig. VI). Un appareil nommé « séparateur d'isotopes » permettait de les trier et de les compter séparément grâce à des champs magnétiques. Un peu comme on trie des boules par couleur pour les ranger dans des cases appropriées.

Simuler les rayons cosmiques

Les résultats montraient que ces pourcentages dépendaient de l'énergie des protons qui avaient provoqué la collision. Or les protons des rayons cosmiques ne sont pas confinés à une seule énergie. Leur très large spectre s'étale depuis les valeurs les plus basses jusqu'aux plus élevées. Pour simuler correctement la situation dans l'espace entre les étoiles, il fallait mesurer ces pourcentages à toutes les énergies possibles. Cela allait sérieusement compliquer la tâche. Dans chaque accélérateur, les protons sont bombardés à des énergies bien précises qui diffèrent d'un appareil à l'autre. C'est ainsi que, pendant plusieurs années, les chercheurs d'Orsay ont parcouru l'Europe (Suisse, Allemagne, Angleterre et Union soviétique) pour obtenir de nouvelles données, de nouveaux points à mettre sur les diagrammes des mesures. Travail de longue haleine, nécessitant patience et précision. Je rends ici hommage aux chercheurs qui ont contribué à la réussite de ce programme[1]. D'autres physiciens poursuivaient le même projet aux États-Unis.

Riches de l'ensemble toujours plus complet des données de ces travaux, nous pouvions aborder avec plus de confiance notre interrogation : les atomes du trio lithium-béryllium-bore proviennent-ils bien de la cassure (spallation[2]) des

1. Élie Gradsztajn, Robert Klapisch, Marcelle Epherre, Françoise Yiou et Grant Raisbeck.

2. Il s'agissait de bombarder des protons rapides sur des noyaux d'atomes de carbone et d'oxygène. Au moment de la collision, le noyau frappé se casse en morceaux. Les débris sont multiples. On y

noyaux de carbone et d'oxygène présents dans l'espace interstellaire sous l'effet du bombardement des rayons cosmiques tout au long de la vie de la galaxie ? L'hypothèse devait encore être confirmée par des données quantitatives. Dans le cas présent, il s'agissait, pour chaque élément, de comparer les quantités obtenues en laboratoire avec celles observées dans les étoiles et dans le Système solaire.

Avec quelques étudiants [1] dont je dirigeais les thèses de doctorat, nous avions d'interminables discussions à l'Institut d'astrophysique de Paris où je présentais mes cours sur la nucléosynthèse. Évry Schatzman était fréquemment des nôtres.

Confirmation partielle

Les premiers résultats furent encourageants et permirent bientôt de tirer des conclusions. Notre hypothèse se vérifiait pour quatre de nos noyaux : le lithium-6, le béryllium-9, le bore-10, le bore-11 (voir annexe 1). Mais, pour le lithium-7, le désaccord entre les prédictions de la théorie et les observations était flagrant. Il fallait chercher, dans l'Univers, une autre source de lithium-7. Cependant, quatre sur cinq, ce n'était pas si mal ! Au laboratoire, l'ambiance était

---

trouve en particulier des noyaux d'atomes de lithium, de béryllium et de bore. Ces réactions portent le nom de réactions de « spallation ».

Soyons plus quantitatifs. Le noyau de carbone est composé de 6 protons et de 6 neutrons. Parmi les débris, on trouve du lithium-6 (3 p + 3 n); du lithium-7 (3 p + 4 n), du béryllium-9 (4 p + 5 n), du bore-10 (5 p + 5 n) et du bore-11 (5 p + 6 n).

Il s'agissait de mesurer les fractions relatives de formation de chacun de ces noyaux. En d'autres mots, les probabilités de former ces noyaux au moment de la collision. L'idée sous-jacente était que ces atomes sont formés par des collisions de ce type quelque part dans le cosmos. La question : mais où et quand ?

1. Jean Audouze, Michel Cassé, Sylvie Vauclair.

extrêmement dynamique. Nous avions partiellement résolu le problème de l'origine de ces éléments chimiques. Il fallait poursuivre... Nous rédigeâmes bientôt un article présentant notre travail. À notre surprise, la réaction du groupe du professeur William Fowler du California Institute of Technology fut froide et plutôt amère. Je sentis que mon crime de lèse-Caltech pesait encore lourd là-bas. Qui peut croire que le ciel de la science est toujours serein et que les scientifiques ne sont pas sujets aux émotions !

CHAPITRE 23

À l'observatoire d'Arcetri, Florence (Italie)

Je ne me souviens pas comment, vers 1965, j'ai appris la détection du « rayonnement fossile ». Sans doute par des bruits de couloir à l'occasion de quelque conférence internationale à New York ou à Moscou. La géniale intuition de George Gamow s'avérait donc juste ! Mais ce n'est que plusieurs mois plus tard que je pris conscience de la véritable signification de cette découverte que firent les ingénieurs Arno Penzias et Robert Wilson.

J'enseignais la cosmologie à l'observatoire d'Arcetri près de Florence — où, condamné par Rome pour ses idées sulfureuses, Galilée passa ses dernières années — quand, devant un parterre d'étudiants, tout se mit en un instant en place dans ma tête.

Le rayonnement fossile nous livre une image de l'état de l'Univers dans son plus lointain passé. Plus précisément à une époque où il avait un peu moins de 400 000 ans — il en a aujourd'hui près de 14 milliards. Cette image nous fait découvrir un cosmos bien différent de celui d'aujourd'hui. On peut le décrire comme un chaos primordial, extrêmement chaud, dense et lumineux. Il n'héberge aucune des structures qui en font maintenant la richesse et la diversité. C'est tout juste s'il y règne quelques faibles inhomogénéités de température et de densité.

Si nous considérons cet état primitif, les évolutions nucléaires et biologiques prennent une nouvelle dimension.

La formation des étoiles et des galaxies, la nucléosynthèse des éléments chimiques à l'intérieur de ces astres, l'évolution de la vie organique à la surface de notre planète deviennent autant de chapitres d'une seule et même odyssée : celle de la matière qui s'organise. Toutes les sciences que les humains ont développées depuis plusieurs siècles : physique, chimie, biochimie, biologie, mais aussi astronomie, géologie, paléontologie, anthropologie, loin de s'ignorer, se juxtaposent en une vaste fresque. Chacune raconte, dans son domaine propre, les étapes de cette métamorphose du chaos initial en un cosmos richement agencé. De là transparaît la profonde unité de son histoire.

Le poète latin Térence écrivait : « Rien de ce qui est humain ne m'est étranger. » Nous pouvons maintenant ajouter : « Rien de ce qui est de la matière, du temps et de l'espace ne nous est étranger. »

CHAPITRE 24

À l'université de Berne : le duo hydrogène-hélium

En 1967, j'ai séjourné plusieurs semaines en Suisse. Je donnais une série de cours d'astrophysique nucléaire aux chercheurs de l'observatoire de Genève. J'expliquais en particulier comment l'observation des éléments chimiques à la surface du Soleil et des planètes est un puissant moyen pour reconstituer l'histoire du Système solaire.

On admet aujourd'hui que notre étoile et son système planétaire se sont formés ensemble à partir d'une grande nébuleuse dite « protosolaire » qui errait dans la Voie lactée il y a 4,5 milliards d'années. La similitude dans la composition chimique du Soleil et dans celle des corps planétaires en constitue une excellente preuve. On retrouve sur la Terre, la Lune et les météorites qui tombent sur notre sol, la quasi-totalité des variétés atomiques, dans des proportions suffisamment semblables pour accréditer cette thèse.

La situation est, par contre, très différente pour l'hydrogène et l'hélium. Le Soleil est une boule dont ces deux gaz sont les principaux constituants, les autres atomes ne formant que 2 % environ de sa masse. À l'opposé, la Terre ne possède, dans son atmosphère, qu'une faible quantité d'hydrogène, dont la majeure partie s'est associée à l'oxygène pour constituer l'eau, et extrêmement peu d'hélium. Et même s'il y en avait eu davantage dans le passé, ces gaz se seraient évaporés rapidement dans l'espace. Rien de bien mystérieux ici : la Terre n'est pas assez massive pour que son champ de gravité puisse les retenir.

Les mesures prises au moyen de la feuille d'aluminium déposée sur la Lune nous permettaient de reconstituer les abondances relatives des atomes d'hydrogène et d'hélium dans la nébuleuse protosolaire qui a donné naissance au Soleil et à l'ensemble du Système solaire, y compris, bien sûr, notre planète. Un problème se posait par rapport à l'hydrogène sous sa forme aquatique.

L'eau contient deux composantes : l'eau légère et l'eau lourde. La première est composée d'un oxygène et de deux hydrogènes légers (protons) (H-1) ; la seconde, en quantité extrêmement faible, d'un oxygène et de deux hydrogènes lourds (H-2) (deutérium) (voir fig. I). Par des raisonnements indirects basés sur les mesures du vent solaire grâce à la feuille déposée sur la Lune, une incompatibilité flagrante est apparue entre les quantités relatives d'hydrogène lourd dans la nébuleuse originelle et dans notre planète. Notre eau s'avérait être dix fois plus lourde que prévu par les mesures lunaires de Geiss !

De l'utilité d'aller au cinéma

Dans le train qui me menait à Berne, où Johannes Geiss m'avait invité à faire une conférence, je me mis à réfléchir à la portée astrophysique de ces nouvelles informations protosolaires. Pourquoi ? Je me suis cassé la tête à chercher une explication : rien ne marchait !

Un film que j'avais vu de nombreuses années auparavant, *La Bataille de l'eau lourde*, me revint en mémoire. Pendant la guerre de 1939-1945, des laboratoires militaires allemands entreprirent — heureusement sans succès — la fabrication de bombes atomiques. Pour y arriver, il leur fallait obtenir une eau très enrichie en hydrogène lourd. La recette est simple, mais sa réalisation est lente. Il s'agit de mélanger, à très basse température, de l'eau ordinaire avec de l'hydrogène lourd. Plus il fait froid, plus l'eau devient lourde (elle contient de plus en plus d'hydrogène lourd).

Certains laboratoires norvégiens avaient réussi cette manipulation et possédaient déjà des stocks importants de cette substance convoitée. Un commando allemand avait eu pour mission de récupérer les réservoirs et de les rapporter dans les laboratoires militaires nazis. Ils devaient être transportés en bateau d'Oslo vers l'Allemagne. Le navire quitta le port sous haute protection. Mais des plongeurs norvégiens avaient placé sur sa coque des mines qui explosèrent à la sortie de la rade d'Oslo. Le bateau coula.

Il me vint alors à l'idée que l'eau terrestre avait peut-être déjà été enrichie en hydrogène lourd. Les températures très basses de l'espace interstellaire où résidait la nébuleuse protosolaire (environ moins 200 degrés Celsius) avaient en effet offert, à l'époque de la formation de notre planète, les conditions idéales à sa fabrication. Ces phénomènes que les Norvégiens avaient utilisés s'étaient peut-être produits spontanément à l'échelle du Système solaire. Lorsque j'arrivai à Berne, je fis part de mes raisonnements à Johannes Geiss. À ma grande surprise, il m'informa que son groupe et lui étaient arrivés à des conclusions analogues. (Ceci est assez fréquent en science ; les mêmes idées naissent à plusieurs endroits différents quasi simultanément. On dit alors qu'elles sont « dans l'air » !)

À partir de ces considérations, il était possible d'aller plus loin en utilisant nos connaissances sur l'évolution des étoiles. On pouvait ainsi évaluer l'abondance de l'hydrogène lourd avant la formation des premières étoiles. Il se trouve que cette estimation a une portée cosmologique considérable. Comme l'hélium, l'hydrogène lourd est un des atomes engendrés par le Big Bang, et sa seule existence est une des meilleures preuves en faveur de ce modèle cosmologique. Cadeau supplémentaire, dans le cadre de cette théorie, l'abondance relative de cet atome par rapport à l'hydrogène nous a alors permis d'évaluer la densité d'atomes dans le cosmos contemporain. Nous en fîmes une publication qui nous valut plus tard, en 2001, le prix Albert-Einstein de la Société Einstein de Berne. Et tout cela grâce à une simple feuille d'aluminium déposée sur la Lune.

CHAPITRE 25

Saclay, Jérusalem, Cambridge

En France, le programme de physique spatiale a été, au départ, pris en charge et financé par le Commissariat à l'énergie atomique dans son centre de Saclay. Cette entreprise fut l'œuvre d'un audacieux scientifique, particulièrement doué tant sur le plan professionnel que sur celui des relations : Jacques Labeyrie. Leur offrant un projet beaucoup plus excitant, il réussit à convertir à l'astrophysique plusieurs ingénieurs qui travaillaient à la construction de moniteurs pour les réacteurs nucléaires. Il s'agissait en effet de préparer des instruments de mesure destinés à être envoyés dans l'espace.

Après le succès des premiers vols, il m'invita à venir dans son labo pour constituer un groupe de chercheurs [1] afin d'interpréter les informations collectées plus particulièrement dans le domaine des rayons cosmiques.

Dans les années qui suivirent, notre petit groupe eut l'occasion de développer plus à fond le scénario sur la nucléosynthèse interstellaire et d'en tirer bon nombre de conclusions intéressantes. Les résultats obtenus par les satellites vinrent confirmer la validité de la thèse selon laquelle les rayons cosmiques ont engendré les atomes du trio bore-béryllium-lithium. La conclusion était toujours la même : théorie et observations concordaient pour le béryl-

1. Jean-Paul Meyer, Lydie Koch, Yves David, Maurice Meneguzzi et Thierry Montmerle, Jean Audouze, Michel Cassé.

lium, le bore et le lithium léger, mais le lithium lourd posait toujours problème.

Parallèlement à mes recherches à Saclay, je donnais une série de cours de cosmologie à l'observatoire de Meudon près de Paris. En 1982, deux astronomes, François et Monique Spite, apportèrent une nouvelle pièce au puzzle des atomes légers, pièce qui s'ajustait merveilleusement au tableau déjà ébauché. J'avoue que, sur le moment, je suis resté sceptique : cela me paraissait trop beau pour être vrai. Puis, je me rendis à l'évidence : un petit miracle venait de se produire. Mère Nature s'était montrée bienveillante envers les scientifiques en leur donnant un indice de toute première valeur.

Le couple Spite s'intéressait aux étoiles les plus vieilles, celles des premières générations qui sont nées au tout début de la Voie lactée. Comme la théorie de Fred Hoyle le prévoyait, elles possèdent très peu d'atomes lourds. Sauf, exception remarquable, les atomes de lithium-7. Comme si la galaxie les avait reçus à sa naissance.

Le message était donc clair : les cendres du Big Bang contenaient du lithium-7. Pendant la brève période où l'Univers avait été assez chaud pour être le siège de réactions nucléaires, quelques minutes environ avant que les feux cosmiques ne s'éteignent, la nucléosynthèse primordiale avait engendré non seulement des noyaux d'hydrogène lourd (2) et d'hélium (3 et 4), mais aussi du lithium (7) (voir fig. II). Justement celui que les résultats des expériences en laboratoire ne permettaient pas d'expliquer convenablement.

Plus tard, un autre élément vint confirmer cette thèse. Contrairement au lithium-7, les abondances des atomes de béryllium et de bore augmentent avec le temps, tout comme celles du carbone, de l'oxygène et du fer. Tout cela est bien en accord avec l'idée qu'ils ont été progressivement fabriqués par l'action des rayons cosmiques tout au long des milliards d'années de la vie de notre Voie lactée.

Jérusalem et Cambridge

Les rapports entre notre groupe d'Orsay et Caltech restèrent tendus pendant plusieurs années. Cela se manifestait de différentes manières : remarques sarcastiques de William Fowler et de ses collaborateurs lors des symposiums, absence de mention de notre travail dans les bibliographies des chercheurs californiens… Cette attitude prit cependant fin à Jérusalem, en 1969, lors d'un colloque international sur la nucléosynthèse.

Ouvrant une session sur l'origine des éléments légers, un astrophysicien de l'université de Ramat Aviv cite les travaux du laboratoire californien, sans un seul mot pour les nôtres. C'est alors que, dans la salle, William Fowler se lève et, brandissant notre manuscrit dans la direction du jeune chercheur, l'interpelle : « *You should read this* » (« Vous devriez lire ceci »). Son message est clair : il reconnaît la valeur de notre point de vue sur l'origine du trio lithium-béryllium-bore. À partir de ce jour-là, nos recherches furent toujours incluses dans la liste bibliographique des publications de son équipe.

L'année suivante, nous nous retrouvons tous à Cambridge en Angleterre où, chaque été, Fred Hoyle organise un *workshop* (atelier) en astrophysique. Au cours de la présentation de nos travaux, je suis dérangé par une vive altercation dans l'auditoire. Hoyle apostrophe Fowler sèchement : « Je vous ai dit depuis longtemps qu'il fallait chercher du côté des rayons cosmiques mais vous n'avez pas voulu m'écouter. J'aurais dû publier seul ce scénario qui nous passe maintenant sous le nez par votre faute ! » Nous décidons alors d'écrire un article en commun avec Hoyle et Fowler, dont la parution réconciliera tout le monde. Les tensions ont disparu et nous sommes devenus d'excellents amis…

CHAPITRE 26

Ce que raconte une plante verte dans une crevasse

La poursuite d'une carrière, surtout si elle rencontre quelque succès, peut faire l'effet d'une drogue puissante. Lui consacrant de plus en plus d'énergie et de temps, le chercheur peut être amené à négliger bien d'autres facettes de son existence. Tout le monde sait cela, mais, dans le feu de l'action, on l'oublie facilement. Je l'ai appris à mes dépens.

À une certaine époque, souvent parti à l'étranger pour enseigner et poursuivre mes recherches, j'avais passablement délaissé ma femme Francine et mes enfants. Aujourd'hui, je le regrette vivement et le plaisir que je prends avec mes petits-enfants (j'en ai sept) avive cette nostalgie. J'aimerais revenir en arrière pour *vivre* les moments merveilleux dont je me suis privé et qui manquent au catalogue des souvenirs.

La rupture de notre mariage, suite à mes absences très fréquentes, me plongea dans une longue période dépressive. J'étais incapable de m'attabler pour entreprendre des recherches qui ne me disaient plus rien. Moins je travaillais, plus je déprimais ; plus je déprimais, moins je travaillais. Je me sentais m'enfoncer. Les yeux brouillés et rivés au sol, je devenais par moment suicidaire.

C'est une petite plante verte, émergeant d'une crevasse au milieu d'une grande plaque rocheuse, qui a tout changé. « Il y a — me disait-elle dans son langage —, enfoncés dans les strates profondes de ton être, des courants de vitalité qu'il faut tenter de rejoindre. » Encore fallait-il les capter !

Deux événements contribuèrent bientôt à me remettre *debout*. D'abord une rencontre tout à fait fortuite avec Roland Cahen, un psychanalyste qui se vantait de répondre avec succès à chacun des appels SOS suicidaires. Et ce fut le cas pour moi : à quatre séances par semaine, je fis des progrès rapides. Moins d'un mois plus tard, mes yeux étaient redevenus clairs. Je me souviens du plaisir de retrouver un soir la pleine lune entre deux grands arbres d'un boulevard.

Et je rencontrai Camille, à la vitalité prodigieuse et contagieuse, qui devint ma seconde épouse. De surcroît, journaliste de talent dans la presse populaire, elle m'apprit à diffuser en termes simples et clairs les acquis de la science contemporaine. Tous les deux amoureux de la nature, nous entreprîmes bientôt de trouver une maison de campagne. Elle voulait une ruine dont la restauration demanderait au moins dix ans. « Quand ça sera fini, je m'ennuierai », disait-elle. Et moi, me souvenant de mon jardin de Bellevue, je voulais de grands arbres centenaires. Nous avons arpenté la France, de la Normandie à la Creuse, et visité un grand nombre de bâtiments délabrés. Rien ne faisait l'affaire.

Et puis, par un matin gris de septembre, nous arrivons dans une vieille ferme délabrée à Malicorne dans la Puisaye. En plus d'y trouver les objets de nos désirs, bâtiments en piteux état pour Camille, tilleuls et chênes centenaires pour moi, je fus charmé par un étang entouré de vieux murs couverts de fougères. Le lendemain, nous étions chez le notaire.

Bonheur de réaliser mon désir de jardinage : plonger les mains dans la terre meuble, semer, transplanter, bouturer, marcotter. Et surtout planter des arbres. J'ai nettement la sensation par là de répondre à un puissant appel en moi, comme on a une envie d'avoir des enfants et de les accompagner dans l'existence. J'ai aussitôt entrepris de créer ce que nous appelons la « forêt millénaire », des arbres qui peuvent vivre plus de mille ans : cèdres du Liban, séquoias, tilleuls, ginkgos. En trente ans, les onze cèdres ont atteint plus de quinze mètres et de nombreux oiseaux ont fait de ces épaisses frondaisons leur territoire. Je vais très souvent leur rendre visite, m'enquérir de leur santé. La nuit, j'aime voir leur haute stature se profiler parmi les étoiles.

J'aime aussi guider la progression des plantes grimpantes autour de la maison. Une glycine se propage sur plusieurs dizaines de mètres de murs qu'elle décore en rose, en mai, et en bleu, en juillet. Les lourdes grappes descendent des toitures jusqu'aux murailles ceinturant l'étang, et la surface aquatique en reflète les couleurs. Ailleurs, des clématites sauvages, des passiflores, des houblons et des vignes vierges s'étalent sur des espaces toujours plus considérables…

Aujourd'hui, Malicorne m'est devenu un refuge indispensable. J'aime faire de longues promenades solitaires parmi les champs et les arbres. Chaque période de l'année m'apporte des joies différentes. Inspiré par Vivaldi, j'ai rédigé quelques textes qui sont des odes aux saisons.

L'hiver

Dans la forêt hivernale, le vert mouillé, tellement intense, des tapis de mousses m'attire irrésistiblement. Dans la faible lumière des fins d'après-midi, on les croirait phosphorescents. Un genou à terre, ma main les caresse et j'en cueille une tige pour en examiner la délicate structure. Je sens l'humidité du sol qui transperce le tissu de mon pantalon. Verts aussi, mais plus pâles, plus jaunâtres, les lichens qui recouvrent les énormes souches coupées à quelques centimètres du sol, maintenant finement striées, fendillées et que les tiges des pervenches prennent d'assaut. Souches condamnées à être transitoirement d'ultimes vestiges des arbres majestueux qui se dressaient ici. En se désagrégeant, elles achèvent de restituer à la terre les substances organiques élaborées en des temps révolus. Un peu d'imagination suffit pour y retrouver, comme dans les tableaux de Max Ernst, les ruines en miniature de forteresses antiques depuis longtemps abandonnées, alors que les lourdes senteurs de la végétation, en décomposition dans les ornières inondées, envahissent l'air et enivrent l'odorat.

Le printemps

Le printemps en forêt est un festival de couleurs. Avant que les frondaisons n'assombrissent les sous-bois, les fleurs se dépêchent de surgir du sol, d'éclore et de répandre leur pollen pour l'année suivante. Les teintes changent de semaine en semaine. Tour à tour, les blanches anémones sylvie, les jaunes renoncules, les pervenches bleutées s'étalent autour des troncs dénudés. Quel coloris cette semaine ? C'est la question que je me pose en imaginant ma promenade du prochain week-end. Plus excitante encore est la découverte d'une fleur qui m'est inconnue et que je m'empresse d'identifier dans des livres de botanique. Plus tard dans la saison, quand l'opacité des feuillages s'installe lentement au-dessus du sol, les véroniques, les stellaires et les bugles rampantes se pressent autour des sentiers où quelques rayons de soleil parviennent encore. Dans les arbres, les voix de la forêt se diversifient et se multiplient. Au chant plaintif et susurrant du rouge-gorge qui ne nous a pas quittés de l'hiver, s'ajoute maintenant les vocalises du merle, les thèmes flûtés des loriots et les ritournelles des mésanges. Mais c'est le rossignol que, dans ce flot sonore, mon oreille recherche le plus attentivement. Dès que je crois distinguer sa mélopée dans le lointain, je dirige mes pas dans sa direction, à travers ronces et buissons. Je m'approche encore pour reconnaître la séquence si caractéristique des roulades et des claquements. C'est bien lui. Quel bonheur ! Je ne me lasse jamais de l'entendre et c'est avec regret que je quitte mon poste d'écoute lorsque le soir tombe. Lui peut chanter toute la nuit…

L'été

C'est vers la fin du jour qu'en été il convient de plonger dans la demi-obscurité des sous-bois. Les rayons obliques du soleil illuminent le tapis des pervenches. La lumière vert-doré tremble légèrement dans l'air tiède, s'étend très loin et se perd dans l'entrelacs des troncs et des branches cassées. J'y fixe longtemps mon regard, comme sur des reflets dorés qui dansent sur une mer tranquille. Les chants des oiseaux se font plus rares. Seuls encore ceux des fauvettes et des rouges-gorges, interrompus par les cris rauques du geai des chênes. Ils me font sursauter quand ils proviennent d'une branche voisine.

L'automne

Dans les terres gorgées d'eau fleurissent maintenant les colchiques roses. Roses aussi les délicats cyclamens, avec leurs feuilles moirées, qui, parmi les ronces, recouvrent les flancs des collines… Les bois sont presque silencieux. On entend, à de rares occasions, les croassements des corneilles et les sifflements répétés des buses, que l'on peut voir planant très haut dans le ciel. Pendant les grandes averses automnales, muni d'un parapluie, je vais marcher dans les feuilles mortes des charmes et des chênes. Je m'attarde longuement à suivre la chute lente et tournoyante de l'une d'elles ; c'est la fin de sa courte vie, qui n'a duré qu'un seul été. Elle a joué son rôle, fabriqué sa part de substance végétale pour l'arbre qui la portait. Maintenant, décolorée, elle se laisse mourir sans histoire. Quelle leçon pour nous…

Cardère

Une fleur sauvage qui m'est chère : on la voit — mais on la remarque à peine si on ne la cherche pas — dans les fossés qui longent les chemins de campagne. C'est une grande plante, mince, fine et rugueuse, atteignant souvent deux mètres de hauteur. On la trouve le plus souvent déjà morte, sèche et roussie, mais toujours tenace sur sa tige rigide.

Son nom officiel est « cardère ». On l'utilisait pour carder la laine des moutons. Mais c'est son appellation populaire de « cabaret des oiseaux » qui m'a attiré vers elle.

Ses feuilles s'insèrent en paires de chaque côté de la tige à laquelle elles sont fortement soudées. L'ensemble forme, à la base, un réceptacle où l'eau de pluie vient s'accumuler. C'est de ce petit bassin que lui vient encore un autre nom : « baignoire de Vénus ».

Ayant entendu dire que ses populations diminuaient rapidement, je résolus d'en planter dans mon jardin. Quelques graines récoltées dans la campagne me permirent d'entreprendre ma culture.

J'adore observer la vie d'une plante tout au long de son existence. J'ai l'impression de faire une nouvelle connaissance. Je la saluerai plus tard quand, au tournant d'un sentier, il m'arrivera d'en voir une autre.

La cardère vit deux ans. La première année, ses feuilles d'un vert profond et parsemées d'épines s'étalent en étoile sur le sol. Ce n'est que la seconde année qu'elle élance à la verticale sa tige rugueuse qui porte au sommet une inflorescence ovoïde appelée « capitule ». Ses fleurs, si minuscules qu'il faut une loupe pour les observer convenablement, apparaissent en juillet, serrées les unes contre les autres. Elles forment une mince couronne rose lilas qui entoure le capitule vert tendre. Au fil des jours, la couronne s'élève progressivement le long du capitule, l'enserrant jusqu'au sommet. L'agencement de ces couleurs, auxquelles les bourdons affairés viennent ajouter leurs teintes orangées, offre à l'œil un grand moment de bonheur. Je ne rate jamais ce spectacle.

QUATRIÈME PARTIE

Variations (scherzo)

CHAPITRE 27

Recherche et enseignement

Les motivations du chercheur

Choisir une carrière scientifique, c'est accepter de passer une bonne dizaine d'années sur les bancs universitaires, tout en sachant qu'on ne deviendra pas millionnaire même si les salaires sont convenables. Qu'est-ce qui peut motiver un tel choix ?

Le premier élément est, bien sûr, la curiosité. Celle d'explorer dans toutes ses manifestations ce cosmos que nous habitons. S'y ajoute l'enthousiasme de participer à ce grand mouvement d'acquisition des connaissances qui se poursuit depuis des siècles, un peu partout sur la planète, dans des milliers de laboratoires et d'observatoires.

Il faut cependant prendre en considération un autre facteur dont l'importance varie d'un individu à l'autre, mais qui existe même chez celui qui ne veut pas se l'avouer : le désir d'être connu, d'être reconnu — « que mon génie éclate au grand jour ! ».

Pourtant, un constat s'impose rapidement : ce rêve d'immortalité est réservé à bien peu. Les Galilée, Newton et autres Einstein ne sont pas légion. Dans la littérature scientifique, les noms défilent et sont rapidement oubliés. Les gloires d'une décennie sont remplacées par celles de la suivante. Bientôt, les chercheurs les plus cités ne se retrouvent plus que dans les anciens numéros de revues. Les bibliothécaires, faute de place sur les étagères, les remisent un jour aux archives. Ce que peut raisonnablement attendre l'homme de science, c'est obtenir que ses contributions, une fois acceptées et reconnues par ses pairs, soient intégrées dans le grand livre du savoir sans qu'il y soit lui-même nécessairement associé et nommé. Une situation qui n'est pas sans m'évoquer la chanson de Charles Trenet :

> Longtemps, longtemps, longtemps
> Après que les poètes ont disparu
> Leurs chansons courent encore dans les rues [1]...

Me revient en mémoire une phrase de l'astronome Dennis Sciama, qui, dans son grand âge, m'a dit un jour : « Si mes théories sont valables, elles se défendront d'elles-mêmes. Si elles sont fausses, qu'elles disparaissent. Je ne lèverai pas le petit doigt pour les défendre. »

C'est là l'équanimité que le chercheur doit tenter d'atteindre pour ne pas risquer de s'aigrir, de s'accrocher obstinément à ses travaux et les défendre au-delà du raisonnable. Cette attitude regrettable est hélas souvent présente dans notre milieu. Trop de carrières bien commencées se terminent par ce spectacle navrant, nocif pour l'image de la science.

Le monde des chercheurs

Vers la fin de ma thèse de doctorat, j'ai été invité à présenter les résultats de mon travail à un congrès de physiciens dans un grand hôtel de Washington. Dans les jardins, les cerisiers japonais étaient en fleur. C'était ma première participation à une manifestation de cette sorte. Le programme annonçait une liste impressionnante de

---

1. « L'Âme des poètes ». Paroles et musique de Charles Trenet, © éditions Raoul Breton.

scientifiques dont les noms m'étaient familiers. J'allais d'une salle à l'autre, m'infiltrant dans des enceintes archipleines que les gens avaient envahies parfois même jusque sur la scène. J'observais, dans les corridors, les grands maîtres entourés d'une cohorte de disciples, de journalistes et de photographes.

Les congrès, symposiums et autres *workshops* (ateliers) ont ponctué le cours de ma carrière. J'ai toujours été attiré par l'ambiance de ces événements où les nouvelles découvertes sont présentées. Mais c'est d'un autre de leurs aspects que je veux parler maintenant. Non pas celui des résultats mais celui des chercheurs eux-mêmes, dont on retrouve rassemblées des générations successives venant de tous les coins de la planète. C'est une sorte de vitrine du monde de la recherche, révélatrice pour les participants de leur rapport à la science et à leurs confrères.

Cela commence dès le premier jour. Les nouveaux arrivants font la queue devant des tables où des secrétaires les enregistrent et leur attribuent badges et porte-documents, parfois en cuir, mais la plupart du temps en skaï — souvent malodorant — *made in China*. Mon entrée dans cette salle est toujours pour moi un moment plein d'appréhension. Qui vais-je y retrouver ? Quelles personnes rencontrées à un moment ou à un autre de ma carrière ? Quels souvenirs vont remonter en moi de ces strates de ma vie professionnelle, avec leurs affects souvent enfouis dans ma mémoire ?

Plongées rapides dans le passé : tiens, avec celui-là, j'ai longuement discuté. C'était il y a quarante ans, à Hawaï, lors d'un barbecue sur la plage au coucher du soleil. Je l'ai revu plus tard à la Nasa, à New York, où il était venu présenter un séminaire. Comme ses traits ont changé ! Peut-être a-t-il été très malade ?

Et cet autre... Je me rappelle sa timidité lors de ses premières apparitions dans le groupe des thésards. Quelques années plus tard, affichant un sourire triomphant, il présentait, devant une salle comble, les résultats mirifiques qui avaient fait de lui la vedette de l'année. Plus tard encore, devenu une autorité dans sa spécialité, je le revois déambulant d'une démarche assurée parmi ses fans et critiquant d'une façon quasi sarcastique une théorie controversée… et maintenant, le visage sculpté par les ans, face à la génération montante, il absorbe difficilement le choc de constater qu'il n'est plus trop « dans le coup ».

Cette jeune femme, sobrement habillée en tailleur beige, où l'ai-je vue, elle qui me semble si familière ? Mais oui ! C'était à cette école d'été, à Cargèse, où elle avait fait une magnifique présentation ! Le soir, nous la retrouvions à la plage où elle nous donnait des leçons de planche à voile. Elle dirige maintenant un projet d'astronomie spatiale.

Les symposiums livrent souvent de tristes images des dégâts de l'âge, celle de chercheurs qui s'accrochent à leur passé glorieux et tentent de maintenir leur statut antérieur en présentant des arguments de plus en plus fumeux. Plus leur renommée était grande, plus de telles attitudes sont affligeantes et tristement ridicules.

Cet homme au dos courbé défend depuis longtemps des hypothèses auxquelles personne n'accorde plus aucun crédit. Il continue pourtant de les présenter à chaque congrès. La conscience de ne plus être pris au sérieux a imprimé sur son visage un mélange d'opiniâtreté et de méfiance.

Plus loin dans la file, ce prix Nobel de chimie, autrefois si enthousiaste. Je l'ai revu récemment, aigri, répétant systématiquement : « *Fifty years ago I was the first one to say what we have just heard* » (« Il y a cinquante ans, j'ai été le premier à dire ce que vous venez d'entendre »). Ce brillant théoricien, maintenant frappé par la maladie d'Alzheimer, cherche désespérément les mots pour poser sa question devant ses collègues navrés.

CHAPITRE 28

Enseigner quelque chose à quelqu'un

On ne dira jamais assez l'importance pour un chercheur de poursuivre également une carrière d'enseignant universitaire. Cela lui évite de s'enfermer dans les sujets généralement très pointus de sa recherche et lui permet de trouver de nouveaux thèmes.

Combien de fois des idées nouvelles ou des remises en cause de mes convictions me sont venues à l'esprit au moment même où je présentais une théorie ou une argumentation qui m'était pourtant depuis longtemps familière.

J'ai donné pendant de nombreuses années des cours de cosmologie à l'université Paris VII (observatoire de Meudon), ainsi qu'à celles de Montréal et de Laval (Québec), où je les dispense encore sous forme de séminaires. Mon objectif est d'y présenter les acquis les plus récents sur l'Univers et son histoire. Outre l'intérêt que je porte à ces questions, le fait de devoir en exposer une synthèse devant des étudiants exigeants est pour moi un puissant élément de mobilisation mentale.

Les notes que j'ai régulièrement rédigées pour ces classes m'ont servi en 1994 pour l'écriture de *Dernières nouvelles du cosmos* et en 1995 pour celle de *La Première Seconde*. En 2002, voulant remettre à jour les informations qui figuraient dans mes livres, j'ai pu mesurer la vitesse avec laquelle, grâce aux nouveaux instruments d'observation, la recherche évolue. Il m'a fallu réécrire des chapitres entiers…

À Cornell, même à un âge vénérable, nos professeurs continuaient d'enseigner non seulement aux étudiants des niveaux les plus avancés, mais également à ceux des premières années. Ils dispensaient ainsi leur savoir, mais aussi l'expérience professionnelle acquise tout au long de leur carrière. Cette communication entre générations, des seniors aguerris jusqu'aux novices, me paraît indispensable pour la fertilité d'une communauté scientifique.

Telle n'est malheureusement pas la situation en France. Les scientifiques du CNRS ne sont astreints à aucun enseignement, tandis que les lourdes charges de cours imposées aux universitaires leur laissent peu de disponibilité pour les activités de recherche. De surcroît, la retraite obligatoire à soixante-cinq ans évacue des laboratoires les personnes souvent les plus aptes à transmettre aux jeunes ce qu'on appelle le « sens physique » : une sorte d'intuition qui guide la réflexion dans des situations confuses. Je pense avec nostalgie à certains observatoires américains et hollandais où la présence de seniors joue un rôle majeur dans l'établissement d'une ambiance dynamique et fructueuse.

Les écoles d'été

Les écoles d'été *(summer schools)* sont l'occasion pour les étudiants de rencontrer les meilleurs chercheurs et de vivre une quinzaine de jours en contact avec eux. Et, ce qui ne gâte rien, elles se tiennent souvent dans des paysages de rêve : la Corse, le lac de Côme ou la Sicile...

Chaque session développe un thème spécifique de la recherche actuelle comme, par exemple, « l'origine du Système solaire » ou « les épisodes d'inflation aux premiers temps de l'Univers ». On y présente les observations les plus récentes, les interprétations théoriques généralement admises, les idées novatrices et les projets en cours. Des opinions différentes s'affrontent parfois. Les discussions sont souvent vives et se poursuivent sur la plage ou au café du village, où professeurs et élèves se retrouvent.

J'ai constaté à plusieurs reprises l'efficacité remarquable de ces stages intensifs. Pendant l'année, à l'université, l'organisation horaire des cours et la multiplicité des matières du cursus obligent l'étudiant à changer de sujet plusieurs fois par jour. L'éparpillement de l'activité mentale qui en résulte ne lui donne guère le loisir de s'attarder sur un point particulier. À l'inverse, pendant la quinzaine de jours d'une école d'été, il peut donner libre cours à ses interrogations et à ses réflexions. Il trouve les interlocuteurs idéaux pour poser ses questions et formuler ses objections.

Diriger des thèses

Dès mon premier poste d'enseignement à l'université de Montréal, on m'a confié la tâche de diriger des étudiants dans la préparation de leur thèse de doctorat.

Parmi les candidats, il me fallait d'abord choisir ceux avec lesquels je pourrais établir un bon rapport affectif. Cette relation est en quelque sorte une nouvelle paternité, avec les difficultés et les embûches que cela implique. Pour cette raison, j'ai toujours limité à trois ou quatre le nombre de thésards simultanément sous ma houlette.

Le directeur de thèse s'engage à superviser l'étudiant jusqu'à l'obtention de son diplôme. Il doit avoir une idée au moins qualitative de l'issue vraisemblable de la recherche et ne pas engager le thésard sur des voies trop incertaines. J'ai ainsi connu à Cornell de jeunes étudiants enferrés depuis plus de dix ans dans des sujets certes prestigieux mais n'aboutissant à rien de concret. Dans ce sens, on peut comparer la démarche du directeur de thèse à celle du jardinier qui va dans son verger observer la maturation des fruits et décider du moment de la cueillette. Le thème de la thèse doit être fructueux pour l'étudiant et l'amener à enrichir ses connaissances. Il lui faudra d'abord procéder à un examen approfondi et global du domaine dans lequel son sujet s'intègre et pour cela revoir ses acquis en physique fondamentale ; apprendre à effectuer des approximations même grossières (calculs d'ordre de grandeur) qui le guideront dans l'appréciation de la validité des programmes qu'il confiera aux ordinateurs. Tout cela l'aidera à développer progressivement une sorte de flair, ce fameux « sens physique » que j'ai évoqué plus tôt et qui lui sera d'une grande utilité tout au long de sa carrière.

Les techniques de la recherche changent continuellement en astronomie et il est aujourd'hui nécessaire d'y intégrer des disciplines qui en étaient absentes il y a quelques années seulement. Je pense notamment à la chimie des molécules interstellaires, à la minéralogie des silicates dans les poussières des nébuleuses, à la physique des solides appliquée aux étoiles à neutrons, ou encore aux théories des champs quantiques impliquées dans l'analyse des composantes du cosmos. Un étudiant qui se spécialiserait uniquement dans le secteur spécifique de sa thèse risquerait d'être bientôt dépassé s'il n'a pas acquis une solide formation générale en physique.

Mes recherches, qui consistaient à identifier les lieux de naissance des différentes familles d'atomes et les mécanismes physiques responsables de leur existence, offraient de nombreux sujets de thèse. On observe en effet plus de mille variétés d'atomes différents, répartis dans une grande diversité de lieux. Près de nous, sur la Terre, la Lune, les planètes du Système solaire. Plus loin, dans les étoiles, les nébuleuses, le milieu interstellaire, la Voie lactée et les rayons cosmiques. Plus loin encore, les autres galaxies, les quasars, jusqu'aux limites du cosmos.

Les techniques d'observation (sondes spatiales, télescopes au sol et en orbite) progressent continuellement et nous pouvons étudier les objets célestes avec toujours plus de précision. Ces informations nouvelles nous laissent quelquefois sans scénario valable pour en rendre compte. Il faut alors « se gratter la tête », trouver d'autres idées, proposer d'autres expériences, qui permettront d'aller plus loin. Il suffit parfois d'une seule mesure récente pour voir se profiler un sujet de thèse.

Le conflit des générations

À la fin de leur cursus, certains de mes thésards ont accédé à des postes universitaires. À leur tour, ils ont accepté des thésards, dont je devenais en quelque sorte le « grand-père de recherche ».

J'aime bien cette idée de filiation académique dans laquelle je suis moi-même le fils d'Ed Salpeter et le petit-fils d'Hans Bethe, tandis que Michel Cassé, Sylvie Vauclair et Thierry Montmerle sont mes enfants et Nicolas Prantzos et Corinne Charbonnel mes petits-enfants académiques. Elle implique pourtant un passage obligé, sans doute présent dans la vie de tout directeur de thèse, mais dont on parle rarement. Pour exister par lui-même, l'adolescent doit manifester une volonté d'indépendance qui peut aller jusqu'au rejet de la tutelle paternelle. Par analogie avec la situation familiale, on pourrait parler de « meurtre symbolique du père de recherche ». Le directeur de thèse qui a guidé un jeune chercheur vers la réussite doit, plus tard, admettre que son élève, devenu expert dans leur domaine commun, puisse quelquefois le dépasser en compétence et en réputation, voire même contester ses travaux. J'ai ainsi en mémoire plusieurs hommes de science qui, faute d'avoir correctement géré ce passage de leur carrière, se sont mis à dos leurs meilleurs élèves et n'ont pas été en mesure d'assurer leur relève.

J'ai eu plusieurs fois à réfléchir sur mon attitude personnelle. Il m'est arrivé lors de conférences d'« oublier » de citer le travail de l'un ou l'autre de mes anciens thésards et de me rendre compte après coup des raisons inconscientes de ma bévue. Il n'est pas toujours facile de contrôler ses émotions, mais on peut, ensuite, tenter d'analyser les motifs « inavouables » qui ont entraîné ces comportements regrettables. Ce passage délicat de la relation maître-élève me semble généralement plus difficile à aborder pour les personnes d'origine latine que chez les Anglo-Saxons.

La « comitite »

Lorsque je suis entré au CNRS, on m'a demandé de faire partie de son comité national. Il me paraissait normal de ne pas refuser les obligations que la vie communautaire impose et je donnai mon accord. Le rôle de ce comité est double. À la session d'automne, il analyse les rapports d'activité soumis par les candidats aux postes de recherche. À celle du printemps, il examine le montant des crédits alloués aux différents laboratoires. Chacune de ces sessions dure une semaine, à laquelle s'ajoute la semaine précédente consacrée à l'étude des documents qui détermineront ses choix.

Plusieurs choses me gênaient pourtant. Le moindre désaccord, la moindre incertitude aboutissaient à la création d'un sous-comité pour régler le problème, auquel il faudrait consacrer du temps supplémentaire. Et de sous-comité en sous-comité — on appelle cela la « comitite » ! — je voyais se rétrécir dangereusement le temps qui me restait pour mes recherches et mon enseignement.

En outre, on me fit vite comprendre qu'en disant ce que je pensais, c'est-à-dire en assignant au dossier d'un candidat les qualificatifs qu'il me paraissait mériter, je risquais, face à la surenchère des rapports de mes collègues, de l'enfoncer irrémédiablement. Il fallait adopter le niveau d'exagération tacitement admis par tous... Je n'aimais pas ce jeu et je le jouais mal. Et plus mal je jouais, moins je l'aimais. La tradition voulait qu'à la fin de leur mandat on sollicite les membres du comité pour un nouveau quinquennat. Je me préparais à me défendre fermement pour refuser mais on ne me le demanda pas... J'en fus fort soulagé.

Du doute et des convictions

La scène se passe à Dublin, en Irlande, où je participe à un séminaire de cosmologie. Je viens de présenter une conférence devant un auditoire de physiciens et la période des questions a montré que certains possédaient très bien le sujet. Après ma prestation, avec quelques-uns, je me rends dans un café, non loin de là. La discussion aborde la question religieuse. Un jeune homme, parmi les plus compétents en astrophysique, me demande ma position. Je lui dis qu'à mon avis la science ne peut ni infirmer ni confirmer l'existence de Dieu. Péremptoire, il me répond : « C'est faux. La science prouve l'existence de Dieu. » Je lui rétorque que c'est son opinion, mais pas nécessairement celle de tous. « Pas la mienne en tout cas », déclare un autre étudiant. S'ensuit un brouhaha que le premier jeune homme interrompt d'une voix forte :

« Ce n'est pas matière d'opinion, c'est un fait : la science prouve parfaitement l'existence de Dieu.

— Vous voyez bien que tout le monde ne pense pas comme vous, lui dis-je.

— Mais je le répète, reprend-il en insistant sur ces mots, ce n'est pas là matière d'opinion. » Puis il se tait, me regarde longuement et quitte la salle en hochant la tête, visiblement désarçonné par cette remise en cause de ses certitudes. Manifestement, ses longues études scientifiques n'avaient pas réussi à créer en lui une place pour le doute.

Aussi important que l'enseignement de la science, il y a aussi celui de la méthode scientifique. Trop souvent, les principes, les lois sont érigés en réalités objectives, absolues et indiscutables. Il faut accorder le plus grand soin à l'apprentissage de l'esprit critique, du doute et amener les étudiants à se poser des questions : « D'où cette affirmation vient-elle ? » « Pour quelles raisons devrais-je l'accepter ? » « Quelles sont les preuves en faveur de sa véracité ? »

Ainsi, à la question récurrente : « Le modèle du Big Bang est-il une vérité absolue ou seulement le produit de l'imagination fertile des chercheurs ? », la réponse est : « Ni l'un ni l'autre, il y a toute une gamme de possibilités intermédiaires. » À chaque théorie est associé un degré de crédibilité plus ou moins élevé, selon la valeur des arguments qui la corroborent. Certaines sont établies par un ensemble d'observations et de prévisions maintes fois confirmées. D'autres, pour lesquelles des objections valables persistent qui incitent à la prudence, sont encore hypothétiques et doivent être confirmées. En outre, une théorie n'est jamais définitive : elle se rapporte à une situation et à un moment donnés. De nouveaux résultats peuvent la remettre en cause, et elle pourrait bien rétrograder sérieusement dans l'échelle des certitudes.

Cette situation de précarité interdit de parler de « vérités absolues ». En même temps, elle confère à la science la souplesse qui en fait sa force et sa fiabilité. Elle stimule sa puissance d'investigation du monde réel, aux antipodes des idéologies figées.

Questions d'origine

Pourtant, comme tout un chacun, le chercheur a ses convictions et ses préjugés, qui l'amèneront à s'intéresser plus volontiers aux faits qui abondent dans son sens. Spontanément, il choisira d'aller pêcher dans les eaux où vivent les poissons qu'il préfère ! L'antidote à cette attitude et aux dangers qu'elle comporte consiste à développer vis-à-vis de soi-même quelque lucidité. « Qu'ai-je investi, affectivement, dans la vérification de l'hypothèse que je propose ? Comment vivrais-je le fait qu'elle soit démontrée fausse ? »

Cette lucidité s'impose particulièrement dans les domaines qui touchent aux origines. De l'Univers, de la vie, de l'être humain. Les interrogations ici dépassent largement le cadre de la science. Elles touchent à la philosophie, et les réponses peuvent influencer les comportements. Lorsque Copernic et Galilée découvrent que la Terre tourne autour du Soleil (et non l'inverse), cela a eu des répercussions considérables. Freud parlait du « choc astronomique ». La Terre n'est plus le centre de l'Univers. L'homme prend soudainement conscience de l'immensité du cosmos et de son isolement sur cette petite planète. La théorie de l'évolution biologique élaborée par Charles Darwin a déclenché une révolution similaire. Toujours selon Freud, ce fut le « choc biologique ». Nos ancêtres ne sont plus des dieux mais des singes et, plus loin encore dans le passé, de modestes cellules microscopiques. De même, Freud lui-même provoqua le « choc psychanalytique » lorsqu'il découvrit l'inconscient : l'être humain n'est pas le seul maître à bord de son navire ; un capitaine mutin, l'inconscient, prend souvent la barre. Aussi n'est-il pas étonnant de constater à quel point de telles idées novatrices peuvent susciter des prises de position catégoriques chez leurs détracteurs comme chez leurs défenseurs. Les débats sont l'occasion d'assertions grandiloquentes et les anathèmes sont jetés sans retenue. On se sent loin de la sérénité requise pour la fertilité des discussions.

Du bon usage de la science

Des imams musulmans demandent un jour à me rencontrer pour parler de cosmologie. Je les invite chez moi.

Trois hommes se présentent, grands, barbus, dignes. « Merci de nous recevoir », dit l'un d'un ton quasi solennel. « Voici ce qui nous amène. » Il me tend un grand livre recouvert de maroquinerie. C'est le Coran. « Plusieurs de nos confrères scientifiques ont entrepris de relire le Coran à la lumière des connaissances contemporaines. Selon eux, ces écrits sacrés contiennent en substance quelques-unes des avancées les plus importantes de la science moderne, aussi bien en astronomie (la théorie du Big Bang) qu'en biologie. Nous avons rassemblé ici les documents sur lesquels nos confrères ont établi leur démonstration. Nous voudrions vous les montrer. » Je regarde avec eux chacune des citations du Coran et les commentaires qui prouveraient la validité de leur thèse. Je ne trouve là rien de très convaincant. Je leur dis franchement : « Désolé, je ne peux pas cautionner les allégations de vos confrères. » Et j'ajoute : « J'ai une question pour vous maintenant. Mahomet est une grande figure humaine, un grand religieux. Pourquoi tenez-vous à ce qu'il soit aussi un grand scientifique ?

— On va vous expliquer. En politique, nous sommes des partisans d'un État religieux. Si nous pouvions prouver que Mahomet, il y a 1400 ans, avait eu une révélation divine des acquis de la science moderne, nous aurions un argument puissant de plus en faveur de notre option. C'est pourquoi nous voulions votre caution.

— Je vous l'ai dit, je ne peux pas vous la donner. Excusez-moi…

— Pas de problème. Nous vous remercions de nous avoir accordé votre temps. Dans notre religion musulmane, nous avons un grand respect pour les intellectuels. Nous vous offrons cet exemplaire du Coran. »

Nous nous sommes quittés bons amis. Pour moi, cette rencontre avait été profitable. Je venais d'entrevoir comment la science peut être utilisée à des fins politiques et religieuses.

Pertinences et limites du doute

J'ai parmi mes amis un homme extrêmement créatif aux talents multiples : sculpture, peinture, littérature. Dans chaque domaine, ses œuvres sont remarquables. Vibrant de vitalité, il travaille avec une fougue et une énergie peu communes. Son art et sa vie se confondent. Des scénarios inspirés de textes ésotériques l'habitent en permanence. Il se plonge avec délectation dans la lecture des grands mythes de l'humanité et il fait de ces ouvrages sa nourriture intellectuelle quotidienne.

Un jour, il m'a demandé mon avis sur l'astrologie. Je sais que mon opinion compte beaucoup pour lui. Dilemme. Lui avouer ma perplexité et mes réticences pourrait avoir une influence négative sur sa créativité. Pourquoi instaurer dans son esprit un doute qui pourrait être potentiellement stérilisant ? J'ai répondu d'une façon vague, volontairement ambiguë…

Prendre conscience de la diversité des mentalités et des esprits, admettre les fonctionnements personnels, voilà l'important. À chaque discours humain, qu'il soit scientifique, philosophique ou religieux, s'associe une tendance à voir « midi à sa porte ». Paraphrasant Nietzsche, on peut dire que « ce qui importe, ce n'est pas tellement ce qui est "vrai" mais plutôt ce qui "aide à vivre pleinement" ». Ce qui est bon pour l'un ne l'est pas forcément pour l'autre. Il n'y a pas de règle générale. Chacun cherche pour soi ce qui donne un sens à sa vie. Dans le cas de cet artiste, les grandes images mythiques sont les sources profondes et les ferments de sa créativité.

Le principe de précaution

L'application du doute doit s'adapter aux implications du contexte. Distinguons deux situations différentes.

Des astronomes affirment avoir découvert un nouveau satellite autour de Jupiter. Je reste sceptique, attendant que cette information soit confirmée ou infirmée. Il n'y a pas de problèmes quant au fait que je réserve mon jugement jusqu'à plus amples informations.

Deuxième cas : je sens une odeur de fumée chez moi. Si j'attends d'avoir la preuve que ma maison flambe avant de réagir, je risque de le faire trop tard.

Cette distinction est cruciale dans le domaine de l'environnement. Certaines personnes contestent encore l'influence de l'industrie sur le réchauffement climatique, arguant qu'il y a toujours place pour le doute. Sans être parfaitement concluantes (les preuves scientifiques ne le sont jamais), les présomptions en faveur de cette affirmation sont suffisamment solides pour que, étant donné le contexte et ses implications, il soit nécessaire de réagir le plus vite possible, au risque d'arriver trop tard.

Le principe de précaution s'applique aux situations où, sans avoir des preuves définitives, il y a des raisons de se questionner sur l'impact d'un projet industriel sur l'environnement. Il convient alors de le mettre en attente pour approfondir les recherches et évaluer les possibles retombées avant de le poursuivre ou de l'abandonner, selon le cas.

Si on l'avait fait il y a quelques décennies, on ne dépenserait pas aujourd'hui des milliards d'euros à désamianter des bâtiments publics. L'université de Jussieu en est un exemple.

L'argument de vraisemblance

Poussé à l'extrême, le doute devient lui-même un sérieux handicap au progrès de la connaissance. L'exigence de preuves irrévocables risquerait de démanteler tout l'édifice de la science. Mais comment savoir où s'arrêter ? Deux exemples illustreront mon propos.

Premier exemple : on pourrait se demander si César a réellement vécu ou s'il est un être fictif, inventé pour l'édification des foules romaines, un personnage comme on en rencontre dans les récits légendaires des sagas traditionnelles. Les traces de son existence sont nombreuses bien sûr, mais ne pourrait-il pas s'agir en définitive d'une vaste conspiration des historiens ?

Le second exemple nous mène vers les dirigeants soviétiques. On sait qu'ils sont parvenus à éliminer toute référence à certains personnages. Je pense à Léon Trotski par exemple. Que faut-il en conclure ?

La vraisemblance devient alors un critère, certes faillible, mais incontournable. Une conspiration des historiens romains pour créer de toutes pièces le personnage de César est peu envisageable. Il n'en est, par contre, pas de même en ce qui concerne les dirigeants soviétiques : la prise en compte de leurs pouvoirs dictatoriaux et de leur volonté d'effacer de l'histoire des faits ou des personnages gênants — ils l'ont fait à plusieurs reprises — autorise effectivement à nous méfier de leurs affirmations.

Pertinence et limites des convictions

Les avantages et les limites des convictions sont bien illustrés dans le parcours scientifique d'Albert Einstein. Ce physicien est convaincu que le comportement de la matière est parfaitement déterminé en termes de causes et d'effets. Rien n'est laissé au hasard.

Ces croyances, qu'il ne remettra jamais en question, ont sur lui un effet extrêmement dynamique. En quelque vingt années, de 1904 à 1925 environ, elles l'amènent à énoncer les théories de la relativité restreinte et générale. Deux monuments de la pensée humaine qui vont profondément modifier toute la physique contemporaine.

Plus tard, malheureusement, ces mêmes convictions joueront un rôle stérilisant. Il n'acceptera jamais les fondements de la physique quantique. Il cherchera en vain pendant plus de trente ans à lui substituer de nouvelles hypothèses dans lesquelles le déterminisme absolu retrouverait son statut. Pour Einstein, « Dieu ne joue pas aux dés », ce à quoi Niels Bohr lui répondait : « Albert, cessez de dire à Dieu comment il doit se comporter ! » Einstein n'ajoutera plus grand-chose à l'édifice de la physique.

Apprendre « quelque chose » à « quelqu'un »

Aujourd'hui, il est devenu primordial pour nos sociétés de diffuser les connaissances scientifiques. Au-delà de l'enrichissement culturel qu'elles apportent à tous ceux qui s'y intéressent, elles deviennent un facteur essentiel au bon fonctionnement de la démocratie. Tout au long du XXe siècle, l'influence des technologies sur notre mode de vie n'a cessé de croître. Le développement des énergies, l'armement nucléaire et l'essor des biotechniques en sont autant d'exemples. Nos concitoyens sont et seront de plus en plus appelés à faire des choix difficiles. Il faudra, pour faire les bons, une compréhension de plus en plus approfondie des questions sur lesquelles ils portent.

« Quand les scientifiques nous parlent, on a souvent l'impression que cela est trop compliqué pour nous. Cela nous passe tellement au-dessus de la tête que ça n'est même pas la peine de chercher à comprendre. »

Ces réactions, combien de fois les ai-je entendues ! Et j'en ai retenu l'appel implicite, bien décidé à ce que les réalités scientifiques dont j'ai connaissance ne restent pas hermétiques à mes auditeurs. Mes propres échecs et défaillances me laissaient insatisfait et, pour améliorer la situation, j'ai cherché à en analyser les causes. Je présente ici un résumé de mes conclusions.

Le but d'un cours universitaire, d'une conférence grand public, ou d'une conversation du grand-père que je suis avec les enfants de ma fille Évelyne, c'est toujours le même : apprendre *quelque chose* à *quelqu'un*. Les deux termes de la proposition sont les éléments indispensables à la réussite de l'opération. Toujours les garder simultanément en mémoire est une clef du succès.

Le grand arbre de la connaissance

Au fil des années, depuis notre plus jeune âge, de nouvelles connaissances nous arrivent de sources diverses et sur les sujets les plus variés. Archivées dans notre mémoire, ces connaissances s'intègrent dans une structure mentale comparable à un grand arbre aux multiples branches maîtresses : celle de la géographie, celle de l'histoire, celle des arts avec ses ramifications nommées musique, littérature, peinture... et celle des sciences, ramifiées en physique, chimie, astronomie, biologie. De branches en rameaux et de rameaux en branchettes, la ramure se développe et l'arbre grandit. Notre stock de connaissances croît d'une façon analogue. Ainsi, la branche Musique développe les rameaux des compositeurs se ramifiant en leurs œuvres. Musique — Mozart — *La Flûte enchantée*. Peinture — Van Gogh — *Les Tournesols*. La branche Chimie se prolonge en rameaux des constituants atomiques, celle de la Géographie génère par exemple Argentine, qui se ramifie pour contenir des données sur sa capitale… Et l'on trouvera la date de la bataille d'Azincourt dans une ramification de la branche Histoire.

On admet généralement qu'une nouvelle connaissance ne sera convenablement mémorisée que si elle peut trouver un lieu d'accueil précis et s'intégrer ainsi dans la ramure. En d'autres termes, à celui qui n'a encore aucune donnée sur l'Histoire de la Chine, la période Han qu'on lui narre tout à coup ne trouvera aucun support où se greffer. Celui qui ignore tout de la physiologie animale ne pourra incruster nulle part l'action du diphényle sur la rate. Inversement, tout document qui trouve un lieu préparé à son arrivée enrichit la culture et l'érudition de la personne.

L'édification de la mémoire par additions successives, dont l'ordonnancement se développe harmonieusement, est attestée par des résultats d'expériences récentes en sciences cognitives. Il importe donc pour l'enseignant de déceler l'état des connaissances des étudiants au moment où il a mission d'assurer leur accroissement. De même, le conférencier ne doit pas ignorer le niveau de savoir de ses auditeurs.

Quelques recommandations pratiques avant la conférence

Faire une enquête auprès des organisateurs pour connaître le profil des personnes attendues. Il s'agit de pouvoir estimer, même approximativement, le niveau de leurs connaissances. Si l'assistance comprend des esprits de formation intellectuelle très différente, essayer d'établir une fourchette des niveaux de chacun. Il faut que chaque auditeur y trouve quelque chose. Prendre en compte le niveau le plus bas en début de conférence pour atteindre graduellement le plus haut, celui des « initiés », sans s'interdire de le dépasser… pour un court instant, si le sujet l'impose. La frustration de ne pas tout comprendre est souvent compensée chez l'auditeur par la gratification de se sentir admis dans une assemblée de haut niveau intellectuel… et par la conviction qu'on ne le prend pas pour un ignorant…

Préparation de la salle

Une minutieuse inspection préalable du lieu de la séance est indispensable. Je me suis imposé d'accéder à la salle, accompagné d'un technicien, au moins une heure avant l'ouverture des portes. Aux organisateurs qui objectent : « Ne vous inquiétez pas, normalement tout marche bien », je réponds : « "Normalement" est un mot dont je me méfie particulièrement. » Pour détériorer l'ambiance d'une causerie, rien de tel que des techniciens tentant fébrilement d'installer le matériel ou de procéder à une réparation devant une salle remplie de spectateurs impatients…

Vérifier personnellement l'état de fonctionnement des appareils sans oublier de s'assurer d'une ampoule et d'un micro de rechange. La sono est-elle audible du fond de la salle ? Régler les éclairages : pas de spots qui aveuglent le conférencier et l'isolent. Si possible, pas de lampes fluorescentes (néons et autres), mais une lumière tamisée incitant à la concentration tout en laissant voir les yeux des auditeurs. Les regards sont les moniteurs de l'intérêt suscité par la causerie.

Le quart d'heure académique

Ce décalage tacitement programmé du début d'une conférence porte, dans le monde universitaire, le nom de « quart d'heure académique ». Je l'ai vécu dans la presque totalité des universités où j'ai pris la parole. Les organisateurs le prévoient et en informent le conférencier avant son entrée en scène. Cette coutume intègre le nom de l'endroit où elle a cours : « Le quart d'heure de Prague, de Turin, de Chicago, de Stockholm », etc. À ma grande surprise, elle existe aussi en Allemagne prussienne. Dans les pays méridionaux, c'est plutôt « la demi-heure académique ». Mais au Japon, on commence à la minute près…

Concentration des auditeurs

Ne pas commencer à parler avant que tout le monde soit entré et les portes fermées. Chacun doit être installé, avoir trouvé son calme, voire échangé quelques mots avec ses voisins. Si des personnalités sont annoncées, maire ou adjoint de service, attendre patiemment leur arrivée. Les entrées en cours de séance ont le plus mauvais effet sur la concentration des auditeurs.

« Je sais que vous êtes là »

À la fin d'une de mes premières conférences, j'ai demandé : « Est-ce qu'il y a des questions ? » On m'a répondu : « On entendait rien ! » Personne n'avait osé protester. Timidité ? Réserve ? Peur de se faire remarquer ? J'ai donc pris l'habitude de demander en introduction si l'on m'entend bien jusqu'au fond de la salle. Cette simple question installe la rencontre sous le signe de la convivialité. C'est comme un signe « Je sais que vous êtes là » qui engendre la confiance dont chaque auditeur a besoin pour se mettre dans une attitude d'écoute. Les réponses (un « oui », un geste de la main) attestent la réactivité de chacun.

Comme une session de jazz, une conférence est un « happening ». La concentration mentale, les efforts pour suivre et assimiler des raisonnements quelquefois ardus, sont favorisés par l'instauration d'un climat affectif établissant un lien entre l'orateur et les auditeurs. La conférence est un non-événement si le conférencier, installé devant son micro, lit imperturbablement son texte sans un regard vers l'auditoire. Mieux vaudrait distribuer l'écrit pour une lecture ultérieure.

Conseil particulièrement important : avant de prononcer un mot, ne jamais omettre de se demander si son sens est connu et familier ; à la moindre incertitude, ne pas hésiter à fournir une définition limpide. Trois mots incompris suffisent à perdre un auditeur ; il « zappe », s'évade, pense à autre chose (« j'ai le chèque du loyer à faire »), bouge, tousse, perturbe les voisins… son inconfort mental se propage. Ce souci exige du conférencier une vigilance constante : un effort continuel pour se mettre « dans la tête des gens ».

Si l'agitation gagne, il faut réagir et, selon le cas, ralentir, revenir en arrière, reprendre certains éléments, ou, au contraire, accélérer. L'ennui est un obstacle redoutable à l'échange.

La qualité du silence est le véritable révélateur du niveau d'écoute. Quand ça marche bien : pas un bruit, pas une toux.

Transparents, diapositives, PowerPoint

Ces adjuvants sont à utiliser avec prudence et parcimonie. Il est difficile de lire et d'écouter en même temps, surtout si le document visuel est chargé de signes et de mots. Trop d'informations simultanées bouchent les canaux de l'entendement. À éviter aussi : le passage accéléré de figures et schémas présentant des lettres et des chiffres, de surcroît s'ils sont petits et illisibles du fond de la salle (signifiant aux spectateurs qu'on n'a pas tenu compte de leur existence). Ne mettre que quelques phrases courtes qui résument les propos énoncés. Attention aussi aux coordonnées des diagrammes. Et sur les documents « PowerPoint », se méfier des couleurs, les verts et les jaunes ne ressortent pas.

Période de questions

C'est la phase la plus exigeante du point de vue psychologique, la plus fatigante, celle qui m'épuise toujours rapidement. Voir la personne qui s'exprime est important pour capter son regard. En quelques secondes, le conférencier doit, à partir des mots, du ton de la question, de la gestuelle, évaluer le contexte, préparer sa réponse et la donner sans attendre. Si l'interrogation porte sur un sujet scientifique, à quel niveau répondre ? Quels mots sont adaptés ? Est-on sûr que la personne attend vraiment une explication ou veut-elle simplement épater l'auditoire ? La situation est encore plus délicate si la question se situe hors du cadre scientifique, si elle a des connotations sociales ou religieuses. S'il s'agit de l'incontournable « Et Dieu, là-dedans ? », la formulation devra alors s'adapter au profil du questionneur : comment se situe-t-il par rapport à ce thème ? Les cas sont variés : s'agit-il de quelqu'un en recherche spirituelle ? d'un athée militant ? d'un illuminé issu d'une secte ? d'un intégriste débordant de certitudes ? etc.

Dernière recommandation

Ne jamais, au grand jamais, humilier un auditeur, quelle que soit la question posée, même si elle paraît idiote ou dénuée d'à-propos. Se rappeler qu'il faut à certaines personnes beaucoup de courage pour oser s'exprimer en public. Trouver un moyen de la reformuler sans trop la déformer, mais fournir une réponse cohérente avec le thème de la causerie, et pourquoi pas, aller plus loin : « Si je vous ai bien compris, ce que vous me demandez, c'est… » Ainsi chacun y trouvera son compte.

Question de contexte

En entrant dans la salle, l'orateur aperçoit des personnes assises, prêtes à l'écouter. Leur présence manifeste leur désir d'en apprendre un peu plus sur le sujet annoncé par le titre de la causerie. Son rôle est clair : délivrer les informations appropriées. Voilà le dénominateur commun à toute conférence pour tous les publics partout dans le monde. Mais il ne s'agit que de la partie émergée de l'iceberg que représente cet événement.

La partie qui lui est cachée, c'est la réalité humaine spécifique du groupe auquel il s'adresse. Les résonances qu'elle va faire vibrer chez chacun. Là aussi il faudra s'adapter rapidement. Voici deux anecdotes qui illustrent bien cette situation.

Le premier événement se passe dans un Institut d'études du pétrole près d'Alger. Je m'adresse à un groupe d'ingénieurs. Après un certain temps, je sens monter une tension que je n'arrive pas à contrôler. L'ambiance devient houleuse, désagréable. Je n'arrive pas à lire dans les yeux des auditeurs les motifs de cette animosité. Mon discours serait-il trop difficile ? Aurais-je surestimé le niveau de leurs connaissances scientifiques ? Pourtant, ce sont des ingénieurs. Je reprends mon propos, le simplifiant, définissant chaque mot, élaborant chaque argument. Peine perdue ! Rien n'y fait. L'atmosphère s'alourdit de plus belle. Chuchotements et éternuements dans la salle.

Je termine rapidement et passe à la période de questions.

Un jeune homme se lève et dit haineusement : « C'est bien ça, vous, les Français : tous pareils. Vous nous prenez pour des ignorants. Vous venez bêtifier du haut de votre grandeur. » Je comprends mon erreur. J'ai ignoré le contexte historique entre les Français et les Nord-Africains, les séquelles laissées par la longue période de colonisation, l'oppression, la domination, le mépris toujours présent chez bon nombre de Français à l'étranger. Et surtout, chez les Maghrébins, il y a le désir d'être reconnus dans leur identité et leur culture.

Pour tenter de réparer ma gaffe, je lui dis : « Posez-moi une question. » Dans un langage pointu, il m'interroge sur l'origine de l'invariance de Lorentz dans le cadre de la théorie de la relativité d'Einstein. C'est ma chance de me rattraper, je lui réponds longuement, en ne ménageant pas les mots techniques et les raisonnements compliqués. Pendant que je m'appesantis sur le sujet, je sens l'ambiance se détendre.

L'autre événement se situe à l'université de Ryad en Arabie saoudite. On m'a invité à faire une conférence dont le titre est « Les premiers temps de l'Univers ». Quelques minutes avant le début, un des organisateurs vient me souffler à l'oreille : « Si vous pouviez éviter de parler du Big Bang : ça gêne ici… »

Étonné, je lui réponds : « Mais comment faire alors ?

— Parlez plutôt de la formation de la Terre. »

Je réorganise ma présentation et je m'exécute devant un auditoire d'hommes coiffés du turban traditionnel. À la fin de la causerie, l'un d'entre eux se lève, portant ostensiblement à la main un gros livre relié en cuir. Je pense au Coran et pressens une confrontation désagréable.

« Puis-je venir près de vous ?

— Bien sûr ! Venez. »

Il s'avance lentement et, d'un geste solennel, dépose l'ouvrage sur ma table de conférencier : « Vous reconnaissez ce livre ? » Il l'ouvre et… c'est *Patience dans l'azur*.

Se tournant alors vers le public, il m'interroge haut et fort : « Le titre de votre conférence est bien "Les premiers temps de l'Univers" ? Alors, expliquez-moi : pourquoi n'avez-vous pas parlé du Big Bang ? »

Une vive discussion en anglais s'ensuit, ponctuée de

propos révélateurs de ce qui me fut confirmé par la suite : les pays du golfe Persique sont le lieu d'une confrontation entre deux groupes puissants, que l'on pourrait appeler, pour simplifier, les conservateurs et les libéraux. D'un côté, depuis le retour de l'imam Khomeyni en Iran, certains mouvements islamistes radicaux prônent un farouche repli des sociétés musulmanes sur elles-mêmes, refusant tout apport de la culture occidentale. À l'opposé, d'autres personnes voudraient entrer de plain-pied dans la mondialisation du commerce et développer les échanges avec le reste du monde. Sans le vouloir, j'étais pris au cœur même d'un conflit, qui trouvait à s'alimenter autour du thème « *Big Bang or not Big Bang* ».

Cela s'est heureusement terminé autour d'un buffet garni d'excellents vins français. Oui… même à Ryad !

CHAPITRE 29

Vulgarisateur médiatique

Jamais, pendant mes études ou au cours de mes premières années de professorat, je n'ai pensé devenir vulgarisateur scientifique. Je concevais mon avenir associé à un laboratoire au sein duquel je ferais de la recherche, assurant parallèlement la direction de thèses et, surtout, enseignant à un niveau universitaire.

C'est à l'occasion de débats publics sur des sujets scientifiques variés que j'ai commencé ma carrière médiatique. Je me souviens notamment d'une table ronde sur le thème : « De l'énergie nucléaire comme source d'énergie pour l'humanité » ! À Cornell, nos professeurs — Hans Bethe, Philip Morrison — en étaient d'ardents défenseurs et leur enthousiasme était contagieux. Selon eux, le nucléaire, c'était la fin de la pauvreté dans le monde, l'énergie gratuite pour tous. Pensez donc : un gramme d'uranium contient autant d'énergie qu'une tonne de pétrole !

Pourtant, déjà, nombreux étaient ceux qui s'inquiétaient des retombées de cette industrie. Lors d'un débat à Montréal, Pierre Trudeau, futur Premier ministre du Canada mais à cette époque membre d'une opposition assez radicale, avait développé les arguments qui motivaient ses réticences. Emporté par l'optimisme de mes maîtres, j'avais alors exprimé ma conviction : les problèmes évoqués étaient réels, bien sûr, mais ils seraient rapidement résolus. Il a cependant bien fallu se rendre à l'évidence : les difficultés s'accumulaient et les solutions tardaient à venir. Elles tardent encore…

Dans les années 1970, Robert Clarke animait une émission très populaire à la télévision française : « L'Avenir du futur ». On y présentait un film à la suite duquel un débat avait lieu sur les implications scientifiques ou sociales du sujet traité. Il m'y a invité plusieurs fois. Je me rappelle en particulier d'une discussion assez vive, à propos des soucoupes volantes, entre trois scientifiques et deux psychanalystes. Je me trouvais le plus souvent en accord avec ces derniers.

Cependant, c'est lors de vacances dans un VVF (Villages Vacances Familles) « Les Cigales », à Carry-le-Rouet près de Marseille, qu'a réellement commencé mon implication dans le domaine de la vulgarisation. Une fois les enfants couchés, les parents avaient pris l'habitude de se réunir pour parler de leurs métiers. J'ai vite ressenti chez eux un vif intérêt pour l'astronomie. Les questions fusaient et, quand la nuit était claire, j'illustrais mes propos sur la voûte étoilée, désignant tour à tour la Voie lactée, les constellations et les planètes visibles à ce moment. La séance se prolongeait quelquefois jusqu'à la disparition des étoiles dans la lumière de l'aube.

Pour illustrer les événements qui accompagnent la naissance, la vie et la mort des étoiles, j'ai entrepris de projeter sur les murs blancs de la cafétéria des diapositives de galaxies et de nébuleuses — ce que ma petite-fille Emmanuelle de trois ans appelait « le pestacle de grand-papa Hubert ». On parlait ensuite de trous noirs, de fontaines blanches, de civilisations extraterrestres, de religions, de métaphysique, etc., tout y passait !

Un jour, à la fin d'une de ces séances, une amie m'a dit : « Observe la curiosité que ces sujets suscitent ! Tu devrais écrire tout cela. »

Mes recherches me laissaient peu de temps pour un tel travail. Pourtant, je me pris au jeu et je mis en chantier un grand livre illustré de somptueuses images astronomiques.

Je choisis pour thème l'histoire de l'Univers sous l'angle de notre relation personnelle au cosmos, la formation des atomes dans les creusets stellaires, l'apparition des molécules puis des cellules dans l'eau tiède des océans primitifs de notre planète, etc.

Il fallait trouver un titre. « Évolution cosmique » était tout à fait correct sur le plan scientifique. Mais face à la portée du propos et à l'émotion qu'il est susceptible d'engendrer, il me semblait plat et déplanant.

Un poème de Paul Valéry m'est alors revenu en mémoire :

> Patience, patience,
> Patience dans l'azur ;
> Chaque atome de silence
> Est la chance
> D'un fruit mûr.

« Patience » évoque la dimension temporelle de l'expérience-Univers : on pense à l'attente silencieuse et recueillie de la femme enceinte. Le mot « azur » possède une connotation poétique, hiératique, solennelle, que n'a pas son analogue le mot « bleu ». Le mariage des deux m'a paru propre à faire passer ce que je ressentais.

Se posa ensuite la question de trouver un éditeur. Là, rien n'allait plus ! « Votre livre sera trop cher ! La conjoncture économique actuelle n'est pas favorable, et puis l'astronomie, ça n'intéresse personne. Faites donc plutôt un abécédaire : A comme Aldébaran, B comme Bételgeuse, C comme Capella… »

Pour réduire le coût du projet, je me résignai à une version abrégée, avec quelques photos en noir et blanc regroupées dans un cahier intérieur. Je me remis en quête d'un éditeur. Peine perdue ! Plus de trente maisons d'édition me renvoyèrent mon manuscrit avec quelques mots de pure politesse. Découragé, j'allais le ranger dans un tiroir, décidé à l'oublier, mais le sort en décida autrement.

C'est en effet à ce moment-là que Jean-Marc Lévy-Leblond, un ami physicien, me proposa d'écrire un livre pour la collection « Science ouverte » qu'il dirigeait aux Éditions du Seuil. Je lui ai immédiatement envoyé mon ouvrage. Sa réaction fut très positive. Il m'a reçu chez lui pendant trois jours pour retravailler le texte et le livre fut publié en 1981.

Les débuts furent lents, jusqu'à l'intervention d'Évelyne Cazade, attachée de presse au Seuil. Elle entreprit de faire le siège du bureau de Bernard Pivot. Son émission télévisée, « Apostrophes », jouait alors un rôle quasiment mythique dans le secteur littéraire. Invoquant sa méconnaissance des sciences, Pivot hésitait à recevoir des scientifiques. À force de patience et d'imagination, Évelyne Cazade — une de ces personnes pour lesquelles le mot « non » n'est pas une réponse — réussit à le convaincre d'y présenter le livre. Il connut alors un succès rapide.

Il y a un seuil à partir duquel une carrière médiatique démarre d'elle-même. Un titre qui marche entraîne dans sa foulée des tas d'interviews. Des chroniqueurs à la radio et à la télévision, des directeurs de Maisons de la culture, des enseignants universitaires et du secondaire, invitent l'auteur à s'exprimer devant leurs auditoires, lui proposant à cette occasion une séance de dédicaces. Ainsi je me suis vu progressivement entraîné dans une activité qui risquait d'occuper une fraction de plus en plus importante de mon temps et, si je n'y prenais garde, de le dévorer entièrement. Je pris alors la décision de ne pas renoncer à tout ce qui fait, pour moi, le plaisir de la vie : acquérir des connaissances nouvelles, participer à la recherche en astrophysique, me retrouver avec les gens que j'aime, écouter de la musique, me promener dans la campagne, visiter le monde...

Dialogue

Depuis la parution de *Patience dans l'azur* (1981), je reçois presque chaque jour des lettres de lecteurs. Toutes, ou presque, reçoivent une réponse, brève ou longue, rapide ou différée. Ainsi, depuis un quart de siècle, le contact existe et les échanges se poursuivent. Dorénavant, les courriels les multiplient, mais il arrive que je sois submergé ou que des naufrages informatiques fassent sombrer ma messagerie…

Ces lettres m'ont confirmé tout l'intérêt que nos contemporains portent aux questions scientifiques. En particulier, les personnes dites « du troisième âge », des retraités souvent de situation modeste, ou des mères de famille dont les enfants ont quitté la maison et qui ont du temps libre. Certains lecteurs me confient l'attente dans laquelle ils étaient de s'adonner à une occupation intéressante. L'astronomie est plébiscitée. En savoir plus sur l'Univers, les galaxies, les étoiles, est fréquemment cité comme centre d'intérêt. Être au fait des dernières découvertes motive puissamment. L'excitation qui s'empare d'eux leur permet de participer à cet essor des connaissances qui résulte de la recherche.

L'approche de la fin de vie explique-t-elle cet engouement ? Plusieurs personnes le disent explicitement. Se détachant des préoccupations matérielles, elles satisfont leur désir de s'éloigner du quotidien, d'aborder des sujets moins « terre à terre ».

Des questions de mes lecteurs m'ont parfois laissé perplexe. Elles faisaient écho à mes propres interrogations. Elles ont orienté mes lectures et mes réflexions. Elles m'ont guidé dans le choix des sujets que j'ai abordés ultérieurement. Ainsi s'est instauré un dialogue, ponctué de nouveaux ouvrages largement inspirés par ces échanges épistolaires.

Plusieurs correspondants ont abordé un thème qui m'habite depuis longtemps : la situation conflictuelle entre les scientifiques et les littéraires. Les mots chargés de condescendance de mon professeur d'astronomie et de certains de mes camarades étudiants étaient restés gravés en moi. Sur quelles bases reposait cette fâcheuse propension à mépriser tout ce qui n'est pas science ? Cette tendance hégémonique est-elle défendable ? L'écriture de *Malicorne* fait une large place au thème de la réconciliation entre la science et la poésie.

La rencontre de Jacques Very, enseignant en arts plastiques, m'a donné une autre occasion de poursuivre cette démarche de réconciliation. Nous avons fait connaissance à un congrès sur « Le rôle de l'imagination en art et en science » organisé par le poète Pierre Emmanuel au château d'Épernay.

À cette époque, Jacques enseignait le dessin dans un collège de la banlieue parisienne. Avec deux collègues, Éliane Lemierre-Dauphin, enseignante en lettres, et Nicole Delsarte, professeur de physique, il avait formé le projet de regrouper les activités de leurs classes, textes, poèmes, dessins, autour d'un thème : l'espace. Chaque semaine, je rencontrais ces jeunes, d'une douzaine d'années environ, qui me bombardaient de questions auxquelles je tentais de répondre.

En fin d'année, un choix de dessins et de poèmes accompagnés de magnifiques documents astronomiques, ainsi que de mes réponses, fut publié en un livre intitulé *Soleil*. J'ai, par la suite, eu plusieurs fois l'occasion de profiter du grand talent de photographe de Jacques dans mes ouvrages : *L'espace prend la forme de mon regard* et, plus récemment, *Patience dans l'obscur*, un livre illustré sur la maternité.

La belle histoire

J'ai parlé (au chapitre 4) de ma grand-mère, Charlotte Tourangeau, et de ses talents de conteuse. Aujourd'hui, quand je m'apprête à raconter une histoire, ou lorsque je me prépare à donner une conférence, il m'arrive de penser à elle. Je l'imagine sur le point de nous livrer la suite du récit palpitant qu'elle avait commencé la veille…

Au fil du temps, et grâce à mon métier d'astronome, j'ai pu enrichir mon répertoire de ce que j'aime appeler « la belle histoire ». Celle du cosmos, qui va du Big Bang jusqu'à chacun d'entre nous (chapitre 23). J'ai eu l'occasion de l'évoquer devant des auditoires très variés allant des écoliers aux personnes du troisième âge… Des collégiens, des lycéens, des étudiants… Des prisonniers, des malvoyants, des malentendants ou encore des personnes séjournant dans des instituts psychiatriques… Des congressistes : médecins, notaires, juges, hommes politiques de tous partis… J'ai été invité à la relater dans de nombreux pays.

Un événement m'a particulièrement marqué. C'était à Québec, où je faisais une conférence dans un hôpital. Je revois parfaitement un jeune homme assis devant moi dans un fauteuil roulant, à hauteur des premiers rangs. Ses yeux brillaient pendant que je parlais. Lorsque j'eus terminé, un soignant le conduisit vers moi. Atteint d'une dégénérescence musculaire, il pouvait à peine parler et c'est avec difficulté qu'il articula : « Ces connaissances que vous nous apportez sont les seules choses qui me donnent envie de continuer à me battre pour rester en vie. »

La moins belle histoire

Certains lecteurs de *Patience dans l'azur* m'ont fait observer que je n'abordais qu'un seul aspect de la réalité.

La dédicace — « À tous ceux que le monde émerveille » — laissait entrevoir le choix des thèmes. J'y abordais la « face solaire » du monde. J'en ignorais la face sombre — guerres, massacres, génocides, haines raciales, oppressions, crimes de toutes sortes : l'horreur qui nous est présentée quotidiennement dans les journaux ou les reportages télévisés.

Ces remarques m'ont amené à réfléchir sur une réalité que j'avais côtoyée durant mes années d'études et qui constituait alors la plus grande des menaces pour l'humanité : les arsenaux de bombes atomiques stockées par les deux superpuissances ennemies (les États-Unis et l'URSS). C'est ainsi que j'ai commencé à rédiger *L'Heure de s'enivrer* (1984).

À la fin de la Seconde Guerre mondiale, après les explosions nucléaires d'Hiroshima et de Nagasaki, l'armée américaine, faisant fi des recommandations de la plupart des physiciens (mais pas de tous...), mit en chantier la bombe à hydrogène. La conséquence directe fut que les Soviétiques la fabriquèrent eux aussi sans tarder. Résultat : deux États rivaux pointant l'un sur l'autre des armes nucléaires d'une puissance de plus de 5 000 mégatonnes, capables d'atteindre leurs cibles en seulement quinze minutes. On estimait que le choc de la déflagration et les nuées radioactives feraient plus d'un milliard de victimes. Sans compter les effets secondaires, qui élimineraient probablement le reste de l'humanité.

À tout instant, et plus particulièrement pendant les grandes crises politiques (guerre de Corée, débarquement dans la baie des Cochons à Cuba), chacun redoutait le déclenchement du cataclysme. Au cours d'un de ces moments de tension, un journal américain, *Bulletin of the Atomic Scientists*, publia, à la une de ses numéros successifs, l'image d'une horloge dont les aiguilles oscillaient entre onze heures et demie et minuit moins cinq, selon que la situation devenait plus ou moins critique. La « terreur nucléaire » s'était installée dans les esprits.

Pour placer cette situation dans un cadre plus vaste, j'ajoutai alors à mes conférences une finale intitulée « Le drame cosmique en trois actes », qui se déroulait ainsi :

1er acte : L'Univers engendre la complexité.

2e acte : La complexité engendre l'efficacité. Plus un organisme est complexe, plus il est performant et capable de modifier radicalement son environnement.

3e acte : L'efficacité n'engendre pas nécessairement le « sens ». Elle peut aussi générer du « non-sens ». Si on me demandait : « Qu'est-ce que le sens ? » je répondrais en paraphrasant Albert Camus lorsqu'il écrivait : « La vérité, je ne sais pas ce que c'est, mais le mensonge, je le sais. » Il est en effet plus facile d'identifier le non-sens que le sens.

La terreur nucléaire a pris fin dans les années 1980. Sous la direction de l'astrophysicien Carl Sagan, un groupe de scientifiques avait modélisé une guerre atomique mondiale. Selon le scénario, il en résulterait de gigantesques fumées provoquées par des incendies généralisés. Ces nuées opaques couvriraient la planète et empêcheraient la lumière solaire de l'atteindre. Un « hiver nucléaire » s'étendrait alors sur la Terre qui pourrait largement éliminer l'espèce humaine.

Ce travail eut un effet radical sur les institutions politiques des deux nations ennemies. En 1986, Gorbatchev et Reagan se rencontrèrent à Reykjavik, en Islande, pour entreprendre le démantèlement des bases de lancement terrestres et sous-marines. En 1989, l'éclatement de l'URSS mit fin à cette crise.

Aujourd'hui, bien que l'arsenal atomique existe encore, le déclenchement d'une guerre nucléaire mondiale paraît de moins en moins vraisemblable. Les bombes artisanales et les avions de ligne semblent être les armes de notre époque. Mais, pour alimenter notre réflexion, supposons malgré tout qu'un échange nucléaire ait eu lieu. Que quelques rares survivants, examinant la séquence des événements responsables de ce désastre — évolution du cerveau humain, développement des connaissances scientifiques et de la technologie, découverte de l'énergie nucléaire, fabrication des missiles, etc. —, se posent cette question : l'intelligence serait-elle un cadeau empoisonné ? Dans ce scénario, force serait de constater que l'espèce animale qui en a été dotée recevait en même temps le moyen de s'exterminer elle-même, sans pour autant avoir reçu les garde-fous nécessaires pour éviter de passer à l'acte. Prenons conscience du fait qu'entre 1950 et 1980 l'humanité a bien failli disparaître. Nous sommes une espèce éminemment périssable.

CHAPITRE 30

Défense de l'environnement

On peut voir l'astronomie et l'écologie comme deux volets d'un même thème : notre existence. L'astronomie, en nous racontant l'histoire de l'Univers, nous dit d'où nous venons, comment nous en sommes venus à être ici aujourd'hui. L'écologie, en nous faisant prendre conscience des menaces qui pèsent sur notre avenir, a pour but de nous dire comment y rester.

Quand j'étais étudiant, hormis sur le plan politique avec la guerre froide, l'avenir de l'espèce humaine était envisagé avec optimisme. Les réacteurs nucléaires promettaient de l'énergie à bas prix et la fin de la pauvreté dans le monde... Les progrès de la chimie dans le domaine des fertilisants laissaient entrevoir un accroissement considérable du rendement des terres cultivées. La « révolution verte » empêcherait la famine... Les développements et les applications de la médecine, en particulier en matière d'antibiotiques, allaient permettre de guérir un grand nombre de maladies mortelles et d'écarter tout risque de pandémie... Les scientifiques œuvrant dans ces secteurs vivaient dans l'euphorisante conviction de préparer activement l'avènement du bonheur pour l'humanité.

Pourtant, au cours des années 1970, 1980 et surtout 1990, des nuages sombres ont progressivement assombri ce ciel idyllique.

Ce fut d'abord la suspicion d'un réchauffement climatique planétaire (effet de serre) engendré par le rejet de gaz carbonique dans l'atmosphère, du fait de la combustion du pétrole, du gaz naturel et du charbon. Elle fut étayée par les premiers calculs effectués à l'aide de modélisations mathématiques. Les Nations unies confièrent alors à un groupe constitué de plus de 2 500 spécialistes parmi les meilleurs à l'échelle internationale (le GIEC) la mission d'étudier cette question. Le réchauffement fut confirmé et l'industrie humaine identifiée comme en étant la cause principale.

Le Saint-Laurent en péril

Ce fut ensuite la pollution. L'accroissement du gaz carbonique dans l'air (un gaz incolore, inodore et présent sans grand dommage dans le champagne) restait cependant pour moi relativement abstrait. Je n'en sentais pas directement les conséquences. Il n'en était pas de même des effets de la pollution chimique.

D'année en année, j'ai constaté sur le buddleia (l'arbre à papillons) de notre jardin de Malicorne la diminution dramatique des populations de papillons. Auparavant, l'été, je pouvais les compter par dizaines d'espèces différentes, sur les grappes de fleurs odorantes. Aujourd'hui, il en reste très peu. Même constatation pour les hirondelles qui nidifient dans nos vieilles granges, et pour les grenouilles qui coassent dans l'étang…

Mais ce qui m'a le plus profondément affecté, ce sont les mauvaises nouvelles en provenance du Québec sur l'état de santé du fleuve Saint-Laurent. Enfants, nous nous y baignions. Quel choc quand j'ai appris, il y a quelques dizaines d'années, qu'il était devenu « la poubelle de l'Amérique du Nord ».

Une première occasion de m'investir dans la préservation de la nature m'a été offerte par Allain Bougrain-Dubourg, ce grand défenseur des oiseaux. Il m'avait proposé de participer à une manifestation contre la chasse illégale des tourterelles des bois dans le Sud-Ouest de la France. De retour d'Afrique, ces oiseaux survolent la Gironde et passent au-dessus du Médoc et de la pointe de Grave. Embusqués dans des caches disséminées dans la campagne, des chasseurs par milliers les attendent. Accompagnés par un car de gendarmes, avec ma femme Camille, nous sommes allés à leur rencontre. Je garde un souvenir horrible de cette confrontation : des groupes d'hommes armés dressaient le poing contre nous en hurlant des injures. J'en ai fait des cauchemars. Heureusement, grâce à la détermination d'Allain Bougrain-Dubourg, ces interventions ont porté leurs fruits. Les massacres ont grandement diminué.

C'est dans la décennie 90 que, par deux fois, j'ai rencontré Théodore Monod, un scientifique humaniste et écologiste. Nous avons tous deux participé à un défilé contre la reprise des essais nucléaires dans le Pacifique. Entre Bastille et Nation, nous nous adressions avec des porte-voix aux maigres attroupements rassemblés sur les trottoirs. Je l'ai aussi vu au Muséum d'histoire naturelle de Paris. C'était lors d'une manifestation contre un projet d'aménagement d'un centre d'essais de pneumatiques dans la plaine des Maures, sur les bords de la Méditerranée. Ce projet menaçait de saccager l'habitat des tortues d'Hermann, une espèce déjà au bord de l'extinction. Il est arrivé dans une chaise portée, pâle et donnant l'image d'un très vieil homme en état de grand épuisement. Des étudiants le portèrent sur l'estrade et l'aidèrent à s'installer sur une chaise. Il releva la tête et nous regarda.

En un instant, ses traits s'illuminèrent et ses yeux se mirent à briller. D'une voix ferme, il nous entretint de la gravité de la situation avec clarté et précision. À la fin de son allocution, pendant les applaudissements, la fatigue et la maladie marquèrent à nouveau son visage et tout son corps. Il s'effondra dans le fauteuil qui l'attendait au bas de la tribune.

Début 1976, Théodore Monod et plusieurs de ses amis avaient fondé un mouvement appelé Rassemblement des opposants à la chasse (R.O.C.). Vigoureuse réaction contre une situation qui se détériorait considérablement. Parmi les résultats obtenus : l'instauration d'un examen pour l'obtention du permis de chasser (auparavant, il suffisait de l'acheter !), la première loi, toujours en vigueur, de protection de la nature, l'évolution de la loi Verdeille qui permettait aux chasseurs de pratiquer leur loisir sur les propriétés privées sans le consentement des propriétaires, la réduction de la période de chasse des oiseaux d'eau qui commençait « traditionnellement » le jour de la fête nationale, sans aucun souci de la biologie des espèces…

Après la mort de Théodore Monod, et comme j'étais déjà membre de l'association, il m'a été proposé d'en devenir le président. Il importait en effet que ce rôle fût occupé par un scientifique connu et ayant déjà montré de l'intérêt pour la cause de la nature et de l'animal. Cette invitation arrivait à point dans ma réflexion.

Depuis un certain temps, je cultivais le désir et l'envie de participer plus activement à la défense de l'environnement. De surcroît, il m'est apparu clairement que le fait d'avoir une certaine notoriété m'imposait une certaine obligation morale : celle de faire servir cet avantage à des causes valables. Les mots ont beaucoup plus de chances d'être entendus par un large public s'ils sont prononcés par des gens connus que par des inconnus.

J'ai demandé un temps de réflexion. L'activité du groupe R.O.C. me posait problème.

D'une part, je ne suis pas un opposant systématique à la chasse. Pour certaines populations humaines, la chasse de subsistance est respectable. En d'autres lieux, cette activité peut jouer un rôle de régulation des populations d'animaux. La récente augmentation des chevreuils dans le Sud du Québec en fournit un exemple. La multiplication des ragondins dans certains cours d'eau de France, un autre. Tout comme on fait appel aux pompiers en cas d'incendie, si des dommages importants sont constatés malgré des efforts de prévention, les collectivités doivent pouvoir compter sur des chasseurs pour réduire les effectifs, sans mettre les espèces en péril, et sans utiliser de méthodes cruelles.

D'autre part, la pensée positive « être pour » est toujours préférable à la pensée négative « être en opposition ». J'ai donc négocié un changement de nom pour le mouvement. La proposition en fut faite en février 2001, à l'assemblée générale, adoptée à la quasi-unanimité, et le R.O.C. est devenu la « Ligue pour la préservation de la faune sauvage et la défense des non-chasseurs », dite ROC par souci de continuité. Ce mot, qui n'est plus un acronyme, est un symbole de solidité.

L'action du groupe a beaucoup évolué. Notre but est clair : travailler de façon concrète à la protection de tous les vivants, y compris les humains. Ce qui n'est pas une mince tâche. Nous concentrons notre activité sur le problème de l'érosion de la biodiversité, un des aspects majeurs de la détérioration planétaire.

J'ai la chance de travailler avec une petite équipe extrêmement efficace composée de mes amis Nelly Boutinot et Christophe Aubel, tous deux parfaitement au courant des dossiers et très judicieux dans leur manière de se comporter dans les milieux difficiles, aussi bien dans le monde politique que dans le monde associatif.

Avec d'autres associations et le concours de Mme Olin, ministre de l'Écologie à l'époque, nous avons obtenu que les Terres australes et antarctiques françaises (TAAF) reçoivent le statut de « réserve naturelle » qui leur assurera un haut niveau de protection. Parmi ces Terres, où nichent d'innombrables oiseaux, les îles Kerguelen, aussi grandes que la Corse, sont l'un des rares territoires non exploités de la planète.

Nous avons également demandé au gouvernement français, et obtenu en 2008, qu'il n'accorde plus de concessions minières pour l'extraction de l'or en Guyane. Ces extractions s'accompagnent d'importants déversements de mercure ou de cyanure au détriment des populations autochtones, de la faune et de la flore. Grâce à la base de lancement de satellites de Kourou, la Guyane est aujourd'hui une importante fenêtre technologique de la France dans le monde. Il est de première importance qu'elle devienne également une grande fenêtre écologique.

Nous privilégions la vie fédérale au sein de France Nature Environnement et de l'Union mondiale pour la nature, structures dans lesquelles nous portons les aspirations de nos membres, comme nous les portons partout où nous le jugeons utile. Véritable relais faisant émerger des sensibilités de la société, notre Ligue ROC sait évoluer, signe qu'elle est dans le sens de la vie. Elle prend sa part du travail sans la dangereuse radicalisation qui coupe les ponts avec ceux que l'on voudrait convaincre. Comme ce n'est pas un géant, qu'elle est à taille humaine et veut le rester, elle avance à petits pas. Elle est ouverte à qui souhaite faire un bout de chemin avec nous (voir encadré pages suivantes).

Pour moi, je peux dire que cette collaboration a pris progressivement une grande importance. Avoir l'impression de travailler pour une cause noble donne un sens nouveau à ma vie et je tiens à en remercier mes collaborateurs.

« Mal de Terre »

En 2000, un ami philosophe, Frédéric Lenoir, m'a proposé d'écrire un livre sur la détérioration de la nature et de l'environnement. Des opinions contradictoires sur la gravité de la situation circulaient dans divers écrits. Cette confusion risquait de nuire considérablement aux projets

Un geste écologique réussi

Il y a quelques années, au Québec, un projet de centrale au gaz a suscité une vague impressionnante de protestations et en particulier les lignes suivantes dans un journal local : « "Cinquante-sept millions : c'est le nombre de déplacements annuels qu'il faudrait faire en métro ou en vélo, plutôt qu'en voiture, pour compenser les gaz à effets de serre produits par la centrale du Suroît. Pour compenser cet accroissement, un individu devrait prendre chaque jour le métro, plutôt que sa voiture, pendant mille cinq cents siècles." Ce constat est celui de milliers de Québécois et tout particulièrement ceux qui tentent de faire leur part pour protéger la planète. Les petites améliorations que nous apportons chaque jour, en recyclant, en prenant le métro, en chauffant moins nos domiciles, se verraient annihilées par la détérioration infiniment plus massive qu'entraînerait cette construction décidée par des instances gouvernementales.

Au danger écologique réel s'ajoute le risque de découragement et de démobilisation collective pour tout ce qui touche l'environnement. Pourquoi nous priver d'une voiture polluante, pourquoi limiter votre chauffage à vingt degrés, si ce que nous évitons à l'environnement reste aussi dérisoire à côté des émissions de cette centrale ? Certes, le gaz pollue moins que le charbon, le pétrole, le plutonium. Certes, le Québec détient une bonne performance relative par rapport à l'émission du CO^2. Seulement, et c'est là un second message qui laisse perplexe, loin d'être revendiquée, loin de devenir un titre de fierté pour la province, cette bonne performance est érigée en justification pour devenir mauvais élève : nous avons été assez efficaces, nous avons gagné le droit de polluer. Laissons aux autres provinces et aux autres générations la tâche de nettoyer nos dégâts. Dans tout autre contexte, travail, éducation, santé, un tel argument serait inadmissible.

Il y a quelques décennies, les centrales au gaz auraient été accueillies comme une bénédiction. Ce n'est plus le cas aujourd'hui, où la situation est devenue préoccupante, et où des alternatives crédibles se développent déjà depuis des années. Pourquoi vouloir faire moins bien, alors qu'on peut faire mieux ? Pourquoi faire "moins pire", alors qu'on sait faire mieux ? Agir aujourd'hui, c'est insister pour que les sommes colossales englouties dans la construction de ce dinosaure écologique soient affectées à la construction de centrales éoliennes et aux recherches sur toutes les formes de l'énergie solaire. Là seulement se construira une stratégie énergétique à long terme, durable parce que délivrée des fluctuations des marchés et des risques de pénurie. L'expertise du Québec en la matière, jointe à des conditions géographiques et climatiques particulièrement favorables, nous donne cette chance unique de devenir chefs de file planétaires dans le domaine des énergies douces et perpétuellement disponibles. Ne vaut-il pas mieux éviter de provoquer ces crises que de tenter d'y survivre ? Croire que la science trouvera des solutions à tous les problèmes qui se présenteront, c'est se bercer d'illusions. Un projet comme la centrale du Suroît n'a plus sa place dans une politique environnementale responsable. Espérons que le gouvernement en place saura écouter les voix qui de toutes parts s'élèvent pour le condamner. »

Le projet a été abandonné.

Je tiens à reproduire ce plaidoyer, non seulement parce qu'il est signé de mon fils Nicolas Reeves, mais parce qu'il est la traduction fidèle des pensées de toujours davantage de nos contemporains. Avec eux, je pense qu'il n'est plus temps d'attendre. Il n'est plus temps de faire « moins pire », il est temps de faire mieux, et beaucoup mieux, de faire vite, et beaucoup plus vite.

Le résultat est aussi la preuve que ça peut marcher…

visant à préserver et restaurer les conditions de vie sur la planète. « Il importe, me disait-il, qu'un scientifique de métier, habitué à des méthodes d'investigation rigoureuses, se penche sur cette question avec un constant souci d'objectivité. » C'est dans cette optique que j'ai abordé ce vaste programme.

Dans l'ordre, il fallait :

— identifier les sources fiables de renseignements dans tous les domaines concernés ;

— obtenir les résultats des recherches les plus sérieuses, ainsi que les analyses qui en avaient été faites par les organismes compétents ;

— en tirer des conclusions.

Nous avons d'abord défini la succession des chapitres, chacun étant consacré à un thème particulier : le réchauffement de la planète, les sources d'énergie, les réserves alimentaires, la pollution de l'air et de l'eau par les industries civiles et militaires, les atteintes à la diversité des espèces, la disparité des richesses dans le monde... L'ouvrage se devait de présenter aux lecteurs non seulement les informations pédagogiques nécessaires pour comprendre chaque sujet, mais aussi les sources des renseignements sur lesquelles les arguments étaient fondés.

Au départ, le travail de recherche et de rédaction devait s'étaler sur plusieurs années. J'avais en effet entrepris une mise à jour des *Dernières nouvelles du cosmos* et je n'avais que peu de temps à accorder à ce nouveau projet. Mais les premiers documents que nous avions trouvés faisaient état d'une dégradation dont l'importance s'étendait bien au-delà de ce que j'avais soupçonné. L'accélération perceptible du réchauffement et de ses effets climatologiques (inondations, tempêtes, sécheresses, feux de forêt) me fit prendre conscience de l'urgence de cette enquête. J'ai pensé à mes petits-enfants (Emmanuelle, Raphaëlle, Dorian, Elsa, Cyprien, Sevan, Massis), dont la vie future pourrait être sérieusement affectée par cette détérioration planétaire. Ce fut une raison supplémentaire pour m'investir plus intensément dans ce travail.

L'image d'ensemble qui en a émergé m'a amené à parler d'un nouveau « drame cosmique » dans mes conférences. Pour mettre le problème actuel en perspective, il importe de le placer dans un contexte historique. Grâce à nos connaissances géologiques, nous sommes en mesure de reconstituer l'évolution des conditions de vie à la surface de la Terre dans le passé. Il apparaît clairement que des variations climatologiques de grande envergure se sont succédé.

Des concentrations de gaz carbonique 10 à 20 fois supérieures à celles d'aujourd'hui, amenant des températures moyennes de plus de 25° C — aujourd'hui la moyenne est de 15° C —, se retrouvent pendant l'ère secondaire, il y a quelques centaines de millions d'années. Des phénomènes naturels tels que des volcanismes intenses, des rejets massifs de substances gazeuses — méthane, gaz carbonique — dans l'atmosphère, des chutes météoritiques sont vraisemblablement à l'origine de ces perturbations.

Pourtant, et c'est là la leçon à tirer de cette rétrospective, malgré la violence des agressions provoquées par ces cataclysmes, la vie ne s'est jamais interrompue depuis son apparition il y a plus de 3 milliards d'années. Elle manifeste ainsi de façon magistrale son extraordinaire robustesse et sa grande capacité d'adaptation.

Mais cette continuité ne se fait pas sans soubresauts. On constate à certaines périodes l'élimination, quelquefois massive et rapide, de très nombreuses espèces végétales et animales. Une fraction importante des familles vivantes disparaît tandis que, par la suite, d'autres font leur apparition. On compte cinq extinctions principales. La dernière, qui date de 65 millions d'années, a rayé de la carte les dinosaures de grande taille qui occupaient la surface terrestre depuis plus de 100 millions d'années. On l'attribue généralement à la chute d'une météorite géante dans le golfe du Mexique. Il semble que cette catastrophe ait présenté un avantage considérable pour les mammifères, nos lointains ancêtres, qui existaient déjà sous la forme de petits rongeurs nocturnes depuis des millions d'années. Après la chute de la météorite et le refroidissement de la surface terrestre, les mammifères entrent dans une phase d'évolution et de diversification rapide dont sont issues la plupart des espèces que nous connaissons aujourd'hui, y compris les singes, les hominiens, puis la nôtre propre. On suppose qu'auparavant, les dinosaures occupaient toutes les niches écologiques, freinant ainsi le développement des mammifères, pour lesquels l'astéroïde frappeur fut comme un cadeau du ciel.

La sixième extinction

Le taux actuel d'élimination des espèces — de 100 à 1000 fois plus élevé qu'avant la période industrielle — justifie le terme de « sixième extinction ». Les avis les plus éclairés s'accordent à évaluer à plus de 30 % le nombre de familles qui auront disparu avant la fin du XXIe siècle.

Dans cette crise, les humains interviennent à plusieurs titres : ils en sont la cause, les victimes potentielles et les sauveurs en puissance. Qu'est-ce qui pourrait mettre fin à cette crise ? Deux scénarios sont possibles. Un premier, tragique pour nous : la disparition de l'humanité ou du moins son affaiblissement au point de réduire considérablement son impact sur l'environnement. Et un second, celui que nous appelons de tous nos vœux : la reprise en main de leur destinée par les humains. Cela implique la mise en œuvre de moyens performants et efficaces pour résoudre les problèmes que pose la crise actuelle.

Une chose est sûre : la Terre continuera à parcourir son

orbite annuelle et le Soleil reviendra à chaque printemps faire fleurir les sous-bois. Mais le futur de l'espèce humaine est hautement incertain. La question de savoir si l'intelligence est un cadeau empoisonné se pose à nouveau. L'avenir le dira. L'humanité ne peut attendre son salut que d'elle-même.

Aujourd'hui, toujours à la demande de mes lecteurs, à laquelle s'ajoute à présent celle des membres de la Ligue ROC que je préside, je mène une observation anxieuse de l'état de santé de notre planète. Pour chaque dossier litigieux (réchauffement, pollution, épuisement des réserves, extinctions d'espèces, disparité des richesses), je note les signes d'amélioration comme ceux de détérioration. J'en ai fait l'objet de mes premières chroniques hebdomadaires sur France Culture, qui ont été publiées sous le titre *Chroniques du ciel et de la vie*[1].

Pourquoi sauver la biodiversité ?

J'aime regarder les reportages sur la nature à la télévision. Grâce aux progrès de la technique et à la patience des cameramen, nous pouvons voir les animaux dans leurs comportements les plus intimes et les plus secrets.

Pourtant, j'éprouve souvent un malaise face au thème

1. Grâce à la compétence informatique de mon fils Gilles et à la diligence de mon amie Nelly Boutinot, j'ai maintenant un site web sur lequel ces chroniques ont été retranscrites. Mes conférences y sont également annoncées, tout comme les spectacles audiovisuels présentés par mon fils Benoît dans lesquels les images sont commentées par ma voix enregistrée. On y trouve aussi des extraits d'articles de journaux écrits autour de ces thèmes et des liens vers d'autres enregistrements. Je profite de l'occasion pour remercier Michel Gonzales et Alain Superbie pour leur précieuse collaboration dans la préparation et la diffusion de ces audiovisuels depuis déjà plus de trente ans (voir mon site www.hubertreeves.info, ainsi que www.roc.asso.fr et www.biodiversite2012.org).

incontournable et récurrent de la tuerie alimentaire. Hécatombes des petites tortues happées sur les plages par les gracieuses frégates noires. Gazelle boiteuse déchirée par la lionne et dévorée goulûment par les lionceaux mignons et voraces.

La liste semble sans fin de la panoplie des armes meurtrières : becs puissants des hérons, griffes acérées des aigles, mâchoires redoutables des requins, et de la diversité des techniques : camouflages, injection de poisons, décharges électriques. Le résultat est toujours le même : les mises à mort sont efficaces et sans merci [1].

Et la question revient, lancinante : est-ce pour perpétuer cela que nous voulons sauver la biodiversité et préserver la faune sauvage ?

Prenons la situation de plus haut. Voyons notre Terre. Elle seule, dans notre Système solaire, héberge la vie. Elle foisonne de millions d'espèces animales et végétales. Le contraste est grand avec les autres planètes, dont le sol est sec, aride et désertique.

Nul ne sait comment la vie est apparue sur la Terre il y a un peu moins de 4 milliards d'années. Mais nous connaissons les facteurs qui en assurent la pérennité : l'alimentation, les sources d'énergie et la reproduction qui permet à la lignée de durer.

Nous savons maintenant que les gènes jouent ici un rôle fondamental. Les êtres naissent et se développent grâce à ceux qu'ils ont reçus de leurs parents. Toute leur vie, ils les entretiennent et les transmettent à leur tour. Dans cette optique, on peut considérer les comportements des

1. Bien sûr, il n'y a pas que cela. Il y a aussi la mère crocodile qui transporte délicatement ses nouveau-nés entre ses dents pour les mettre à l'abri. Il y a les parents oiseaux qui s'affairent sans arrêt pour apporter la becquée à leurs oisillons. Il y a des actes de solidarité chez des singes et des attitudes de compassion chez les éléphants.

animaux comme les éléments d'une logistique de transmission des gènes. C'est en son nom que la mise à mort des animaux malades, plus facilement prélevés par les prédateurs, « assainit » le patrimoine génétique. Une sorte de mécanique implacable qu'illustrent les images parfois sanglantes des documentaires.

Cette organisation est fondamentale pour que la vie continue sur Terre. Force nous est de reconnaître que nous lui devons la nôtre ! Vu sous cet angle, sauver la biodiversité, c'est aussi manifester notre reconnaissance à cette logistique pour le fait d'exister, aujourd'hui, ici et maintenant.

Un élément complémentaire vient s'y ajouter, dont nous découvrons progressivement l'importance : l'interdépendance des espèces vivantes. Dans ce réseau qui profite à tous, chaque lignée vient s'inscrire comme un maillon indispensable. L'érosion de la biodiversité à laquelle nous assistons, l'extinction par l'activité humaine d'un nombre sans cesse croissant de familles animales ou végétales, appauvrissent et fragilisent tout l'écosystème, dont nous sommes nous aussi un élément. Le cas des abeilles est particulièrement dramatique. Leurs populations ont considérablement chuté depuis quelques années et l'on peut craindre le pire. Or ces insectes jouent un rôle majeur dans la pollinisation des arbres fruitiers qui assurent la nourriture à une grande fraction de l'humanité.

En cherchant à préserver toutes les formes de vie, c'est également nous-mêmes que nous préservons.

Il était moins cinq : les Galapagos

J'ai eu l'occasion, il y a quelques années, d'aller aux îles Galapagos dans le Pacifique, au large de l'Équateur. J'ai vu les danses nuptiales des fous aux pattes bleues, pratiquement à portée de main. J'ai nagé avec les tortues géantes dans les mangroves, peut-être un des plus beaux lieux de la planète. J'ai assisté au départ des albatros qui se lancent du haut des falaises. J'ai marché le long des plages interminables où dorment les otaries. Je suis resté béat devant les iguanes qui semblent nous arriver directement de l'ère jurassique. Et j'ai quitté ce paradis terrestre avec un double sentiment d'euphorie et d'inquiétude.

C'est un lieu pour reprendre espoir en l'avenir de la vie sur la Terre. On y constate la réalité d'un changement de comportement des êtres humains ; on y mesure le virage récemment amorcé, son importance et sa visibilité indéniables.

Ce mouvement interrompt heureusement la longue histoire de l'influence nocive des hommes sur la nature depuis l'époque des grandes explorations. L'arrivée des humains dans des îles peu ou pas habitées déclenchait systématiquement une dégradation de la situation, et en particulier une érosion profonde de la biodiversité.

La capture des tortues géantes — réalisée avec un simple bâton qui permettait de mettre les animaux sur le dos et de les emporter comme réserves alimentaires dans les cales des bateaux —, l'introduction de chèvres et de porcs laissés en liberté pour assurer le ravitaillement lors des prochaines escales, et celle des rats délogés par enfumage des embarcations, sont autant de faits responsables de la raréfaction d'espèces. Les oiseaux nichant au sol (albatros, fous à pattes bleues, cormorans aptères), les reptiles (tortues et iguanes), les otaries, en ont été victimes là comme dans de nombreux autres territoires insulaires, en Océanie et ailleurs.

Il se trouve qu'aux Galapagos, quelques rares îles, comme Fernandina par exemple, n'ont jamais reçu d'espèces invasives. Et leur richesse a permis une prise de conscience du désastre provoqué par les navigateurs. Là se situe le revirement récent de l'attitude des humains responsables de ces lieux. Ils ont affiché leur volonté de réhabiliter leurs îles, décidé de gestes concrets destinés à régénérer la flore et la faune locales. Et aujourd'hui, les Galapagos sont devenues un parc national inscrit au patrimoine de l'Unesco.

On y a établi des fermes de tortues où les petits animaux de différentes espèces sont protégés jusqu'à ce qu'ils atteignent une taille les mettant à l'abri des rats. Le repeuplement des îles sinistrées est en bonne voie. Le tourisme, permis sur certaines îles, est sévèrement réglementé. Des sentiers balisés permettent l'accès à une petite fraction du territoire aux visiteurs accompagnés de guides veillant au respect du site. Et personne ne songe à quitter les sentiers ou à s'approcher des animaux. Aucune plante, aucun coquillage ne peut être emporté hors des îles : des chiens dressés à reconnaître les odeurs inspectent les bagages à l'aéroport.

Les dommages inhérents au tourisme (même « écologique ») sont compensés par les sommes versées pour l'accès et qui permettent le fonctionnement des fermes de tortues et financent la protection. Les chercheurs impliqués montrent un enthousiasme qui fait plaisir.

Ce changement de comportement à « moins cinq » laisse une impression forte. Il restait encore (mais pour combien de temps, si rien n'avait été fait ?) quelques îles intactes. Cette évolution, après des siècles de déprédation systématique et irresponsable, cette prise de conscience aiguë de la gravité de la situation, ces efforts concrets, évidents dans tout l'archipel, donnent confiance en l'avenir de la nature et de l'humanité. Assister en direct à cette transformation ajoute singulièrement aux plaisirs que procure la visite de ces îles enchantées.

Bien sûr, il reste de nombreux problèmes, et l'avenir même du projet « Darwin » est incertain. Des pressions sont exercées pour accroître le tourisme et réduire les contraintes. Malgré l'interdiction, une immigration clandestine se poursuit sur certaines îles.

Nous avons là, en modèle réduit, la situation conflictuelle mondiale entre ceux qui veulent préserver la vie sur la Terre et ceux qui n'ont en vue que le profit à court terme. Mais les gestes concrets et les résultats tangibles obtenus ici, récompensés par la splendeur des spectacles de ce jardin botanique et zoologique sans clôture, redonnent confiance.

Une anecdote sans importance ?

Les meilleurs biologistes nous le disent : nous sommes aujourd'hui dans une période d'extinction majeure, la sixième. Les grands mammifères et les grands arbres sont les plus menacés. Nous, les humains, sommes également dans le collimateur. Il nous est difficile d'accepter l'idée que l'humanité puisse disparaître de la Terre. La vie continuerait pourtant sans nous. Le Soleil se lèvera chaque jour, comme il l'a fait depuis des milliards d'années.

Et alors ? Quelle importance ? Par le passé, des millions d'espèces sont apparues puis ont disparu. Une de plus, une de moins… Une simple anecdote ? Un fait divers à l'échelle cosmique ? Rien ne se verrait de Sirius, pas même de Jupiter. De la Lune ? Pas même sûr…

J'aimerais défendre l'opinion inverse, montrer en quoi, à l'aune de l'évolution, la disparition de l'humanité serait une véritable perte, un terrible gâchis. C'est que les humains n'ont pas fait que des bêtises. Ils ont développé des facultés qu'aucune espèce animale n'a portées aussi loin.

La curiosité

La curiosité en est un exemple. Elle est présente chez quantités d'animaux comme les chats, qui inspectent minutieusement leur domaine pour éviter toute mauvaise surprise. Mais chez l'humain, elle s'amplifie et dépasse de loin la composante utilitaire. Sous son impulsion, il explore le monde dans toutes ses dimensions, il découvre les lois des atomes et des molécules, il déchiffre les mécanismes de la vie, il retrace l'histoire du cosmos qui lui a donné naissance. La curiosité a engendré l'une des plus belles réalisations de l'humanité : la science.

La créativité

La créativité en est un autre. Le besoin d'innover, de tenter des expériences nouvelles et de relever des défis. Bricoler des machines pour voler comme les oiseaux et arpenter le Système solaire. Télécommuniquer à travers le monde. Modifier les gènes. Fabriquer des télescopes pour observer les galaxies et des microscopes pour scruter les formes invisibles de la matière et de la vie. La créativité est à la source d'un des plus beaux fleurons de l'évolution de la vie sur la Terre : l'art, dans toutes ses expressions. On lui doit Mozart, Van Gogh, Baudelaire et tous les artistes qui embellissent notre vie et enrichissent notre monde.

La compassion

Quand, dans un nid, des oisillons sont malades, les parents ne les nourrissent pas. Ils les laissent mourir, réservant leurs apports nourriciers aux plus vigoureux, ceux qui seront capables de transmettre des gènes sains pour la perpétuation de la lignée.

À l'inverse, les humains se préoccupent de leurs enfants malades autant, et souvent plus, que des autres. C'est là un élément nouveau dans l'évolution de la vie terrestre : les hommes ne sont pas inexorablement soumis à la logistique des gènes. Ils peuvent se préoccuper de ceux qui souffrent, essayer d'adoucir leur sort, même s'il n'en résulte aucune retombée génétique profitable à l'ensemble de l'espèce.

Cette aptitude à la compassion se manifeste de multiples façons : abolition de l'esclavage ; amélioration du sort des femmes ; prise de conscience de la sensibilité des animaux. Volonté de ne plus les considérer comme de simples marchandises.

Voilà, à mon avis, le plus bel apport de l'humanité à la vie sur notre planète. Aucune autre lignée animale, à notre connaissance, ne s'est engagée dans les voies de la connaissance scientifique, de la création artistique pour embellir le monde et de la compassion pour adoucir le malheur des autres, humains ou animaux.

Si l'humanité disparaissait, qui veillerait sur les trésors culturels ? Que deviendrait la chapelle Sixtine ? Les termites rongeraient les Stradivarius, les structures métalliques des radiotélescopes rouilleraient aux pluies d'hiver, tandis que la logistique des gènes dominerait à nouveau, seule, le comportement des vivants.

Évidemment, personne ne serait plus là pour le déplorer, mais de notre point de vue sur un avenir possible, nous pouvons le regretter. Raison de plus pour essayer de le prévenir.

Conseils aux parents

J'ai souvent l'occasion de dire aux parents d'élèves, dans les écoles où je suis invité, l'importance de communiquer aux enfants cette curiosité pour la nature. Les enfants sont sensibles aux émotions de leurs parents et les partagent, même avec un minimum de paroles. Ils peuvent ainsi recevoir, comme un héritage inaltérable, cette initiation qui peut être une source de bonheur et un réconfort assuré dans les grandes crises de l'existence. De surcroît, j'ai pu constater maintes fois que cette communication développe chez ces futurs adultes une sensibilité à la protection de l'environnement.

Astronomie et humanité

On a beaucoup sous-estimé et négligé l'importance pédagogique et civilisatrice de l'astronomie dans l'éducation. Longtemps, on y a vu un aimable passe-temps, plus ou moins inutile. Un vernis de culture pour « honnête homme ». Cette science, pourtant, jouit d'une position tout à fait privilégiée. Elle s'intéresse à une réalité qui nous touche de toutes parts. Si le monde des étoiles est un monde d'émotions et de rêves, il est aussi un lieu de recherches scientifiques rigoureuses, poursuivies avec les techniques les plus poussées et les analyses conceptuelles les plus abstraites.

Cette position lui confère une valeur pédagogique tout à fait unique. Les professeurs de sciences savent combien leurs étudiants deviennent plus attentifs et plus motivés quand la théorie enseignée est appliquée aux corps célestes. Quand les exemples discutés viennent du ciel. La chimie prend du goût quand elle s'intéresse, par exemple, à la formation des molécules dans les nuages interstellaires. Les lois de la mécanique sont impressionnantes quand elles entraînent sur leurs orbites les planètes majestueuses.

Avant d'être blancs ou noirs, ou canadiens ou français, ou juifs ou arabes, ou hommes ou femmes, nous sommes tous, à titres égaux, les enfants du cosmos. Mais, de plus, nous sommes responsables de l'avenir de cette prodigieuse histoire, c'est-à-dire d'une façon plus concrète, de notre planète et de sa capacité à héberger la vie. Cette remarque prend sa pertinence face à l'état de détérioration de notre environnement.

Ces considérations montrent bien l'importance de l'astronomie et de son message dans notre société. Les livres d'astronomie populaire permettent au grand public de se familiariser agréablement avec les connaissances contemporaines et de poursuivre par eux-mêmes les réflexions passionnantes que ces sujets peuvent inspirer. L'enseignant des classes de lettres sait aussi, par expérience, combien l'impact des nuits étoilées fait vibrer la sensibilité des étudiants. Les « littéraires » rejoignent là les « scientifiques » de la classe.

Mais, au-delà de cet intérêt pédagogique, l'astronomie peut prendre, quand elle est proprement située, une dimension civilisatrice de toute première importance.

Notre Univers a une histoire. Telle est sans doute la plus grande découverte de notre siècle. Contrairement à ce que le monde scientifique a pris pour acquis pendant très longtemps, notre Univers n'est pas éternel et inchangeant. Les observations astronomiques s'accordent à nous présenter l'image d'un Univers plus chaud et plus dense dans le passé, en refroidissement depuis 14 milliards d'années.

Aujourd'hui, on peut présenter l'histoire de l'Univers comme la narration des événements qui ont permis à la matière de s'organiser. L'image la plus ancienne, celle qui est véhiculée par le rayonnement fossile à une température de 3 degrés absolus (soit – 270° C), nous fait voir, à cette époque, un cosmos entièrement désorganisé. Il est alors dépourvu de toutes les structures qui font aujourd'hui sa richesse et sa variété.

Notre présence ici et aujourd'hui est liée à un ensemble de phénomènes dans lesquels tout le cosmos est impliqué. C'est notre généalogie que l'astronomie aujourd'hui nous révèle. Notre appartenance au monde. Elle nous situe dans ce grand mouvement d'organisation cosmique qui se poursuit depuis des milliards d'années, sur des milliards d'années-lumière.

Plusieurs messages en émergent qui prennent une importance particulière dans notre contexte politique. La dignité humaine peut trouver une assise nouvelle dans la prise de conscience de notre participation à la saga de la complexité.

CHAPITRE 31

Les salles de concert sont mes églises

Sur un sentier de montagne maintes fois parcouru, on se réjouit d'avance à l'approche d'un paysage aimé : pic enneigé, vallée profonde ou torrent sonore qui se dévoilera après quelques tournants du chemin. L'anticipation du moment attendu, et qui arrive, s'ajoute au plaisir que nous procure le paysage déjà présent devant nos yeux.

Ainsi, quand nous écoutons une musique connue, chaque passage, mélodie ou aria, se prolonge de lui-même dans notre souvenir. Il nous remémore les impressions délicieuses provoquées par lui dans le passé. Nous jouissons à l'avance du retour imminent des phrases musicales aimées que des séquences connues annoncent et promettent déjà. La musique ne se contente pas d'occuper le temps, elle l'organise et nous prend à son bord. « La musique souvent me prend comme une mer », écrivait Baudelaire. Nous sommes en voyage.

Me promenant un jour dans les vieilles rues de Vienne, je remarque une plaque accolée à un mur : « Dans cet appartement, Mozart a composé *Les Noces de Figaro*. » Un long escalier, sombre, m'amène dans une pièce à peine meublée. Grâce aux écouteurs mis à la disposition des visiteurs, j'écoute le *Voi che sapete*. Je marche vers une fenêtre qui donne sur une rue étroite aux pavés inégaux. J'y reste longuement. J'imagine Mozart debout, à cet endroit, composant dans sa tête l'air que j'entends en ce moment. Il m'est difficile de décrire l'intensité de l'émotion que j'ai ressentie à cet instant. Souvent, en écoutant cet air sublime, je pense à ce moment où l'auteur l'a inventé, l'a fait sortir du néant pour le bonheur des siècles à venir. Je me sens fondre de reconnaissance…

Je ne sais pas comment j'aurais pu vivre sans la musique. Elle m'habite véritablement. Elle est présente à toutes les époques de mon existence. J'en ai besoin comme d'une drogue. Sans la musique, je sens comme un malaise, une aridité, un vide. Loin de me distraire, une œuvre familière m'aide à me concentrer. Aux premières mesures, l'œuvre en son entier est présente dans ma tête. Dans une délicieuse anticipation, j'en attends tout le déroulement. La promesse sera tenue de tous les beaux moments qui viendront en leur temps, et que mon cœur attend comme autant de bonheurs à venir.

Aborder une œuvre inconnue, c'est la promesse d'une richesse nouvelle. Je peux y consacrer beaucoup de temps, surtout si sa structure m'est étrangère, voire rébarbative. Il me faut l'écouter plusieurs fois, circuler dans ses méandres, en reconnaître progressivement les thèmes et les divers passages. Je sens alors en moi se creuser et se façonner un réceptacle nouveau, un lieu de plaisir qui pourra l'accueillir encore et encore. À la radio ou à la télévision musicale, j'attends avec impatience le nom des œuvres qu'on va jouer et qui vont peut-être combler de riches souvenirs les prochaines minutes. C'est la surprise ! Et si, à la fin de la soirée, on annonce le *Don Giovanni* de Mozart ou le *Tristan et Isolde* de Wagner, oubliant mon projet de me coucher tôt en prévision du lendemain, je reste à l'écoute jusqu'au rideau final.

J'ai le grand regret de n'avoir jamais appris à jouer d'un instrument. Mon rêve aujourd'hui serait de jouer du violoncelle dans un quatuor : Schubert, Beethoven ou Mozart par exemple, ou encore Debussy, Ravel. J'envie la violoncelliste qui fait naître de si beaux accents de l'instrument qu'elle serre amoureusement entre ses jambes. Dans une prochaine vie (on ne sait jamais), je m'y mettrai très tôt...

Il y a quelques années, grâce à Marie-France Hanseler, alors directrice de l'Institut scientifique de Cargèse en Corse, la salle de cours hébergeait tour à tour des enseignements de science et des séances de musique. Au travers des pratiques et des répétitions, j'ai suivi l'élaboration des œuvres jusqu'à l'achèvement du concert public. Cette école fut pour moi l'occasion de créer des liens d'amitié avec plusieurs ensembles musicaux, en particulier le Quatuor Ludwig et la famille Lethiec. Grâce à eux, j'ai réalisé un rêve que j'avais cru utopique : participer activement à des événements musicaux.

Michel Lethiec, clarinettiste et directeur du Festival de Prades dans les Pyrénées, m'a proposé de jouer le rôle de récitant dans le *Pierre et le loup* de Prokofiev. Un peu plus tard, hospitalisé, et dans un grand état d'épuisement, j'ai trouvé dans l'excitation de la préparation de ce projet une énergie nouvelle. L'étude de la partition et l'écoute des multiples versions enregistrées ont illuminé les ternes heures de la routine hospitalière.

Grâce à l'Ensemble Calliopée dirigé par Karine Lethiec, altiste, fille de Michel, j'ai pu participer comme récitant à plusieurs œuvres comme *Babar* de Francis Poulenc, *Sport et divertissement* d'Erik Satie, *L'Histoire du soldat* de Stravinsky et *Le Carnaval des animaux* de Camille Saint-Saëns. Avec le Quatuor Ludwig, nous avons improvisé des spectacles qui associent astrophysique et musique. Des pièces de musique de chambre contemporaine (Dusapin, Berg) alternent avec de brèves causeries sur la créativité de la nature et des compositeurs.

Michel Lethiec me dit un jour au téléphone : « Eh dis donc, tu n'aimerais pas diriger un orchestre ? » Je sens mon cœur qui s'emballe. « Oui, oui, oui, cent fois oui ! »

Mais comment me préparer ? Grâce aux DVD des grands

chefs d'orchestre (Claudio Abbado, Seiji Ozawa, Pierre Monteux, etc.), j'ai tenté de percevoir, au travers de leur gestuelle, le secret de leur charisme. J'ai pu ainsi diriger *La Symphonie des jouets* de Leopold Mozart, la *Petite Musique de nuit* de Mozart fils et deux concertos de Vivaldi. Je participe depuis plusieurs années à des chorales universitaires, en particulier avec mon fils Benoît.

J'aime le culte de la musique que je sens chez mes amis musiciens. Une sorte de sacralité qui me comble infiniment plus que celle des ecclésiastiques de mon enfance. J'aime les moments délicieux qui précèdent les spectacles : l'ambiance des loges où chacun se prépare, les gammes des instruments qui s'accordent. La tension est contagieuse. Le concert va commencer.

Par l'action des forces physiques, par la naissance des atomes dans les étoiles, par l'évolution des espèces vivantes, la complexité cosmique croît tout au long des milliards d'années. Comme la nature, le créateur artistique associe des éléments pour obtenir des œuvres aux propriétés nouvelles, sous la double houlette du jeu et des règles musicales. Il se situe dans la plus pure tradition de l'activité du cosmos.

CHAPITRE 32

Explorer le monde intérieur

> « Les mots qui vont surgir savent de nous ce que nous ignorons d'eux. »
>
> René Char

Les mots

Les mots défilent quand, enfants, nous feuilletons notre premier dictionnaire. Page après page, leur longue liste nous impressionne. Mais ils n'occupent alors que la place assignée par leur classement alphabétique.

Certains ne feront dans nos vies qu'une éphémère apparition. Noms de personnes rencontrées par hasard, fugitivement. Noms de villages ou de hameaux où nous avons déjeuné au cours d'un voyage. « Comment s'appelait-il donc ce lieu où se situait ce restaurant panoramique, avec terrasse et vue sur une boucle de la Loire ? La serveuse était charmante... » Noms que l'on retrouve en feuilletant de vieux agendas poussiéreux, oubliés au fond d'un tiroir. « Ah oui... oui, ce nom m'évoque un visage. » Et la personne apparaît, sans avoir vieilli, comme elle était le jour de notre rencontre.

Tapis dans l'obscurité des pages, d'autres mots moins anodins nous attendent. Au hasard des événements de notre vie, ils émergent de la grisaille des lexiques, s'illuminent comme les fleurs sous la baguette d'une fée, s'argentent comme les houles lointaines caressées par les faisceaux de soleil se glissant entre les nuages sombres. Au risque de nous brûler, nous en découvrons le sens, parfois brutalement. Impossible d'y échapper. Ils s'appellent « amour », « angoisse », « bonheur », « colère », « haine », « tristesse » ou « désespoir ». Ils s'incrustent profondément dans la texture de nos mémoires. Ils localisent et condensent les heures de nos plus grands enthousiasmes comme celles de nos plus arides dépressions. « Jalousie » nous inscrit dans une tradition millénaire où, à la suite de Swann, d'Othello, nous éprouvons les émotions associées aux prénoms des personnes aimées qui sont autant de cordes ajoutées à notre luth intérieur…

« Si l'homme a besoin du langage, ce n'est pas seulement pour communiquer du sens, c'est en même temps pour écouter et reconnaître sa propre existence » (Gao Xingjian).

La terrasse d'un café à Bayreuth, en Allemagne. C'est l'été. Une jeune femme passe en bicyclette, un violoncelle sur le dos et un bébé sur le porte-bagages. D'un geste de la main, elle salue la serveuse. Devant la vitrine d'un magasin de chaussures, trois jeunes musiciens jouent le *Trio Archiduc* de Beethoven. En fin d'après-midi, les rues s'emplissent de monde. Une foule silencieuse et recueillie monte lentement la colline de l'Opéra pour entendre *L'Or du Rhin* de Richard Wagner. Tout respire ici le calme et la culture.

Pourtant, il y a quelques décennies, les motocyclettes des SS circulaient là où passe aujourd'hui la jeune maman violoncelliste. Les bottes noires claquaient devant les immenses banderoles rouge et noir qui descendaient des balcons. À l'Opéra, à la fin du spectacle, les auditeurs, la main droite levée, hurlaient le salut à Hitler… J'ai vu près de la gare une plaque commémorative enfouie sous les herbes folles. Elle gardait le souvenir des immenses convois de prisonniers rassemblés ici et expédiés vers Dachau.

Comme les temps ont changé… Ont-ils vraiment changé ? Les horreurs continuent, aujourd'hui au Tchad, en Afghanistan, hier au Kosovo, au Rwanda. Les monstres sont toujours là, tapis dans l'ombre mais prêts à resurgir à la première occasion. En chaque personne ? En moi peut-être ? Mystère de l'âme humaine que Baudelaire comparait aux profondeurs abyssales des océans. Capable du meilleur et du pire, du sublime et de l'horreur. Ses pouvoirs nous stupéfient, nous émerveillent et aussi nous terrorisent.

Il y a une âme à laquelle nous avons un accès privilégié : la nôtre. Un domaine à la fois si près et si loin. En parallèle avec mon métier d'astrophysicien qui m'amène à étudier le cosmos, j'ai cherché à tourner les yeux vers ce monde intérieur qui est moi-même. À en être le spectateur en même temps que l'acteur. À l'observer au travers des mots qui s'alignent au rythme de mes doigts sur le clavier.

J'ai atterri un jour sur cette planète, avec mon bagage génétique et la culture de mes proches. C'est le lot avec lequel, chaque matin, j'entreprends une nouvelle journée. Jusqu'à la nuit, je pose des actes qui parfois me surprennent et m'interrogent. Comment mon « moi » vit-il l'interrogation religieuse qui m'habite ? Comment puis-je me confronter à des modes de pensée qui me sont parfaitement étrangers ? En peu de mots : comment me débrouiller avec cette brochette d'expériences qui, au cours des années, façonne ma vie ? Les textes qui suivent en sont des aperçus.

L'inquiétante étrangeté

> « … la raison, pauvre mât de fortune pour un homme affolé… »
>
> Paul Éluard

Quitter les repères traditionnels de la pure rationalité, c'est s'engager sur des sentiers mouvants et frayer avec des ombres. Mais si on veut se confronter à toute la réalité, il faut aussi envisager cette option. Et, selon Heidegger, nous devons affronter l'étrangeté du monde jusqu'à l'angoisse.

Pendant mes études à l'université de Montréal, en même temps que la physique, j'ai découvert la psychanalyse. Avec mon ami musicien Gilles Tremblay et Serge Lapointe, collègue physicien, nous avons entrepris de lire la *Psychopathologie de la vie quotidienne* de Sigmund Freud, au rythme d'un chapitre par semaine. Nous le commentions chaque dimanche matin. La découverte de l'inconscient fut pour moi une expérience fulgurante, tellement je la sentais susceptible de m'éclairer sur mon propre comportement. Plusieurs questions se bousculaient dans ma tête auxquelles je pourrais réfléchir dans cette nouvelle optique. Par exemple, la pénible expérience de mon ambivalence face au réductionnisme scientifique. Pourrais-je trouver là un éclairage approprié ?

Il fallait d'abord, me semblait-il, poser à nouveau la question : « Pourquoi avais-je choisi une profession scientifique ? » Au-delà de ma curiosité pour les phénomènes naturels et de mon goût pour les mathématiques, je commençais à soupçonner une autre composante plus obscure mais non moins importante : je cherchais à me rassurer. La science me paraissait être d'un précieux secours contre l'angoisse et les menaces de l'existence. En fait, elle a joué ce rôle à maintes reprises.

Les éclipses de Soleil ont longtemps été pour les humains des sources de terreur. En les expliquant et en nous permettant de les prévoir, la science les a projetées hors de la sphère obscure de l'angoisse contagieuse et des hystéries personnelles ou collectives. Nous les apprécions toujours mais elles ont cessé de nous effrayer. De même, le tonnerre n'est plus la voix d'une divinité courroucée. Il ne nous jette plus à genoux pour implorer sa miséricorde.

Pourtant, les pouvoirs de la science ont de sérieuses limites. Je ne parle pas des menaces dont elle est indirectement responsable (guerre nucléaire, bioterrorisme). Mais plutôt d'une dimension intérieure de nous-mêmes à laquelle elle n'a pas accès.

Tout au long de ma vie, j'ai eu la chance de profiter des acquis de la psychanalyse, non seulement sur les traditionnels divans, mais aussi par des relations amicales prolongées et des conversations interminables avec des spécialistes de ce domaine[1].

Je me suis souvent senti très proche de leur mode de pensée, de leur regard sur le monde intérieur et sur le psychisme. J'ai beaucoup lu Freud, mais aussi Jung et Winnicott, qui, à mon avis, ont porté plus loin les intuitions du maître. Françoise Dolto, à qui j'ai demandé comment elle se situait entre ces auteurs, m'a dit : « Freud soigne les racines, Jung soigne les branches. »

Dans un texte intitulé *L'Inquiétante Étrangeté,* Freud parle de la composante d'angoisse qui subsiste à des degrés divers en chacun de nous. Bien sûr, dit-il, nous ne croyons plus aux fantômes, le développement de la pensée rationnelle au travers de plusieurs siècles de science a formé en nous une structure logique et des réflexes critiques qui nous font tout simplement hausser les épaules. Mais, dit Freud, il y a quelque part en chacun de nous un personnage — un enfant non rassuré — qui s'éveille à la faveur de l'obscurité nocturne ou de bruits inexpliqués et qui dit : « Et si, après tout, les fantômes existaient ? »

J'ai retrouvé cette voix en moi à plusieurs reprises. À chaque fois, j'ai senti ma fragilité et ma vulnérabilité et j'ai compris que ma cuirasse scientifique n'y pouvait rien.

Le besoin de comprendre, aussi bien au niveau d'un événement banal que d'une réalité plus globale, paraît être une nécessité fondamentale de l'être humain. Un bruit étrange reste une source d'angoisse tant qu'il n'a pas été identifié à une cause précise, par exemple quand nous sommes en avion. Est-ce le train d'atterrissage qui se met

1. Élie et Myrtha Humbert, Pierre Solié, Michel Casenave, Darius Shayegan, Yves Jaigu.

en place ? Ou un surcroît de puissance nécessaire pour affronter un vent plus violent ? Aussitôt qu'une réponse paraît adéquate, l'anxiété disparaît.

Mais si l'attente dure et tarde à apporter le soulagement de la réponse, l'angoisse croît et peut devenir insupportable.

Pendant la Seconde Guerre mondiale, un vieil Indien alcoolique avait provoqué de violents incendies de forêt près d'un grand lac des Laurentides. Craignant, disait-il, l'arrivée prochaine des Allemands, il pratiquait la technique de la terre brûlée. Un flanc de montagne noirci témoignait de sa pyromanie. La police était venue le chercher. Enfermé dans un asile d'aliénés, il s'est pendu.

Sa maison, une bicoque délabrée, se détériorait rapidement sous le gel et la pluie. Une rumeur voulait qu'il y ait enterré sa femme après l'avoir étranglée. La nuit, disait-on, de vagues lumières apparaissaient parfois aux fenêtres béantes.

Avec une troupe de scouts, nous campions dans cette région. Un défi était lancé : qui oserait passer la nuit, seul, près de cette maison ? Puisque je ne croyais pas un mot de cette histoire de revenants, pourquoi ne pas relever le défi ? Mais en avais-je vraiment envie ? Le débat intérieur dura longtemps, titillé que j'étais par les remarques moqueuses de mes camarades : « Toi, le futur scientifique, tu as peur ? »

Un soir, je plante ma tente près de la maison hantée. Je me couche, fermement décidé à y rester toute la nuit. Je dors peu. Au petit matin, je suis éveillé par des bruits sourds autour de la tente, comme les pas incertains d'une marche irrégulière. Qu'est-ce que c'est ? En l'absence de réponse, je panique et m'enferme dans mon sac de couchage. Je sens alors l'urgence d'une hypothèse qui m'éviterait de plonger dans le monde des fantômes. Je n'ai rien pour me retenir. La situation est intenable.

Je me décide à mettre la tête hors de la tente : personne.

Mais les bruits se poursuivent et, soulagement, je comprends : il a plu pendant la nuit et de grosses gouttes tombent des arbres sur les fougères au sol. Je suis rassuré mais je reste troublé de ma propre fragilité. Mes strates fantomatiques ne sont pas très loin.

La pensée magique

J'ai souvent l'impression d'être « habité » par des personnages qui, plus ou moins harmonieusement, coexistent en moi. À l'occasion, l'un d'entre eux monte en scène et prend la parole. Puis il redescend discrètement dans l'ombre.

L'événement que je vais raconter se passe un beau dimanche matin du mois d'août, à la gare de Laroche-Migennes. Je reviens d'une tournée de conférences dans le Sud de la France. Pendant des heures, je me suis délecté à suivre du regard les verdoyants paysages de Bourgogne qui défilaient devant moi.

C'est bientôt midi, il fait très chaud et le quai poussiéreux de la gare est pratiquement désert. Chargé de plusieurs valises, je me prépare à marcher vers la place du village pour prendre un taxi. C'est alors que je vois venir vers moi un personnage d'allure plutôt inquiétante : un homme jeune, le crâne rasé, portant une veste délavée aux couleurs des légionnaires et chaussé de bottes militaires de type SS. Tout ce que je déteste... Aussi, quand, avec un fort accent germanique, je l'entends me demander quelques pièces d'argent, je détourne la tête et continue mon chemin.

Pourtant, pendant le court instant où son regard a croisé le mien, j'ai pu apercevoir ses traits fatigués et la pâleur de son visage. Je suis perplexe. Peut-être ce garçon est-il malade ? Ou pour le moins affamé ? Ma première réaction a été un peu hâtive. Une pièce de dix francs, peu de chose, lui aurait permis de s'acheter un sandwich.

Encombré de mes valises, le trajet est long et pénible. Les corridors malodorants succèdent aux escaliers pentus. À tout instant, cette figure blême me revient en mémoire. Ma main touche une pièce de dix francs dans ma poche de pantalon. Je pourrais revenir et la lui donner. Mais il faudrait redescendre dans ce tunnel nauséabond, reprendre les escaliers du quai avec mes bagages. En ai-je le courage ? Chaque pas qui m'éloigne de lui rend cette décision toujours plus difficile à prendre. J'essaie de me raisonner. « Ça n'est pas un grand drame. Il n'est pas en danger de mort. Il trouvera bien quelque nourriture. Et peut-être est-ce un fainéant qui abuse de la charité publique ? »

Mais, dans la lumière crue du soleil de midi, je me sens envahi par un malaise. Je suis divisé, je suis deux. Celui qui dit : « Cesse de déconner et oublie cela », et celui qui n'y parvient pas.

C'est alors que j'arrive sur la place du village. En général, plusieurs taxis y sont en attente tandis que sur un banc les chauffeurs bavardent. Ce jour-là : rien. Le parking est désert. Je m'assois sur le banc, fixant du regard le carrefour par où les voitures arrivent. Des autos passent, mais de taxis point. Cette attente qui se prolonge sous le panneau du poste, là où maintes fois je suis passé sans retard du train à la voiture louée, n'est pas de nature à soulager mon malaise. Le débat intérieur s'avive et commence à tourner à l'aigre. L'un dit : « Seul un crétin peut penser, même un seul instant, qu'il y a un rapport entre la pièce refusée et l'absence de taxis. » L'autre ne répond pas, il n'a rien à dire. La place vide parle pour lui…

Je me rends dans un café voisin et je m'adresse à la caissière :

« Je voudrais téléphoner pour demander un taxi.

— Ce n'est pas la peine, il y en a là sur la place.

— Non, j'attends déjà depuis un moment.

— Ça c'est étonnant, généralement ils sont trois ou

quatre. Ils se plaignent d'être trop nombreux pour la clientèle. »

Un homme attablé devant un kir intervient :

« Appelez Untel, c'est un ami à moi qui fait le taxi à l'occasion. »

Je prends un jeton et me dirige vers la cabine téléphonique. Ça sonne, ça sonne, pas de réponse. « Laissez sonner, il va venir, il est toujours là. »

Rien.

La caissière, aimable, me donne deux autres numéros de téléphone. Toujours rien. Et sans cesse l'image lancinante du visage blême…

Je retourne sur la place déserte et j'attends encore de longues minutes. Il reste une solution : téléphoner à Camille, mon épouse, et lui demander de venir me chercher. J'hésite. Nous avions des amis à déjeuner. Il lui faudrait, à l'heure du repas, quitter la maison pendant près de deux heures.

Je compose notre numéro. Personne ne décroche. La maison est grande mais, à l'heure des repas, il y a toujours quelqu'un à la cuisine. Qu'est-ce qui se passe ? Dans ma tête, c'est maintenant la guerre ouverte. Je refuse d'entrer dans le jeu délirant auquel m'invite la sonnerie qui se prolonge, se prolonge, sans que je me décide à raccrocher, espérant toujours le « allô » libérateur. Rien, rien, toujours rien. En voilà une histoire…

Je refais en vain les numéros de téléphone des taxis fantômes, je retourne sur la place, je m'assois sur le banc des chauffeurs absents et, à court de solutions, j'attends. Combien de temps ? Je ne le sais plus…

Puis, machinalement, sans trop y croire, je me relève, entre dans le café et refais le numéro de notre maison. Cette fois, on décroche. C'est Camille : « Où es-tu ? Attends-moi, j'arrive. » Ouf… Soulagé, je sors du café. Je marche vers la place. C'est alors que j'aperçois, venant à ma rencontre, mon Allemand au crâne rasé… Je sens ma main qui plonge dans ma poche et saisit la pièce de dix francs. J'entends ma voix qui accompagne mon bras tendu en disant : « Voilà vos dix francs. » Il les prend, machinalement, sans surprise et sans remerciements.

L'intérêt, pour moi, de cet événement, a été de constater la puissance du discours magique qui nous pousse à « animer » l'Univers, à voir dans certains signes l'expression d'une volonté invisible. L'absence de taxis, les appels téléphoniques sans réponse me signalaient que j'avais mal agi, que j'étais l'objet d'un blâme. Un sort avait été jeté sur moi qui m'immobilisait sur la place déserte. La réponse de Camille, après tant d'efforts inutiles, me signifiait que l'interdiction était levée. Mon geste montrait qu'à cet instant le personnage magique en moi avait pris la barre du navire.

Cet événement, certes, n'étonnerait pas un psychanalyste ou un ethnologue. La pensée magique domine la réflexion humaine depuis le plus lointain passé. Elle est à l'origine des innombrables mythologies et religions qui ont existé et existent encore à la surface de notre planète. Le tonnerre et l'éclair expriment avec violence la désapprobation du ciel, tandis que l'arc-en-ciel est le signe de la réconciliation.

L'étonnant, c'est de la rencontrer en soi et de sentir sa puissance. Après des décennies de formation scientifique, j'ai pu momentanément me laisser prendre dans ses filets. Les mots « Voilà vos dix francs », accompagnés du geste de l'offrande, m'en ont fait prendre pleinement conscience.

CHAPITRE 33

« Religion, religion, religion »

Ce titre m'est venu du *Petit Chose* d'Alphonse Daudet, un livre qui a profondément marqué mon enfance. Le grand frère du Petit Chose pleurait sans arrêt et se proposait d'écrire un poème intitulé « Religion, religion, religion : poème en neuf chants ». Il n'alla jamais plus loin que le titre !...

Dans ce chapitre, j'entends parler en mon nom personnel, et n'exposer raisonnements et conclusions qu'à moi-même applicables. Les gens sont différents : voilà une réalité dont tout un chacun prend progressivement conscience. Les fonctionnements mentaux et les modes de pensée sont très variés. Ce qui atteint, persuade ou enthousiasme l'un peut rester sans effet sur l'autre. J'essaie seulement de décortiquer avec le plus de lucidité possible ma propre confrontation à ce que l'on appelle d'une façon vague le « religieux ». Sans me faire d'illusions sur l'efficacité d'un tel exercice.

Adolescent, au Québec, je n'éprouvais aucune difficulté à me laisser convaincre par la synthèse philosophico-religieuse enseignée par les bons Pères jésuites. Je lisais les écrits des auteurs catholiques : Jacques Maritain, Étienne Gilson. À cette époque, je séjournais souvent au monastère bénédictin de Saint-Benoît-du-Lac, au bord du lac Memphrémagog dans les Cantons-de-l'Est. J'y apportais livres et cahiers pour préparer les examens dans les vergers en fleurs, au-delà desquels s'étalaient les eaux sombres du grand lac. Je raffolais du chant grégorien des offices religieux. Les repas frugaux en compagnie des moines, les offices chantés, les fruits ramassés sur les pommiers, constituaient une ambiance parfaite pour m'immerger dans le monde fascinant des mathématiques et de la physique moderne. La contemplation des paysages, des fleurs, des oiseaux et de la voûte étoilée me révélait une harmonie qui me comblait. J'évoluais confortablement dans cette ambiance religieuse.

Privilèges célestes

Imprégnés des enseignements des Pères jésuites, mes camarades et moi-même étions tous persuadés d'être de grands privilégiés. Le baptême, peu de jours après notre naissance, nous donnait accès à la « Communauté des Saints ». L'Ancien et le Nouveau Testament, révélés par Dieu Lui-Même, nous intégraient dans le monde des Vérités éternelles. L'Église catholique, représentante du Christ sur la terre, était la mère spirituelle qui nous montrait le droit chemin du Ciel (si nous l'avions mérité !) et de l'accès au Royaume du Père éternel. Tout était clair et la voie à suivre parfaitement balisée.

Privilégiés, nous étions convaincus de l'être par rapport à l'immense majorité des humains non baptisés, privés d'accès aux sacrements et aux bénédictions de l'Église. Mais cette bonne Mère, se souciant de leur sort, déléguait ses missionnaires à travers le monde. Dans la chapelle du collège, des hommes en soutane blanche montaient quelquefois en chaire. Ils nous racontaient les souffrances et les espoirs des prédicateurs dans la savane où, la nuit, les lions rugissent. Nous admirions leur courage et leur dévouement.

Pourtant, au fil des années, des notes discordantes se mirent à perturber cette belle harmonie. En voici quelques éléments.

Au collège, un cours dit d'« apologétique » avait pour but d'établir d'une façon critique la véracité des dires de l'Église de Rome. « Nous allons nous livrer à un exercice, dit un jour un jésuite dont la brillante intelligence me séduisait. Il s'agit de tout remettre en question, d'oublier ce qu'on vous a enseigné, de repartir à zéro et de scruter avec rigueur les fondements des enseignements du catholicisme. » Du coup, cette démarche, manifestement influencée par la méthode cartésienne, me plaît. Je suis prêt à jouer le jeu. « Pardon, mon Père, cet exercice n'est-il pas un peu risqué ? interrompt un élève connu pour sa piété. Imaginons que nous ne retrouvions pas notre foi ! — Ne vous inquiétez pas, rassure aussitôt l'enseignant, nous ne courons aucun risque : puisque notre foi est la vraie, nous la retrouverons plus solide que jamais après cette mise à l'épreuve. Elle en sortira victorieuse. »

Alors !? On jouait ou on ne jouait pas ? Plus exactement : cela n'était-il qu'un jeu ? Un jeu sans autre issue possible que cette victoire de notre foi ? Un enfermement programmé ? Où était l'autonomie de pensée qu'on prétendait nous inculquer ?

Un des sujets favoris des sermons, le doute religieux, me posait un problème récurrent. On citait volontiers les paroles de Jésus au mont des Oliviers, et aussi les textes de saint Jean de la Croix. Selon l'enseignement traditionnel, nos phases de doute sur l'existence de Dieu ou sur la crédibilité des paroles de l'Église étaient imputables au démon. La fermeté de notre foi était ainsi testée. Seul remède disponible pour retrouver confiance et sérénité, la prière, encore la prière, toujours la prière.

Autre sujet litigieux : le dogme de l'infaillibilité du pape en matière doctrinale. Quand je demandais : « Qu'est-ce qui nous garantit cette infaillibilité ? », on me répondait : « Le Pape est le Représentant de Dieu sur la terre. » Nouvelle question : « Et qu'est-ce qui prouve que Dieu se porte garant de cette infaillibilité ? » Nouvelle réponse : « C'est le Pape qui l'affirme dans le cadre de son infaillibilité » !

Toutes mes interrogations muselées, déjà je pressentais devoir faire face à un arsenal d'arguments irrécusables. « Comment pouvez-vous imaginer avoir raison contre le pape, les évêques et tous les théologiens qui se sont penchés sur ces questions depuis des siècles ? » En réponse à mes préoccupations, on m'enjoignait de résister à la tentation de l'orgueil, le péché de Lucifer, « le péché contre l'esprit ». On ajoutait parfois « le seul pour lequel il n'y a pas de pardon », expression d'une redoutable efficacité ! De quoi faire trembler des sextillions d'adolescents téméraires.

Un blâme reçu de la part du professeur de théologie, au sujet d'une dissertation dans laquelle j'avais introduit des spéculations toutes personnelles, était accompagné des mots suivants : « Il n'y a rien à ajouter aux paroles de saint Thomas. » Les multiples interrogations qui jaillissaient en mon for intérieur me paraissaient bien difficiles à concilier avec l'idée que la vision thomiste puisse être considérée comme « définitive » !

Une autre question me troublait profondément : si j'étais né en Chine ou en Inde, quel enseignement religieux aurais-je reçu ? Ne me serais-je pas senti privilégié d'avoir eu d'autres maîtres spirituels ? Tous ces sujets alimentaient mes réflexions. Les débats auxquels je me livrais se terminaient souvent par de pénibles ajournements.

Deux solutions antagonistes se profilaient :

— Soit taire volontairement mes objections et rester résolument dans le cadre spirituel imposé par l'Église catholique. Mais je sentais obscurément que je ne le supporterais pas longtemps.

— Soit sortir de ce carcan pour aborder librement le domaine de mes interrogations. Mais je devrais alors m'extraire du cocon confortable de mon enfance et prendre mes distances avec ceux qui partageaient mes convictions antérieures.

Je choisis alors de persévérer dans le cadre de l'Église. Pour mieux consolider ce choix, je décidai d'adhérer à un mouvement religieux appelé les « Congrégations mariales ».

L'expression la plus descriptive de l'atmosphère ambiante était « *sentire cum Ecclesia* », s'efforcer d'être sur la même longueur d'onde que l'Église, et même de devancer sa mouvance... Une attitude que l'on qualifierait aujourd'hui de « pro-active ». En termes populaires : être plus catholique que le pape.

Souvent, les motivations qui nous ont poussés à certaines actions ne s'expliquent qu'*a posteriori*. Il m'apparaît maintenant clairement que, par cette adhésion volontariste à cette institution aux allures radicales, je tentais de me prémunir contre la puissance des mouvements intérieurs qui m'entraînaient hors du giron de l'Église.

En fait, la véritable motivation de mon ralliement à cette association fut sans doute le besoin d'activer mes allergies à l'autorité et aux discours imposés. Comme un chat qui griffe celui qui tente de le retenir. Relisant la correspondance que j'échangeais avec mes amis d'alors, je tente quelquefois de retrouver mes états d'âme de cette période ; comment ai-je pu écrire des textes dans lesquels, aujourd'hui, je ne me reconnais d'aucune manière. Ce n'est qu'en intégrant cette rébellion latente que je peux maintenant en trouver l'explication et mesurer le chemin parcouru.

Cette expérience m'est aujourd'hui fort utile. Elle me permet de mieux percevoir l'état d'esprit de personnes qui me paraissent figées dans leurs certitudes. Leur attitude me renvoie à mon propre fonctionnement antérieur et à mes insécurités d'antan. Les échanges en deviennent d'autant plus profitables.

Un chemin de Damas inversé

J'ai rencontré, lors d'une promenade sur les hauteurs de la citadelle sicilienne d'Erice, une jeune femme qui m'a raconté son expérience religieuse. Elle est si semblable à la mienne que je ne résiste pas à la tentation de la relater ici.

Native d'une île antillaise entièrement dominée par une secte très stricte et où les autorités religieuses exerçaient une pression hégémonique sur l'ensemble de la population, elle avait été, depuis sa plus tendre enfance, imbibée de leurs austères enseignements et de leurs injonctions morales. Ce récit n'était pas sans évoquer pour moi la société monolithique du Québec de ma jeunesse. Accusée un jour d'avoir eu des relations « coupables » avec le patron de son bureau, elle était devenue la honte de sa famille, l'opprobre de sa société. Chassée de l'île, elle était arrivée un matin à Londres, où elle prit le métro. C'est là que se produisit l'événement libérateur qui changea sa vie. Dans l'escalator, observant la file interminable des gens que le mouvement l'amenait à croiser, elle avait été sidérée par la grande diversité des faciès, des couleurs de peau, des modes d'habillement. Elle prit alors conscience de l'étroitesse du monde fermé et étouffant dans lequel elle avait jusque-là vécu. « Toute culpabilité disparue, mon cœur se sentit soudain libre et la vie me devint légère », me dit-elle.

D'une façon similaire, la découverte de l'immense variété des cultes religieux, l'image de tous les peuples en prière, m'ont amené à prendre des distances vis-à-vis de la pratique religieuse, m'ont éloigné de toute piété rituelle, de toute cérémonie d'Église. Je me suis progressivement extrait de la ferveur qui m'avait habité et qui, je dois bien l'avouer, m'avait procuré d'intenses moments de plénitude. L'ai-je regretté ? Je ne le crois pas. Et il m'était devenu clair que je ne pouvais plus rebrousser chemin. Ces jardins m'étaient dorénavant fermés comme, selon la Bible, le Paradis terrestre aux pécheurs. Mais d'autres jardins s'ouvraient à moi. Des sources d'émotion me restaient intactes : la nature, la musique et bien d'autres encore.

Les interrogations sont universelles, les réponses sont culturelles

Lors de mes séjours à l'étranger, j'ai eu maintes fois l'occasion de m'immerger dans des cultures différentes, de visiter leurs lieux de culte, en particulier leurs cimetières, endroits authentiques, non touchés par l'influence touristique. Au travers de conversations et de discussions, je me suis renseigné sur les diverses attitudes face aux grands problèmes humains ; le sens de la vie, la relation avec la réalité de la mort, etc.

Les interlocuteurs valables que j'ai rencontrés sur ces sujets ont été, en très grande majorité, des femmes. Obtenir de mes collègues scientifiques masculins, aussi bien au Japon qu'en ex-Union soviétique, de sortir des questions techniques pour aborder ces sujets exigeait une bonne dose d'alcool, renouvelée jusqu'à la fin d'un long repas, et la cohérence des propos en pâtissait souvent. Un jour, à Tokyo, désespéré du mutisme de mes collègues, c'est avec la responsable du vestiaire de l'hôtel que j'ai fini par avoir un échange intéressant.

Une phrase lue quelque part (j'ai oublié le nom de l'auteur) résume bien l'ensemble des conversations accumulées au long des années et des lieux visités : « Les interrogations sont universelles mais les réponses sont culturelles. » Les influences familiales, ethniques, amicales jouent un rôle majeur dans la vision du monde de chaque personne.

Un élément semble s'appliquer unanimement à l'ensemble des communautés humaines : le besoin de « sens », dans l'acception la plus générale de ce mot. Les anthropologues, les ethnologues, les historiens des religions nous ont appris l'universalité du phénomène religieux. Toutes les sociétés, sur tous les territoires, des immensités continentales aux minuscules îles de l'Océanie, des déserts équatoriaux aux glaces polaires, possèdent leur propre « Histoire sainte ».

Les croyances spécifient la nature de ce que l'on peut appeler l'Au-delà. Elles dictent les formes du culte des ancêtres et, en général, prescrivent les règles de vie qui conditionnent les bonnes relations à l'intérieur de la communauté.

Mais, après la constatation de l'universalité du phénomène religieux, ce qui frappe, c'est l'immense diversité des visions du monde que présentent ces « Histoires saintes », les descriptions de ces Au-delà, les personnages qui les habitent, leurs attributs. Des incursions dans les textes des diverses encyclopédies des religions nous donnent d'innombrables versions des images de la transcendance et des scénarios de l'« après-vie ». Le foisonnement des pratiques religieuses atteste sans doute surtout la richesse des possibilités d'imagination du cerveau humain.

Les religions judéo-chrétiennes, par exemple, nous ont habitués à l'image d'un Dieu qui se présente comme une personne, un Dieu attentif aux comportements humains, qui récompense ou qui châtie selon l'obéissance ou la désobéissance aux commandements, un Dieu à l'écoute des humains, que l'on peut prier, à qui l'on peut demander pardon et auprès de qui l'on peut s'amender. Le péché originel et la rédemption sont des notions typiquement chrétiennes. Une telle personnification n'existe pas dans la majorité des religions orientales. Le bouddhisme zen associe l'Au-delà à une sorte de principe universel qui englobe le monde et la vie, parfaitement indifférent aux invocations. Inutile de prier, il n'y a personne à l'autre bout de la ligne[1]...

Différentes également les représentations de l'après-vie. Le scénario chrétien de la Résurrection des morts, du Jugement dernier et du Paradis glorieux en compagnie du Père éternel est bien différent de celui des Réincarnations multiples sous des formes terrestres variables qu'offre l'Orient, aussi bien chez les shivaïstes que chez les bouddhistes.

Comment réagir face à une telle diversité des imageries religieuses de la Transcendance ?

J'incline de plus en plus à penser que la nature de ce qu'on pourrait appeler, dans le sens le plus vague, la divinité (si elle existe...) se situe bien au-delà de la portée de nos facultés humaines. Qu'elle nous échappe autant que la théorie de la relativité d'Einstein échappe à l'intelligence d'une souris. Que nous arrivons au mieux à des perceptions vagues et périphériques, encore bien éloignées de son essence. Et que la variété des Histoires saintes résulte de ces visions partielles, chacune étant comme une des multiples facettes d'un diamant.

Après l'écriture du texte qui précède, j'ai eu l'occasion de relire le livre de Sigmund Freud, *L'Avenir d'une illusion*, un des textes les plus lucides que je connaisse sur ce sujet. Freud nous met d'abord en garde sur le sens qu'il donne au mot « illusion ». Il n'implique pas que toute religion soit une erreur (et que tous les enseignements religieux soient des faussetés). Une illusion, dans le sens où l'emploie Freud, c'est l'expression de la réalisation d'une très grande attente, d'un désir qui prend une importance vitale. Elle peut représenter une vérité ou non.

1. D'après le *Huainanzi*, ouvrage encyclopédique rédigé au IIe siècle avant J.-C., la Terre prit forme au sein d'une étendue vaste et informe, elle-même engendrée par le Tao, « principe régulateur et unificateur ».

Ainsi, dit-il, la croyance en une vie après la mort est un puissant réconfort face à la mort elle-même ; un grand secours pour coexister avec cette réalité que chacun sait incontournable. De même, la croyance en un Dieu, compatissant et miséricordieux, qui rétablira la justice, récompensera les bons et punira les méchants, aide-t-elle à faire passer les réalités terrestres où injustices et méchancetés sont des réalités quotidiennes.

Cette « illusion » d'un Dieu juste émerge, selon Freud, de l'image du père telle qu'elle est perçue par le petit enfant. Ce père réel, qui tôt ou tard paraîtra défaillant et incapable de tenir les promesses attendues par l'enfant, sera alors remplacé par l'imagerie divine : le Père éternel, la divinité justicière sous toutes ses formes. Dans ce cadre freudien, la diversité des Histoires saintes ne refléterait que les différences culturelles entre les groupes humains devant les grandes angoisses universelles et non pas quelques facettes d'un diamant cosmique.

J'aimerais rapprocher ces idées de celle de Romain Rolland, un écrivain français avec lequel Freud a beaucoup discuté. Cet auteur parle du « sentiment océanique ». Pris dans l'émotion d'une nuit profonde, par un amour sans bornes ou encore par les accents d'une musique sublime, une personne se sent soudainement participante d'un « tout » auquel elle accède de tout cœur. Elle est immergée dans un océan qui, selon Romain Rolland, la ramène au bonheur parfait du petit enfant dans le ventre de sa mère. Et qui serait l'origine du sentiment religieux universel et de la croyance d'un retour possible au paradis perdu.

Alors, père ou mère ? Freud choisit d'emblée l'image du père plutôt que celle de la mère.

Je ne peux m'empêcher de rapprocher ce choix du fait que, selon ses propres dires, Freud était largement insensible aux émotions musicales ; il se disait *amusikalisch*.

C'est, pour ma part, dans la musique que je ressens le plus profondément ce sentiment océanique dont parle Romain Rolland. Que ce sentiment ait pris ses racines dans mon rapport à ma mère, je n'en doute pas un instant. Mais que cette explication ne laisse place à aucune autre ne me paraît nullement convaincant.

Pour revenir au débat entre Freud et Rolland, j'inclinerais à penser que les rôles du père et de la mère sont complémentaires dans la naissance et l'évolution du sens religieux. Et que de telles « explications » ne répondent pas pour autant à la question fondamentale : « Qu'est-ce qu'il y a au-delà de ce qu'on perçoit de la réalité ? »

« Absence de preuve n'est pas preuve d'absence. »

Nous sommes plongés dans l'ignorance avec laquelle nous devons vivre... Ce qu'Albert Camus appelait le « silence déraisonnable » du ciel.

CHAPITRE 34

Compagnie de pensée

Le choix d'un métier (dans mon cas, la recherche scientifique) et son apprentissage influencent fortement la façon de penser la réalité. Parmi les étudiants et les chercheurs, il se forme ainsi une sorte de communauté de pensée où il est facile de se reconnaître et d'entrer en communication. Les « évidences », les modes de raisonnement, les arguments qui entraînent l'adhésion, les pré-requis pour la crédibilité sont largement semblables. Les discussions sont calmes et fructueuses parce que le sens des mots employés est clairement perçu et n'a pas à être explicité. Entre scientifiques, on se comprend rapidement un peu partout sur la planète.

Pendant mes années d'enseignement à l'université de Montréal, j'étais chargé d'inviter des scientifiques de différents laboratoires à venir y donner des conférences. L'usage voulait que ces conférenciers soient ensuite conviés pour la soirée en compagnie d'autres collègues ainsi que d'amis et amies. Dans l'ambiance un peu compassée, au milieu d'une conversation souvent ennuyeuse, à la recherche d'un sujet d'intérêt commun, il arrivait que quelqu'un aborde un sujet dit « sensible », comme l'astrologie, les tarots ou quelque phénomène paranormal. Un embarras lourd se faisait bientôt sentir. Les nez plongeaient dans les assiettes, et les hôtes essayaient maladroitement de changer de sujet sans blesser l'intervenant. Ou bien quelque chercheur tentait d'expliquer, souvent avec une certaine condescendance, qu'il s'agissait là de sujets fantaisistes et futiles que la vraie science avait depuis longtemps exclus de son champ. La table se divisait alors en deux clans et des dialogues de sourds se poursuivaient longtemps.

Par des événements comme celui-là et bien d'autres, j'ai réalisé le fait que le mode de pensée dans lequel j'ai été élevé n'est partagé que par une infime proportion d'êtres humains. Bien conscient de mes propres limitations, j'ai cherché à rencontrer des gens de milieux différents pour essayer de comprendre leur « fonctionnement mental ». Pour tenter d'identifier les éléments qui entraînent chez eux l'adhésion à des conclusions et à des certitudes qui me sont parfaitement étrangères. J'ai été amené, au cours de multiples rencontres avec des religieux de diverses confessions, avec des astrologues, des artistes créateurs et bien d'autres milieux, à identifier quelques démarches mentales qui m'ont paru à l'origine de ces différences.

Réincarnation ou pas réincarnation ?

J'ai en mémoire une discussion avec un groupe de moines tibétains, hautement considérés par leurs confrères pour leur savoir et leur compétence. J'ai abordé avec eux la question de l'après-vie. Je cherchais à savoir ce qui motivait leur croyance en la réincarnation. Plus précisément, je leur posais la question : entre deux affirmations — 1) il y a réincarnation, 2) il n'y a pas réincarnation —, qu'est-ce qui vous amène à choisir ?

J'ai écouté avec attention leurs longs discours. Ma difficulté n'était pas tant de faire sens des phrases énoncées, j'y arrivais à peu près — quelquefois après avoir fait répéter leurs mots et vérifié leurs approbations mutuelles. C'était plutôt de comprendre comment ces propos auraient pu me faire adhérer à leurs convictions. Il y avait là, pour moi, comme un langage étranger dans lequel les mots n'avaient pas le même sens et les arguments pas la même dialectique que celle qui m'était familière.

Voici un exemple. Je demande : « Les personnes réincarnées gardent-elles quelque mémoire de leurs vies antérieures ? » Réponse : « Certains de nos bonzes, généralement ceux qui sont parvenus aux plus hauts échelons de l'Éveil, disent qu'ils s'en souviennent. » Réponse qui paraissait parfaitement satisfaisante aux autres moines présents à la discussion. Je les sentais rassurés, cohérents entre eux, calmes, sereins et confiants. La distance me donnait le vertige. Je me suis senti comme à l'extérieur et dans un sentiment d'étrangeté.

Une question posée par ma femme, présente à la conversation, m'a fait saisir l'abîme qui nous séparait. « La réincarnation du défunt en une autre personne ou en un animal se fait-elle immédiatement après le décès ?

— Pas nécessairement. Il peut se retrouver dans un futur plus ou moins lointain.

— Peut-il aussi renaître dans le passé ?

— Non, impossible ! On ne peut pas reculer dans le temps », répondent-ils avec une certaine véhémence. Ouf ! enfin un propos auquel je pouvais adhérer pleinement. J'étais soulagé. Nous avions au moins ces mots en commun. Mais leur sens, pour moi, ne faisait que rendre plus incompréhensibles les discours précédents et marquer le contraste entre nos fonctionnements mentaux, capables à la fois de se rejoindre sur certains points et de diverger tellement sur d'autres.

Cette anecdote m'a montré une fois de plus la grande variété des mentalités humaines dans leur fonctionnement et m'a permis de prendre conscience du fait que la nôtre n'en est qu'une parmi tant d'autres.

CHAPITRE 35

Coïncidences en astrophysique

La méthodologie scientifique a été initiée dans la Grèce antique il y plus de deux mille ans. Elle a pris sa forme contemporaine durant la Renaissance, sous l'impulsion de Galilée. Elle est basée sur la volonté ferme de chercher des réponses à nos interrogations sur les phénomènes naturels dans le cadre de la nature elle-même. De s'abstenir de faire intervenir en science des éléments surnaturels, transcendants et religieux.

Les résultats de cette activité pourraient-ils, d'une façon paradoxale, nous projeter hors du champ défini par la règle elle-même et nous ouvrir des portes vers quelque sorte de transcendance ?

La situation n'est pas nouvelle. Les développements des sciences biologiques aux XVIIIe et XIXe siècles ont mis en lumière un certain nombre de « coïncidences » énigmatiques. Par exemple : le fait que la sensibilité de l'œil soit précisément ajustée au maximum d'intensité du spectre des couleurs du rayonnement solaire. Ou encore le fait que les trompes de certains papillons aient exactement la longueur requise pour atteindre le nectar des fleurs qu'ils pollinisent.

Pendant des décennies, ces coïncidences biologiques furent considérées comme des manifestations d'un « projet » dans la nature. L'étude de l'horloge, pour citer Voltaire, avait révélé l'existence d'un horloger. La science avait retrouvé Dieu dans ses filets. La transcendance, exclue au départ du domaine scientifique, était revenue par la grande porte.

Toutefois, cette période de « concordance » entre la science et la religion ne dura pas longtemps. Pendant la seconde partie du XIXe siècle, grâce aux observations et aux interprétations de Charles Darwin, ces coïncidences devinrent explicables en termes d'évolution biologique impliquant des processus de sélection naturelle. Loin d'être miraculeuses, les fameuses énigmes de la biologie trouvèrent leurs explications dans le domaine propre de la nature, sans intervention de quelque transcendance.

Le principe anthropique

Aujourd'hui, en astrophysique, nous sommes face à une situation analogue. Les investigations combinées des physiciens et des astronomes ont mis au jour un ensemble de coïncidences tout aussi énigmatiques que celles de la biologie des siècles antérieurs. Je vais en décrire quelques-unes ; il y en a bien d'autres.

Les valeurs numériques qui décrivent l'intensité des différentes forces de la nature (gravité, électromagnétique, nucléaire forte, nucléaire faible) sont des exemples particulièrement frappants. Si elles étaient un tant soit peu différentes (et vraiment peu…), l'Univers aurait évolué très différemment. Il se serait certes refroidi quand même mais serait resté stérile. Aucun système complexe n'y serait apparu (atomes, molécules). La vie en serait absente !

De même, si les populations relatives des électrons et des photons n'avaient pas les valeurs mesurées, les galaxies, les étoiles et les planètes n'existeraient pas, le cosmos serait entièrement gazeux.

C'est à Fred Hoyle que nous devons l'exemple suivant : si les propriétés des niveaux d'énergie du noyau de carbone n'avaient pas exactement les valeurs numériques qu'elles ont, le carbone serait pratiquement inexistant dans la nature. Or nous connaissons la place primordiale du carbone dans l'élaboration des structures biologiques. On trouvera bien d'autres exemples dans le livre *Before the Beginning* de Martin Rees (Helix Books, 1998).

De nombreux auteurs ont tenté d'interpréter ces coïncidences en termes d'un « principe anthropique ». Personnellement, je préfère l'appellation « principe de complexité », moins anthropomorphique. L'existence des plantes et des animaux y est impliquée au même titre que celle des humains.

Que dit ce principe ? Les énoncés sont nombreux. Chaque auteur a sa propre formulation. On les regroupe en deux versions : la faible et la forte.

La version faible dit simplement que l'Univers obéit très précisément aux lois qu'exige l'apparition de la vie et de la conscience. Nul ne saurait le nier puisque nous sommes ici !

Dans la version forte, à connotation philosophique, ces coïncidences sont reconnues comme des manifestations d'un projet dans la nature. Selon le physicien Freeman Dyson : « Quelque part, l'Univers savait que nous allions venir. » Cette interprétation, on s'y attend, est l'objet de nombreuses polémiques…

Rappelons que la possibilité d'une transcendance est une question très litigieuse dans le domaine de la science. Son exclusion systématique dans le cadre des explications acceptables fut un grand facteur du progrès des sciences. Ici pourtant, comme lors de l'époque prédarwinienne, la transcendance semble prête à refaire surface.

Comment réagir ?

Inspirés sans doute par le succès de l'approche darwinienne, plusieurs auteurs ont tenté d'expliquer ces coïncidences astrophysiques en termes de processus sélectifs aux tout premiers instants de l'Univers. Mais jusqu'ici les résultats sont loin d'être convaincants. Rien de crédible n'en est sorti.

Le scénario multivers

Une hypothèse plus populaire chez les astrophysiciens porte le nom de « scénario multivers ». On définit généralement l'Univers comme l'ensemble de tous les phénomènes que nous pouvons observer, directement ou indirectement. On suppose alors qu'un grand nombre d'autres univers existent dans le cosmos : les fameux « univers parallèles ». L'ensemble forme le « multivers » dont notre propre univers serait un membre. On suppose aussi que, dans ces univers, les lois de la physique pourraient être différentes des nôtres. Les coïncidences astrophysiques refléteraient alors simplement le fait que seuls les univers où ces lois sont très semblables aux nôtres auraient pu donner naissance à la complexité, à la vie et à la conscience. Les autres seraient restés stériles : personne là-bas ne se poserait de questions, et pour cause !!!

Notons d'abord que l'hypothèse de l'existence de tels univers n'est nullement en conflit avec nos connaissances présentes en physique. En fait, cette hypothèse semble émerger tout naturellement des théories de l'astrophysique contemporaine. Dans le cadre de ces théories, des événements de courte durée, aux tout premiers instants de l'Univers, les épisodes inflationnaires, auraient déterminé la forme des lois de la physique dans notre monde. Or il n'y a aucune raison *a priori* pour que cela se passe de la même façon dans chaque univers. Cette indétermination primordiale introduit un élément de contingence et d'aléatoire dans la forme des lois dans chaque univers. D'où la possibilité de lois différentes et donc d'évolution différente dans chaque cas.

Cette argumentation est reprise aujourd'hui dans le cadre de la théorie des supercordes — un essai très ambitieux d'intégrer toutes les interactions physiques en une formulation complète (voir Brian Greene, *L'Univers élégant*, Laffont, 2000). Cette théorie prévoit elle aussi la possibilité d'une multitude d'univers possédant des constantes physiques différentes.

Deux points faibles pèsent sur cette argumentation. D'abord, malgré des années d'efforts intenses, la théorie des supercordes n'a jamais fait ses preuves et demeure, pour l'instant, hautement spéculative (voir Lee Smolin, *The Trouble With Physics*, Houghton Mifflin, Penguin Books, 2006). En second, nous n'avons jusqu'ici aucune preuve de l'existence de tels univers. Cette hypothèse est fondée sur des arguments purement théoriques et n'est appuyée par aucune observation.

Mais cette objection est-elle si forte ? Les exemples historiques d'objets de la physique dont l'existence fut proposée à partir d'arguments théoriques et qui furent découverts après coup ne manquent pas. Les neutrinos et les trous noirs sont les cas les plus connus. D'autres objets, cependant, manquent encore à l'appel comme les « bosons de Higgs » (dans le cadre de l'unification électrofaible) et les tachyons (particules qui se déplacent plus vite que la lumière). Les bosons de Higgs seront vraisemblablement détectés dans un futur prochain. Les tachyons : personne ne sait...

Cependant, peu de physiciens se risqueraient à affirmer que tous les objets « permis » par les lois de la physique devraient nécessairement exister dans la nature.

Une pirouette astucieuse pour éviter un malaise ?

En peu de mots, l'hypothèse « multivers » évite le spectre de la transcendance en supposant, à partir d'une théorie encore spéculative, l'existence de sextillions d'univers non observés. Avons-nous vraiment gagné au change ? Personnellement, je ne peux adhérer à une interprétation qui n'est fondée sur aucune observation, ni directe, ni indirecte. Le métier de scientifique m'a appris à rester au niveau des faits, à me méfier des théories « à la mode », surtout si elles touchent, de près ou de loin, à des contextes métaphysiques…

À diverses occasions, j'ai pu discuter de ces considérations avec mes collègues scientifiques. J'ai tenté d'obtenir leurs réactions personnelles face au principe anthropique.

La gamme des réponses est étonnamment variée. À une extrémité, on trouve une acceptation enthousiaste du principe anthropique dans sa version forte, généralement et prévisiblement chez les scientifiques à tendance religieuse. Rappelons que, il y a quelques années, au Vatican, le chanoine Georges Lemaître avait mis le pape Pie XII en garde contre une interprétation trop simpliste de la théorie du Big Bang dans un cadre créationniste.

À l'autre extrémité de la gamme, on rencontre un rejet méprisant du principe anthropique, même dans sa forme faible. Il s'agirait là, selon ces auteurs, d'un énoncé vide, tautologique et complètement dénué d'intérêt. Ces opposants, souvent à la limite de l'irritation, se situent généralement chez les philosophes matérialistes, mais aussi, curieusement, chez des croyants fermement attachés à leurs convictions religieuses. « La religion est une question de foi ; nous n'avons pas besoin de la science pour croire. »

À mon avis, cette large diversité de réactions chez des scientifiques compétents illustre la composante majeure de la sensibilité personnelle. Les idées ont du « goût ». Il importe de reconnaître la part de subjectivité dans le choix des opinions et des options sur des domaines qui ne sont pas dépourvus d'implications métaphysiques. La lucidité consiste à se demander pourquoi on préfère telle interprétation à telle autre. Et à ne pas se laisser influencer par sa sensibilité. Mieux vaut laisser des questions ouvertes aussi longtemps que des réponses convaincantes n'ont pas été énoncées (peut-être jamais...). Comme, par exemple, la réponse darwinienne qui a mis fin aux interprétations transcendantales des énigmes biologiques à la fin du XIXe siècle.

Peut-être le scénario multivers est-il l'interprétation correcte du principe anthropique. Peut-être pas. Il faudra, pour devenir acceptable, qu'il fasse ses preuves autrement que par des arguments douteux basés sur une théorie encore spéculative. Autrement, il risque de n'être qu'une pirouette astucieuse pour calmer le malaise que provoquent les coïncidences astrophysiques.

Nous devons garder présente à l'esprit la possibilité que l'interprétation des coïncidences qui ont donné naissance à ce principe nous ouvre la voie vers des territoires inconnus. Une réponse insatisfaisante pourrait simplement masquer l'entrée dans de tels territoires. Quel dommage ! Quel gaspillage pour tant d'observations obtenues avec tant d'efforts.

« Il y a beaucoup plus de choses dans le monde que dans toutes vos philosophies », écrivait Shakespeare. Nous ne devrions négliger aucune chance de les découvrir.

CHAPITRE 36

« *Graceful exit* »

En regardant de très anciennes photos de festivités, en observant les sourires, les yeux brillants, les lèvres fredonnant sans doute des chansons joyeuses, il m'arrive de penser qu'aujourd'hui tous ces gens sont morts… Leurs ossements reposent en divers cimetières. Leurs noms sont gravés sur les pierres tombales, accompagnés de deux fois quatre chiffres : l'année de leur naissance et celle de leur mort.

La mort est pour chacun de nous une certitude absolue, une échéance plus ou moins lointaine, inéluctable. Mais, précédant le décès, il y a la période suprêmement redoutable des derniers moments. Ils sont parfois longuement prolongés. J'aime lire les biographies des personnes, artistes ou scientifiques, qui ont marqué leur temps. Autant les faits marquants, les épisodes glorieux de leur vie et de leur carrière sont racontés avec enthousiasme, autant l'ultime étape est généralement plus ou moins passée sous silence. « Il (ou elle) s'éteignit paisiblement entouré(e) de l'affection de ses proches. » Pourtant, la réalité est parfois bien différente. Les exemples sont nombreux : Maria Callas, en proie à une profonde dépression, s'enferme muette dans son appartement parisien. Baudelaire, colérique et aphasique, s'abîme dans l'absinthe, proférant des jurons.

Dans la *Tétralogie* de Wagner, Brunehilde, la Walkyrie, annonce à Siegmund qu'il mourra au combat avant la fin du jour et qu'il n'est déjà plus de ce monde. La personne à qui on révèle sa fin prochaine (cancer foudroyant par exemple) vit en direct « l'intrusion du tragique dans la réalité quotidienne ». Son comportement devient alors un message à tous ceux qu'il aime et qui l'aiment. Ses réactions, son combat, son attitude, influenceront leur propre appréhension de la mort, réduiront ou multiplieront leurs angoisses. Nombreux sont ceux qui, face à la déchéance physique ou morale qu'ils sentent s'installer, choisissent de mettre fin à leurs jours. Un ami me disait : « Il ne faut pas se suicider : ça fait trop de mal et de dommages durables à ceux qui restent. » Il se pendit pourtant quelques jours plus tard. Ses enfants ne s'en sont jamais vraiment remis. Le suicide est généralement ressenti par les proches comme un abandon, une main qui se retire. (On doit cependant comprendre que des vagues de désespoir puissent submerger une personne et l'entraîner à sa perte.)

J'admire infiniment la sérénité de Françoise Dolto mourante. « *Graceful exit* », ces mots qui décrivent la sortie réussie d'une ballerine, s'appliquent bien à elle. À ceux que sa mort prochaine plongeait dans la tristesse, elle disait : « La mort est une chose normale ; c'est un événement lié à la vie. »

CHAPITRE 37

Bilan

Au cours de ma carrière scientifique, même si je n'ai pas réalisé mon rêve d'enfance de révolutionner l'astrophysique (chapitre 1), j'ai eu la chance de participer à l'élaboration de la théorie de l'origine des éléments chimiques (nucléosynthèse). Et j'ai eu le bonheur d'être témoin de changements considérables dans notre perception du cosmos.

La détection du rayonnement fossile en 1965 et l'étude détaillée de ses propriétés ont confirmé que nous vivons dans un Univers en évolution. Elles nous permettent de retracer son histoire dans ses grandes lignes, même si bon nombre de chapitres restent encore obscurs. Nous savons maintenant de quoi se chauffent les étoiles et comment elles ont engendré les éléments chimiques dont nous sommes formés, nous inscrivant ainsi dans la trame de l'évolution cosmique. L'astrophysicien est devenu un historien du cosmos et plus spécifiquement un autobiographe. En décryptant les étapes de la croissance de la complexité, la formation des atomes et des molécules, la construction du Système solaire, il retrace sa propre histoire.

J'imagine quelquefois la surprise, la fascination qu'éprouveraient les chercheurs des siècles passés s'ils avaient accès aujourd'hui aux grands acquis de la science moderne. Voici, me semble-t-il, les messages qui vraisemblablement leur paraîtraient les plus significatifs :

Message pour Aristote : l'Univers, loin d'être éternel et inchangeant, est en perpétuelle transformation.

Pour Pascal (« Le silence éternel de ces espaces infinis m'effraie ») : pour loger les galaxies, les étoiles et les systèmes planétaires essentiels à l'apparition de la vie et de la conscience, il faut des dimensions gigantesques.

Pour Galilée et Newton : il n'y a pas d'espace et de temps absolus. Les deux entités sont inextricablement reliées, formant un ensemble qui peut même être courbe.

Pour Wolfgang Pauli, inventeur du neutrino : la masse de tous les neutrinos dans l'Univers est comparable à celle de toutes les étoiles.

Pour Albert Einstein, qui doutait de l'existence réelle des trous noirs, issus de sa théorie de la relativité : ces astres existent par milliards et jouent un rôle fondamental dans la formation des galaxies.

Pour Alfred Wegener, ridiculisé parce qu'il défendait l'idée de la dérive des continents : cette notion est maintenant un élément fondamental de la géologie.

Dans quelques décennies (au mieux...), je n'aurai plus accès à mes revues scientifiques favorites. Je suis profondément frustré à l'idée que je serai coupé des nouvelles connaissances aussi bien en astrophysique qu'en physique, géologie, biologie, etc.

Voici ce que j'aimerais savoir, mais le temps qui m'est alloué est vraisemblablement trop court pour l'espérer :

Sommes-nous seuls dans l'Univers ? C'est le titre d'un livre qu'avec Nicolas Prantzos, Jean Heidmann et Alfred Vidal-Madjar nous avons publié en 1998. La conclusion était (et reste) claire : nous n'en savons rien. Il n'y a aujourd'hui aucun signe valable de l'existence d'autres planètes habitées. Mais cela ne prouve rien. Avec le développement rapide des projets de télescopes spatiaux, la situation pourrait évoluer dans les prochaines décennies.

Personnellement, je crois que des planètes habitées, non seulement par des formes microscopiques (planctons marins), mais aussi par des êtres intelligents capables de communiquer, ont existé et existent encore par milliers, voire par millions ou même par milliards. La question de savoir pourquoi nous ne recevons pas de messages (objection d'Enrico Fermi) reste sans réponse. Les hypothèses sont multiples mais peu convaincantes.

Les mondes avec lesquels nous pourrions un jour entrer en communication ont sans doute atteint un niveau technologique au moins comparable, sinon largement supérieur, au nôtre. Ont-ils subi comme nous une crise de l'environnement provenant de l'impact de leur puissance technologique sur leur habitat ? Comment l'ont-ils abordée et résolue (si tel est le cas) ?

Le problème, c'est bien sûr la lenteur des communications interstellaires, limitées par la vitesse de la lumière. La plus proche étoile, Proxima du Centaure, étant situé à 4 années-lumière, chaque échange prendrait 8 ans ! Et pour les étoiles qui forment le tissu de la Voie lactée, plus de 1 000 ans[1].

La cosmologie regorge de questions auxquelles nous n'avons pas l'ombre d'une réponse :

— Quelles sont les natures de la masse sombre et de l'énergie sombre qui aujourd'hui dominent l'expansion du cosmos et détermineront son futur à long terme ?

— Le Big Bang est-il le début de l'Univers ? Sinon, qu'est-ce qu'il y avait avant ? L'Univers est-il infini ?

— Y a-t-il d'autres univers ?

— Qu'est-ce qui se cache derrière les coïncidences cosmiques décrites au chapitre 35 ?

1. Mais si les messages pouvaient circuler au travers des trous noirs en rotation, les communications pourraient être beaucoup plus rapides (voir *Le Destin de l'Univers*, Jean-Pierre Luminet, Fayard, 2006).

Depuis ma naissance

L'Amérique s'est éloignée de l'Europe de plus d'un mètre et les navires en partance du Havre mettent une seconde de plus pour accoster à Montréal. Selon les échos radar émis à l'observatoire du pic du Midi de Bagnères-de-Bigorre dans les Pyrénées, la distance de la Terre à la Lune a augmenté d'environ un mètre. Le Soleil a parcouru cinq cents milliards de kilomètres sur son orbite galactique (soit la distance que traverse la lumière en quinze jours), tandis que la Voie lactée a progressé de mille milliards de kilomètres (un mois-lumière) vers une région du cosmos où sont assemblées une grande quantité de galaxies, que certains astrophysiciens appellent le « Grand Attracteur », dans un Univers qui poursuit son expansion depuis treize milliards sept cents millions d'années.

Annexes

1. La nucléosynthèse illustrée

Quelques étapes illustrées de la formation des éléments chimiques (nucléosynthèse)

Sur un grand damier (fig. I) on place les différents noyaux d'atomes et leurs variétés (isotopes) selon leur nombre de protons (verticalement) et leur nombre de neutrons (horizontalement). Le nombre de protons détermine la nature chimique de l'atome (l'oxygène contient 8 protons). Chaque isotope porte un numéro qui est, en fait, la somme de ses protons et de ses neutrons. Par exemple: l'isotope O-17 contient 8 protons et 9 neutrons. On retrouve ici les isotopes stables jusqu'au silicium-29 (14 protons et 15 neutrons), plus deux noyaux instables: le neutron et le carbone-14.

Historique de la nucléosynthèse

Dans la chaleur des premières minutes de l'univers, des réactions nucléaires se sont spontanément produites (fig. II). Elles ont combiné les protons et les neutrons qui se trouvaient dans la « soupe primordiale » pour produire quelques noyaux atomiques légers.

Dans les cendres de ce feu cosmique, on retrouve maintenant les deux hydrogènes: le léger (H-1) et le lourd (H-2), les deux héliums: le léger (He-3) et le lourd (He-4) et le lithium lourd (Li-7). Le refroidissement rapide du cosmos n'a pas laissé le temps à d'autres atomes de se former.

Quelques centaines de millions d'années après le Big Bang,

FIGURE I

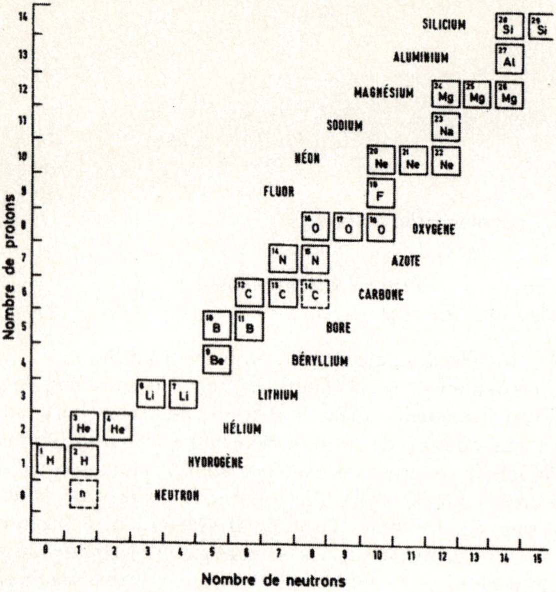

FIGURE II

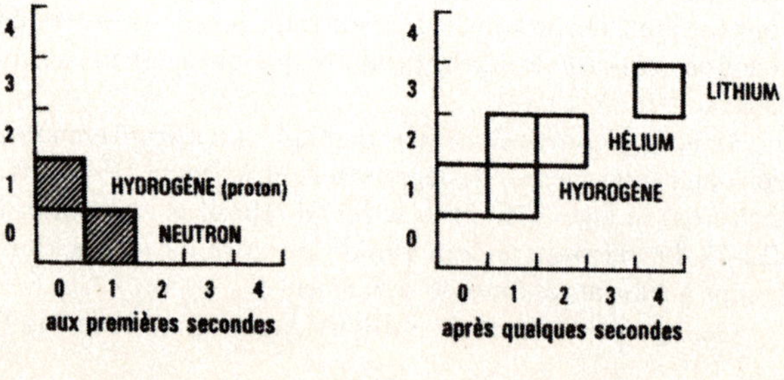

FIGURE III

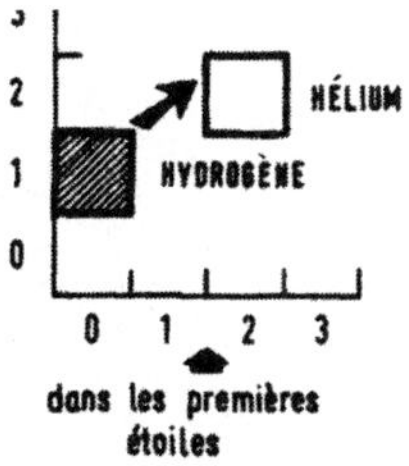

FIGURE IV

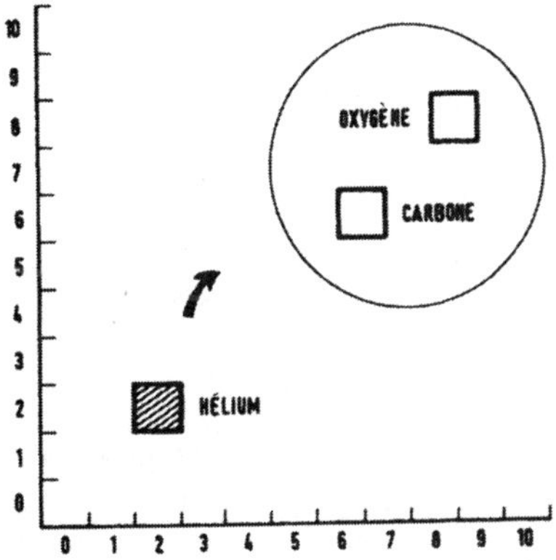

FIGURE V

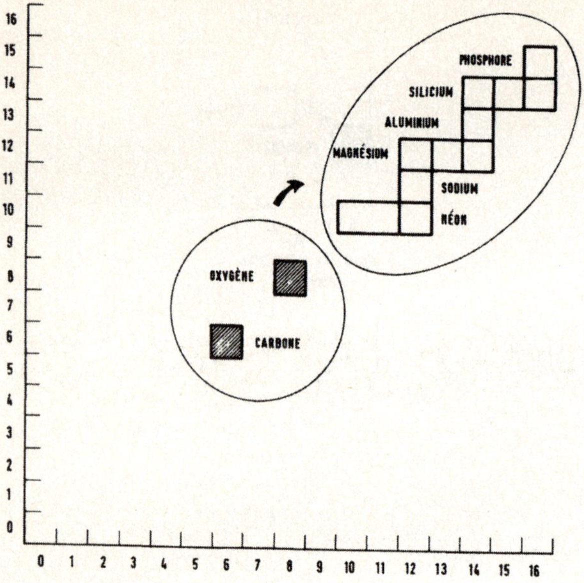

FIGURE VI

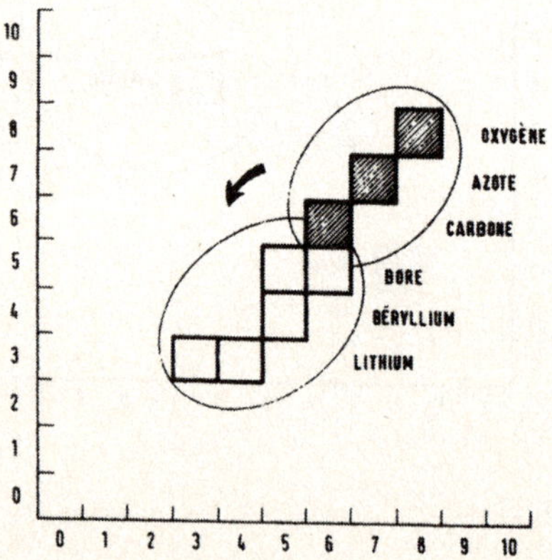

les premières étoiles se sont allumées dans l'espace. Dans une première phase appelée « séquence principale », portés à des dizaines de millions de degrés, les protons se combinent en hélium (fig. III).

Dans la phase suivante, appelée « géante rouge », les héliums se combinent en carbone et en oxygène (fig. IV).

Dans la phase suivante, appelée « supergéante rouge », les carbones et les oxygènes se combinent pour donner du néon, sodium, magnésium, aluminium, phosphore (fig. V).

Dans des phases plus avancées, les éléments plus lourds sont formés, jusqu'au thorium-232 et uranium-238.

À leur mort, ces étoiles rejettent leur précieuse moisson atomique qui s'accumule dans l'espace interstellaire permettant l'apparition de planètes comme la Terre.

La mort de ces étoiles prend souvent la forme d'une explosion massive qui porte à grande vitesse les atomes de l'espace. Ceux-ci deviennent des rayons cosmiques qui circulent ensuite longtemps entre les étoiles et les nébuleuses de la galaxie.

À l'occasion, un de ces bolides entre en collision avec un atome de l'espace, généralement un carbone, un azote ou un oxygène. Une réaction violente s'ensuit par laquelle les noyaux de ces atomes se fragmentent en noyaux plus petits (fig. VI). Ainsi se sont formés des atomes de lithium-6, de lithium-7 (lequel s'est additionné à celui du Big Bang), de béryllium-9, de bore-10 (léger) et bore-11 (lourd).

2. *Le cas Mercure*

Selon la théorie de la relativité, le temps et l'espace se courbent autour d'un corps massif. Mercure étant la planète la plus proche du Soleil, son orbite subit, plus que celle des autres planètes de notre Système solaire, les effets de cette loi et s'en trouve légèrement déformée.

3. *Une équation simple*

Si on connaît la valeur d'une certaine quantité à un moment donné (appelons-la *b*) et si on a également son taux de changement avec le temps (disons a), on peut calculer la valeur y qu'elle prend (après un certain laps de temps t). On aura effectivement : $y = at + b$.

Un exemple concret : b est la température dans une pièce à midi (disons 10 degrés) et a est le taux horaire auquel elle augmente (disons 2 degrés par heure). Après deux heures ($t = 2$), elle sera de $2 \times 2 + 10 = 14$ degrés.

La même équation décrira la position d'une voiture y après un certain temps si a est sa vitesse et b sa place initiale.

4. *Une équation stupéfiante :* $e^{2\pi i} = 1$

Cette équation associe trois quantités qui, à première vue, n'ont aucun rapport les unes avec les autres et qui sont définies dans des contextes totalement différents.

D'abord e (approximativement 2,718), la base des logarithmes dits de Napier (mathématicien du XVIe siècle).

Ensuite le célèbre π des Égyptiens, qui établit le rapport entre la circonférence et le diamètre d'un cercle.

Enfin, ce fameux nombre i, la racine carrée de « – 1 » (appelé nombre imaginaire parce qu'on l'obtient en insistant pour obtenir la racine carrée d'un nombre négatif, tout en sachant pertinemment que tout ce que l'on met au carré donne toujours un résultat positif).

Explicitement, l'équation mentionnée plus haut nous apprend que si nous portons le nombre e à la puissance 2 multiplié par π et par i, on obtient un résultat d'une extraordinaire simplicité : l'unité 1 !

Postface

La version originale de ce livre a été publiée en 2008. Je profite de cette première édition en livre de poche (2012) pour présenter une rapide mise à jour.

Le mouvement associatif dont je suis le président a changé de nom : anciennement Ligue ROC, il s'appelle aujourd'hui « Humanité et Biodiversité ». Cette association se propose d'éveiller nos concitoyens : il est urgent de prendre des mesures efficaces pour stopper la très grave diminution de la biodiversité végétale et animale (abeilles et bourdons, papillons, vers de terre, oiseaux...) — dont les effets négatifs nuisent à notre bien-être. Selon le dernier rapport de l'OCDE, « la dégradation rapide du capital naturel de la planète (forêts, nappes aquatiques, atmosphères) risque de mettre en péril les acquis de deux siècles d'amélioration des niveaux de vie ».

Grâce au travail bénévole d'un groupe de spécialistes (scientifiques, sociologues, juristes...) qui étudient les rapports entre l'humanité et la nature, notre association peut soumettre aux décideurs et aux citoyens des pistes nouvelles pour redresser la situation.

Depuis 2008, le double mouvement de détérioration et d'amélioration de la situation écologique planétaire a continué à s'amplifier.

D'un côté, outre la perte continue de biodiversité, les émissions de gaz à effet de serre augmentent chaque année (de 3 % en 2011), alors qu'il faudrait les réduire de 80 %

pour stabiliser la température atmosphérique. Nous en sommes responsables.

De l'autre, la volonté de réagir à la crise écologique prend de l'ampleur en plusieurs régions du monde et les initiatives environnementales sont de plus en plus nombreuses. La prise de conscience se généralise.

Qui l'emportera ? Affaire à suivre...

En France, l'enthousiasme pour l'écologie qui avait culminé autour des Grenelle de l'environnement (lancés en 2007) a singulièrement diminué, comme l'a illustré l'absence effarante de ce thème pendant la campagne électorale présidentielle de 2012.

En période de chômage et de crise économique, l'opinion publique craint d'abord pour l'avenir immédiat. Pourtant, la préoccupation écologique ne manquera pas de revenir à l'ordre du jour (quand, par exemple, les problèmes climatiques prendront l'ampleur que les modèles d'atmosphère nous prédisent...), c'est pourquoi nous devons garder confiance.

« Là où croît le péril, croît aussi ce qui sauve. »
Friedrich Hölderlin

REMERCIEMENTS

C'est sur la suggestion de mon ami Jean-Marc Lévy-Leblond, directeur de la collection « Science Ouverte » aux Éditions du Seuil, que j'ai entrepris d'écrire cette autobiographie. Je veux ici lui exprimer ma gratitude ainsi qu'à toutes celles et tous ceux qui, au Seuil, ont apporté leur aide précieuse à l'élaboration de mes livres depuis maintenant plus de vingt-cinq ans : Sophie Lhuillier, Isabelle Wagner, Nicolas Witkowski, Claude Hénard, Nathalie Beaux, Karine Benzaquin, Isabelle Polouchine, Marie-Hélène Le Maire, Jean-Claude Baillieul, Bruno Ringeval, Valérie Gautier, Caroline Chambeau, Françoise Mateu, Éric Veillé, Anne de Cazanove, Évelyne Cazade, Élisabeth Franck, Isabelle Creusot, Séverine Roscot, Valérie Trahay, Martine Heissat, Gabrielle Cauchy, Jean-Luc Labourdette, Muriel Carasso, Virginie Ebat, Caroline Drouault.

Merci à Michel Fugain et aux ayant droits de Pierre Delanoë de nous avoir généreusement accordé la permission d'utiliser le titre de leur chanson, ainsi qu'à la maison Warner Chappell Music France.

Je tiens à remercier Valérie Simonet, Nelly Boutinot, Camille Reeves et Marianne Verga, dont les remarques et les commentaires m'ont considérablement aidé dans la rédaction de bon nombre de mes ouvrages.

REMERCIEMENTS ENCORE

À Marilia Aisenstein et Myrtha Humbert qui pendant des années m'ont sagement guidé au travers de multiples embûches inhérentes à la vie humaine.

À Francine Reeves, ma première épouse, qui a accepté de m'accompagner en Europe avec nos quatre enfants et qui a toujours été un puissant encouragement dans la poursuite de ma carrière, malgré la lourdeur de la tâche qui lui en incombait.

À Jo Ann Champagne avec laquelle nous avons préparé et publié un recueil intitulé *Comme un cri du cœur* aux éditions L'Essentiel à Montréal dont elle était la fondatrice et l'éditrice pendant de nombreuses années. Le projet était au départ d'obtenir d'un certain nombre de personnes connues pour leurs activités créatrices qu'elles répondent à la question : « Qu'est ce qui fait que vous avez envie de vous lever le matin, plutôt que de rester au lit ? » Une sorte de poursuite du vers de Paul Valéry dans « Le Cimetière marin » : *Le vent se lève ! …il faut tenter de vivre !*

À ceux qui ont mis en scène de façons variées et différentes *Patience dans l'azur*, Louise Debourle, Gérard Bonnot, Micheline Uzan.

À ceux qui m'ont ouvert les portes de la radio et de la télévision culturelle : Michel Cazenave, Yves Jaigu.

À Jean Casenave, Claude Sérillon, Marie-Odile Monchicourt, avec lesquels nous avons partagé le plaisir de préparer et de présenter « La Nuit des étoiles » pendant plus de quinze années consécutives.

À Bruno Monflier et Michel Cassé, avec lesquels nous avons concocté et mis en marche le Festival du Ciel et de l'Espace, dans le Gers, qui se poursuit depuis déjà près de vingt ans avec un succès toujours grandissant.

À Alain Cirou qui, avec son équipe, a organisé mes conférences annuelles de mars à la Sorbonne pendant une quinzaine d'années et qui m'a souvent ouvert les pages de son magazine *Ciel et Espace*.

À Iolande Rossignol, réalisatrice à l'Office national du film du Canada, qui avec une infinie patience a réalisé le film *Conteur d'étoiles*.

Table

QUATRIÈME PARTIE

Variations (scherzo)

Annexes

Du même auteur

Évolution stellaire et nucléosynthèse
Gordon and Breach/Dunod, 1968

Nuclear Reactions in Stellar Surfaces
Gordon and Breach/Dunod, 1972

Soleil : histoire à deux voix
(en collaboration avec Jacques Very,
Éliane Dauphin-Lemierre et les enfants d'un CES)
La Noria, 1977 ; La Nacelle, 1990
Seuil Jeunesse, 2006

Patience dans l'azur
Seuil, « Science Ouverte », 1981
et « Points Sciences », n° 55, 1988 (nouvelle édition)

Poussières d'étoiles
Seuil, « Science Ouverte », 1984 (album illustré)
et « Points Sciences », n° 100, 1994 (nouvelle édition)

L'Heure de s'enivrer
Seuil, « Science Ouverte », 1986
et « Points Sciences », n° 84

Malicorne
Seuil, « Science Ouverte », 1990
et « Points », n° 144

Poussières d'étoiles. Hubert Reeves à Malicorne
cassette vidéo 52 mn
Vision Seuil (VHS SECAM), 1990

Comme un cri du cœur
ouvrage collectif
L'Essentiel, Montréal, 1992

Compagnons de voyage
(en collaboration avec Jelica Obrénovitch)
Seuil, « Science Ouverte », 1992 (album illustré)
et « Points », n° 542 (nouvelle édition)

Dernières Nouvelles du cosmos
Seuil, « Science Ouverte », 1994
et « Points Sciences », n° 130 (nouvelle édition)

La Première Seconde
Seuil, « Science Ouverte », 1995
et « Points Sciences », n° 130 (nouvelle édition)

L'espace prend la forme de mon regard
Photographies Jacques Very
Myriam Solal, 1995 ; L'Essentiel, Montréal, 1995
Seuil, 1999 et « Points », n° P 962

La Plus Belle Histoire du monde
(en collaboration avec Yves Coppens,
Joël de Rosnay et Dominique Simonnet)
Seuil, 1996 et « Points », n° P897

Intimes convictions
entretiens
Paroles d'Aube, 1997
La Renaissance du livre, 2001

Oiseaux, merveilleux oiseaux
Seuil, « Science Ouverte », 1998
et « Points Sciences », n° 154

Noms de dieux
entretiens avec Edmond Blattchen
Stanké, Montréal, et Alice éditions, Liège, 2000

L'Univers
CD à voix haute
Gallimard, 2000

Hubert Reeves par lui-même
Stanké, Montréal, 2001

Sommes-nous seuls dans l'univers ?
(en collaboration avec Nicolas Prantzos,
Alfred Vidal-Madjar et Jean Heidmann)
Fayard, 2000 et « Le Livre de poche », 2002

La Nuit
CD, éditions De Vive Voix, paris, 2001

Hubert Reeves, conteur d'étoiles
(documentaire écrit et réalisé par
Iolande Cadrin-Rossignol)
Office national du film canadien, 2002
DVD éditions Montparnasse, 2003

Mal de Terre
(en collaboration avec Frédéric Lenoir)
Seuil, « Science Ouverte », 2003
et « Points Sciences », n° 164

Chroniques du ciel et de la vie
Seuil/France Culture, 2005

Réponses à des questions fréquemment posées
Vol. 1 et 2
CD Spirit Music, Metz, 2006

Chroniques des atomes et des galaxies
Seuil/France Culture, 2007

Patience dans l'obscur
Photographies Jacques Very
Éditions Multimondes, Montréal, 2008

Petite histoire de la matière et de l'Univers
par Hubert Reeves et ses amis
Le Pommier, 2008

Je n'aurai pas le temps
Mémoires
Seuil, « Science ouverte », 2008

Le Joli Monde d'Hubert Reeves
(en coll. avec Christophe Aubel et Cécile Léna)
Élytis, 2009

Arbres aimés
Photographies Jacques Very
Seuil, 2009 (album illustré)

Du Big Bang au vivant
(en coll. avec Jean-Pierre Luminet
réalisé par Iolande Rossignol et Denis Blacquière)
DVD éditions ECP Montréal, 2010

Images du Cosmos
(en coll. avec Benoît Reeves)
DVD et Blu-ray, La Ferme des étoiles, 2010

L'Univers expliqué à mes petits-enfants
Seuil, 2011
et 2012 (album illustré)

RÉALISATION : PAO ÉDITIONS DU SEUIL
IMPRESSION : NORMANDIE ROTO IMPRESSION S.A.S À LONRAI
DÉPÔT LÉGAL : OCTOBRE 2012. N° 108669 (123245)
Imprimé en France